"十四五"国家重点出版物出版专项规划项目
重大出版工程规划

中华元典学术史丛书

总主编
李振宏

管子
学术史

耿振东 著

山东城市出版传媒集团·济南出版社

图书在版编目（CIP）数据

《管子》学术史/耿振东著. —济南：济南出版社，2022.11

（中华元典学术史/李振宏主编）

ISBN 978-7-5488-5445-6

Ⅰ.①管… Ⅱ.①耿… Ⅲ.①法家 ②《管子》—研究 Ⅳ.①B226.15

中国版本图书馆 CIP 数据核字（2022）第 221296 号

《管子》学术史
GUANZI XUESHUSHI

出 版 人	田俊林
图书策划	朱孔宝　张雪丽
责任编辑	李钰欣　班　经
装帧设计	牛　钧

出版发行	济南出版社
地　　址	山东省济南市二环南路 1 号（250002）
发行热线	0531 - 86922073　67817923
	86131701　86131704
印　　刷	山东临沂新华印刷物流集团有限责任公司
版　　次	2022 年 11 月第 1 版
印　　次	2023 年 1 月第 1 次印刷
成品尺寸	148mm×210mm　32 开
印　　张	12.5
字　　数	272 千字
定　　价	88.00 元

（济南版图书，如有印装错误，请与出版社联系调换。

联系电话：0531 - 86131736）

总　序

从春秋战国到秦汉之际，中国历史经历了一个长达六百年的大动荡、大变革时代。在这场深刻的历史变迁中，此前思想文化领域中各种处于萌芽状态的意识形态、哲学观念、历史意识、宗教神学、文化科学等，都以成熟的形态凝聚、荟萃，而涌现出一批文化元典，为后世中华文化的发展，奠定了一个义域广阔的开放性基础。这些文化元典，包括传统所谓"六经"和先秦诸子之书，历史地奠定了中国文化的发展道路，塑造了中国文化的精神面貌，中国传统文化的文化基因，就深埋在这批文化典籍之中。

这批文化典籍以及后世原创性的具有开创意义的文化典籍，传统称之为"中华经典"，从20世纪90年代开始，人们改用"元典"的称谓。这一改变确有深意，但却为人留下疑惑。以笔者之见，这一称谓的改变，反映着文化观念的一大进步。"经典"表征着典籍的神圣性和权威性，经典思想意味着它的只能遵循而不能分析和质疑的属性，经典思维束缚了思想的发展。我们知道，马克思主义哲学的本质属性是其革命性和批判性，它要求我们以科学理性的态度对待传统文化，要求我们从对

"经典"膜拜和盲从的传统积习中解放出来,以更科学的态度对待传统,以更理性的态度研究传统。从"经典"到"元典",这一典籍称谓的改变,意味着我们对传统文化的研究,正在走上更为科学而理性的道路。那么,何谓"元典"?

> 元者,始也,首也,意谓"第一"和"初始"。这是中国最早的一批文化典籍,对于后世思想文化的发展,具有初始意义。
>
> 元者,大也,意谓宏大而辽阔。这批文化典籍提供的思想场域,涵盖了后世中国思想发展的诸多问题意识,具有全覆盖的特点。
>
> 元者,善也,吉也,有美好、宝贵和嘉言之意。这批文化典籍提供了后世中国最宝贵、善良和美好的思想修养资源。
>
> 元者,基也,根也,具有基础、根本、本源之意。这批文化典籍是后世中国文化的基础和出发点,一切思想元素都来源于此,一切思想的发展都以此为根基。
>
> 元者,要也,有主要、重要之意。这批文化典籍不是中国文化典籍的全部,但却是中国文化中最重要、最核心的部分。
>
> 总之,"元典"包含有始典、首典、基本之典及大典、善典、宝典等意蕴。"元典"称谓,既在某种程度上包含了传统的圣典、经典之义,又避开了对传统典籍非理性尊崇的嫌疑。

这是笔者以前曾经做过的表述,转述于斯。这批文化元典,包含了中国文化的基本要义，奠定了后世中华文化的发展方向，但并不意味着由文化元典所奠定的文化精神是一成不变的。从先秦元典到现代的中华文化，是一个生成、发展、传承、演变而不断提升的历史过程，是一个思想发展的生生不息的过程。

思想发展的动力何在？马克思、恩格斯说过："思想的历史除了证明精神生产随着物质生产的改造而改造，还证明了什么呢？"（《马克思恩格斯选集》第1卷，人民出版社1995年版，第292页）的确如此，中国元典精神的发展，就是和中国社会经济的发展、中国历史进程的演变，平行而进的。中国历史的每一次变革，以至每一个新的历史时代，都催促当时代哲人从元典著作中寻找答案，并从新的历史条件出发，对元典著作做出符合新时代需要的创造性阐释，为时代的发展提供精神动力。这种不断地返本开新的思想创造活动，就形成了生生不息的元典文化的学术史、思想史。

历代学人对元典精神的时代性阐释，都是元典文化精髓在更高层次上的发扬和转换，是将原有文化元典本已蕴含的文化意蕴在新形势下重新发现、重新唤起，并赋之以新的生命活力。这样，历代学人对文化元典的重新阐释，就构成了中华文化精神的发展史。我们今人所继承的中华文化传统，就是这样伴随着时代的发展在不断的阐释中形成的。中国文化精神，不仅深埋在固有的文化元典中，也活跃在历代学人对元典不断阐释的学术史之中。而要认识今天中国文化的基本精神，理解这种文化的思维特性，洞彻我们的民族心理，就需要下功夫去做元典学术史的研究工作，并把研究的成果向社会推广。济南出版社策划出版的这套《中华元典学术史》丛书，立意就正在这里。本丛书的组织者，希望我们的社会大众，能够在这套书中，看到我们民族文化的精髓和内核，了解中国思想文化发展的历史轨迹，明白民族文化的发展趋势和历史走向，从而更加科学而理性地看待我们所传承并将继续发扬光大的民族文化传统。

从这样的著述宗旨出发，我们要求著述者坚持学术史研究最重要的方法论思想，深刻揭示元典著作被不断阐述、返本开新的时代内涵，从中国历史的发展过程中阐释元典精神的生命力；

从学术史著述的基本特性出发，我们要求著述者严格遵循传统的"辨章学术、考镜源流"的学术史逻辑，清晰地描述元典精神发展演变的历史线索，以揭示中国文化精神的思想轨迹；

从本丛书的社会使命出发，我们要求著述者偏重从思想史的角度，梳理元典思想发展的线索，而不囿于传统元典研究的文献考订方面，将读者定位于社会大众，希望社会读者能够真正得到思想的启发；

从本丛书的预期效果出发，我们要求著述者恪守"学术著作、大众阅读"的著述风格，要求在坚持学术性的同时强调可读性，把适合大众阅读作为在写作方面的基本原则。

经过几年的努力，本丛书终于要和读者见面了。自我检视，这些著述已经实现了丛书设计者的初衷，达成了预期目标，可以放心地交给社会大众去接受检验了。当然，文化著述的最终评判者是读者，是真正喜欢它们的社会大众。我们真诚地希望丛书可以唤起人们对元典文化的热爱，唤起人们对自我文化传统学术史和思想史的关注，从民族文化的历史脉络中汲取营养，从而更自觉地承担起传承中华民族优秀文化传统的历史使命。

李振宏

2022 年 7 月 20 日

目 录

绪论 / 01

第一章　其人其书:管仲与《管子》/ 05
　　英雄与改革:管仲生平及主政齐国 / 06
　　以人名书:从管仲到《管子》/ 12
　　"学术之宝藏":《管子》思想 / 16
　　辗转流传:《管子》版本 / 23

第二章　评说与征引:先秦两汉《管子》学术 / 29
　　财经与文化:发生的时代背景 / 30
　　各有所是:先秦诸子对管仲及《管子》的评说 / 37
　　治道借鉴:汉代《管子》学术(一)/ 46
　　轻重学说与财经管理:汉代《管子》学术(二)/ 61

第三章　借鉴与批判:三国两晋至唐代《管子》学术 / 71
　　财经与文化:发生的时代背景 / 72

理政与学说评判：三国两晋南北朝《管子》学术 / 83

编纂与思想评说：唐代《管子》学术（一） / 93

轻重学说与财经管理：唐代《管子》学术（二） / 102

第四章　以《管子》说管仲：宋元《管子》学术 / 113

财经与文化：发生的时代背景 / 114

对管仲与《管子》的评判：宋元《管子》学术（一） / 119

轻重学说与财经管理：宋元《管子》学术（二） / 132

第五章　评点中的思想研究：明代《管子》学术 / 151

财经与文化：发生的时代背景 / 152

霸业之书，广大精微：明代《管子》学术（一） / 157

轻重学说与财经管理：明代《管子》学术（二） / 170

第六章　学术转向与救国：清代《管子》学术 / 177

财经与文化：发生的时代背景 / 178

由考据而义理：清代《管子》学术（一） / 183

见救国之志：清代《管子》学术（二） / 188

轻重学说与财经管理：清代《管子》学术（三） / 200

第七章　近现代学术视野的研究尝试：民国《管子》学术 / 215

财经与文化：发生的时代背景 / 216

"分科越多,理解也越明":民国《管子》学术(一)／220

"采用学说之长而创一新思想":民国《管子》学术(二)／240

轻重学说与财经管理:民国《管子》学术(三)／269

第八章 当代学术分科研究定型化:1949年以来的《管子》学术／285

财经与文化:发生的时代背景／286

哲学思想研究:1949年以来的《管子》学术(一)／293

政治、法律思想研究:1949年以来的《管子》学术(二)／309

经济思想研究:1949年以来的《管子》学术(三)／320

军事、教育及科技思想研究:1949年以来的《管子》学术(四)／346

轻重学说与财经管理:1949年以来的《管子》学术(五)／363

第九章 《管子》学术研究的历史总结、发展趋势与当代价值／377

《管子》学术研究的历史总结／378

《管子》学术研究的发展趋势／384

《管子》学术研究的当代价值／386

绪　论

西汉末年，刘向、刘歆父子奉成帝之命整理编校国家图书典籍，《管子》因以结集。此前，它以单篇散行的方式在民间流布散播。据文献记载，大约战国中后期，《管子》的部分篇章已经在各诸侯国广为流传并受到学者重视了。西汉初期，贾谊、晁错还把它作为"经本"传授，《管子》也因之赢得"汉世行书"的美誉。纵观历代《管子》学术，其间虽有南北朝与元代的短暂低落，但总的趋势是，《管子》越来越受到学者重视，学术成果越来越多。两千多年的《管子》学术史，显然形成了一个渊源有自、内涵丰富的学术研究体系。

史的写作有个案式和专题式两种。个案式侧重案例分析，遇一叙其一，逢百现其百；专题式侧重相同内容的连贯论述，同类则取，异类则弃。考虑到它们互有短长，本书将二者融汇为一。首先，确定《管子》学术史上有代表性的研究著述作为研究个案；其次，对个案中体现出的具体研究做系统分析，归纳出不同的研究论题，并以之贯穿史的写作；最后，以时代为序，以个案为基础，在通过所有论题共同展现《管子》研究盛况的同时，写出相同论题间前后相继的史的流变。

王安石说："夫夷以近，则游者众；险以远，则至者少。"①无论从大众对它的熟识度，还是从它在学者眼中的学术地位，抑或从当下研究的深入性与全面性上讲，《管子》一书都无法与《孟》《荀》《韩》《老》《庄》相比，后者可谓"游者众"，前者则是"至者少"。然而，"世之奇伟瑰怪非常之观，常在于险远"②，我们不应"至者少"而对其小觑。因为，《管子》虽未走进学术主流圈，它的思想却是博大的，它的内容也有为其他诸子所未道者，其真知灼见更有为他书所无法企及者。

罗根泽这样评价《管子》：

> 考《汉·志》，《管子》八十六篇，今亡者才十篇，在先秦诸子，衷为巨帙，远非他书可及。《心术》《白心》，诠释道体，《老》《庄》之书，未能远过；《法法》《明法》，究论法理，《韩非·定法》《难势》，未敢多让；《牧民》《形势》《正世》《治国》，多政治之言；《轻重》诸篇又为理财之语；阴阳则有《宙合》《侈靡》《四时》《五行》；用兵则有《七法》《兵法》《制分》；地理则有《地员》；《弟子职》言礼；《水地》言医；其他诸篇，亦皆率有孤诣。各家学说，保存最伙，诠发甚精，诚战国秦汉学术之宝藏也。宝藏在前而不知用，不以大可惜哉！③

---

① ［宋］王安石：《王文公文集》卷第三十五《游褒禅山记》，上海：上海人民出版社，1974年，第419页。
② 同上。
③ 罗根泽：《罗根泽说诸子》，上海：上海古籍出版社，2001年，第288页。

绪　论

因而，发现《管子》、研究《管子》、利用《管子》、弘扬《管子》，是一件很具现实价值的事情。本书撰写的意义有二：一是展示历史上《管子》研究的累累硕果，厘清《管子》学术的发展脉络，对前人得失进行评判，为当代《管子》学术搭建发展平台。二是论析历代政府对《管子》治道思想的实践，为新时代社会主义建设提供历史借鉴和理论支持。此外，本书通过对《管子》历代学术爬梳剔抉，整理了其中有益的思想文化，或可成为中国学术史、思想史撰写之助。

第一章
其人其书：管仲与《管子》

《管子》是托名春秋前期齐国政治家管仲的一部著作。说它托名，有两层意思：一是《管子》并非管仲本人所著；二是《管子》又与管仲本人有密切关系。前者要求我们不能把《管子》完全看作管仲的思想，后者要求我们谈论《管子》不能离开管仲的思想。正确看待《管子》与管仲的关系，有助于对《管子》一书思想内容的把握。

英雄与改革：管仲生平及主政齐国

管仲（？—前645），即管夷吾，也就是我们常说的管子，周王室后裔，颍上人，春秋时期著名的政治改革家。管仲在政治、经济、军事等方面进行了一系列富国强兵的改革，为齐国持续强盛奠定了坚实基础。他高举"尊王攘夷"的旗帜，辅佐齐桓公"九合诸侯，一匡天下"，成为春秋五霸之首，对捍卫华夏文明、促进社会发展做出了巨大贡献。

管仲生活在周平王东迁以后的春秋前期，这个时期的社会形势可以概括为两点：周室衰微、四夷交侵。而就当时管仲即将主政的齐国而言，其状况更是不容乐观：前任国君齐襄公怠于国政，卑贤辱士，唯倡优是崇。策划政变的公孙无知杀死襄公即位后，很快又被渠丘大夫雍廪杀害，致使齐国无人主政。正是这样的形势孕育了伟大的政治家——管仲。

关于管仲的祖籍，最早见于《史记·管晏列传》："管仲夷吾者，颍上人也。"① 在《史记》之前，《左传》中出现了"颍上"，此后唐初修撰的《晋书》中也提到了"颍上"。根据两书

---

① ［汉］司马迁：《史记》卷六十二，北京：中华书局，1959年，第2131页。

中"颍上"一词出现的语境，可知它大致位于今河南省许昌市禹州、漯河市临颍之间颍水流经的区域。虽然管仲的祖籍在河南，但管仲之前的数代祖先早已来到齐国生活。因而，管仲已经成为地道的齐国人。

管仲早年人生坎坷，他曾与好友鲍叔牙在南阳一带做买卖，却多次受到侮辱；他曾多次与鲍叔牙共同谋事，却多次失败，以致更加穷苦；又多次从政想干一番事业，却又多次被逐；又多次在战场上临阵脱逃。总之，当时的人大多看不起管仲，认为他只不过是一个四处游走、做事投机却又不成功的平庸之人。然而，管仲没有小智慧，却有经世治国的大智慧。这一点，只有好友鲍叔牙知道。

在齐僖公晚年，管仲踏上政途。当时他辅佐僖公次子公子纠，鲍叔牙辅佐僖公幼子公子小白。僖公之后，长子诸儿继位，是为齐襄公。他在位时把齐国弄得一塌糊涂，于是鲍叔牙、管仲分别奉傅小白与纠奔莒、奔鲁以避难。襄公被弑后，小白与纠展开夺取君位的争斗，最终小白取胜，即为齐桓公。经鲍叔牙谋划，齐国迫使鲁国处死公子纠，而将胸怀治世之才的管仲以囚犯之名押回齐国，随后桓公聘其为齐国之相。自此，管仲在春秋政治舞台上开始了九合诸侯、一匡天下的风云人生。

西周时期，国家在土地管理方面实行井田制。东周以降，这种土地管理制度严重制约了人民生产劳作的积极性。针对井田制的衰败，管仲首先对齐国的土地进行稽查核实并进行再分配。他区分陆、阜、陵、墐、井、田、畴不同类型的土地，以是否适宜耕种作为标准对土地合理分配，努力做到让人民平均占有土地。其次，管仲从土地类型不同其适宜耕作的农产物不同、土地质量不一其收成有高低之别、土地面积不同其缴纳赋税亦应有所区别的原则出发,根据土地实际情况采取不同的赋税标准。他认为,借助这种土地分配与赋役制度,就可以解决因赋税过重或不公正而带来的人民四处流亡问题。

为了稳定社会基本队伍,充分发挥他们的社会职能,管仲按照职业和既定的人数比例把民众分别安置在固定的生活区域,以达到"定民之居,成民之事"的目的。他把民众区分为士、农、工、商四种类型,让他们各自承担不同的社会义务。士、农、工、商生活于国家规划的既定区域,相互间不杂居,他们世代传承并潜心钻研自己的职业技能。这种四民分业定居的社会政策,对于齐国社会的发展意义重大:首先,它避免了社会成员无秩序的自由流动,稳定了社会结构;其次,它对于培养各阶层的敬业精神、提高各阶层的实际技能有极大的促进作用。

在四民分业定居的基础上,管仲把居住在国都之域的士、工、商三民按既定比例规定人员编制,分为二十一乡,其中士为十五乡,工为三乡,商为三乡;十五个士乡中,齐桓公管理五个,上卿国子和高子各管理五个,称为"叁其国"。管仲又把居住在鄙野的农民,按照"三十家为邑,邑有司;十邑为卒,卒有卒帅;十卒为乡,乡有乡帅;三乡为县,县有县帅;十县为属,属有大夫"的建置原则分置五属,每属任命一大夫负责管理,并将其称为"伍其鄙"[①]。

---

① [春秋]左丘明:《国语》卷第六《齐语》,济南:齐鲁书社,2005年,第109、115页。

实际上，管仲是把"叁其国"的行政建置和国家军旅建设混合在一起，在行政管理的掩护下行施军队建置之实，这就是管仲提出的"作内政而寄军令"①的改革策略。管仲认为，国家军队建设必须暗中进行而不能示之于他国；否则，他国一则戒备，二则仿效。因此，最好是采用隐蔽的方式将其寓于对民众的行政管理之中，即表面上是行政管理，在深处却是军旅建置。

春秋以降，"天子失官，学在四夷"，众多贤能之士退出周王室走向民间，四处流散。这既是官学垄断的终结，又是才智频出、知识散播的开始。管仲敏锐地注意到这一社会发展态势，在传统的官位世袭之外，果断地制定了三选用人制。三选制的制定与执行，使废弃已久的选贤任能又一次凭借国家制度重登历史舞台并迅速兴盛起来。

所谓三选，是通过乡里荐举、国君面试的方式从底层民众中选拔慈孝、聪慧、大勇之士，分别让他们担任基层官员和上卿之佐的任官用人制度。三选的"三"字，意指任官用人的三个步骤。第一个步骤是，乡长推荐乡里的杰出人才，国君亲自接见并选择一些空缺的基层职位对他们进行试用。第二个步骤是，荐举人员试用一年后，其长官向国君书面报告政绩情况，国君从中选拔那些政绩突出的官员，让他们替代那些政绩不突出的官员。第三个步骤是，国君召集那些已正式任职的官员并当面加以考量，就国家可能面临的一些棘手的大事进行提问，看他们是否有能力应对；然后，对其乡里的从政情况进行核实

---

① ［春秋］左丘明：《国语》卷第六《齐语》，济南：齐鲁书社，2005年，第112页。

稽验；最后，将几近完美的官员任命为国家最高官员的助手，直接让他们进入国家政治权力中心。三选制的实行，保证了优秀人才脱颖而出并随时为国家所用。

从《国语·齐语》的记载来看，管仲改革措施中确有法治的成分。管仲说治国须"慎用其六柄"，意思是治国须谨慎地运用生、杀、贫、富、贵、贱六种权力；又说治国须"劝之以赏赐，纠之以刑罚"①。这与韩非宣扬的"杀戮之谓刑，庆赏之谓德"②的法治思想基本相同。《齐语》中谈论法治的文字不多，这大概由于管仲的法治思想不够成熟且仍处于探索阶段。但赏赐、刑罚并用的六柄治国法，足以说明管仲治道是含有法治的成分的。

齐国向有重商的传统，自太公立国便执行工商立国的经济政策。但齐国的商业活动是否跨越国界扩展到他国境域，在管仲之前史焉不详。而据《国语·齐语》，管仲是把商业上的对外贸易作为了治道改革的一个内容。由此可知，齐国积极开展对外贸易活动是从管仲执政开始的。不仅如此，管仲还免除往来商人关卡集市的各种税务，为商业活动提供优惠政策。毫无疑问，这将大大繁荣齐国商业并方便齐人的经济生活。

除内政方面的改革外，管仲还执行了一连串适时的外交策略，比如亲邻国、主动侦探他国、多途径树立齐国威信等。管仲的外交策略显示出三个特征：一是尚德尚礼；二是贱夷狄，贵诸夏；三是礼待周天子。可以说，管仲的外交策略具有明显

---

① [春秋] 左丘明：《国语》卷第六，济南：齐鲁书社，2005年，第109页及注。
② [清] 王先慎：《韩非子集解》卷第二《二柄第七》，北京：中华书局，1998年，第39页。

的"尊王攘夷"的思想倾向。

　　总之,管仲在内政方面坚持富国强兵,在外交方面坚持"尊王攘夷"。成功的内外政改革,使齐国在春秋初叶的政坛上牢牢地立稳了脚跟,齐桓公因此开春秋霸业之先,成为春秋五霸之首。

以人名书：从管仲到《管子》

根据目前学术界的研究，《管子》主要是研习管仲思想的学者，即管仲学派的著作结集。[①] 这个学派的活动时间，主要集中于战国，尤其是齐国稷下学宫时期。管仲学派的多数成员是战国时齐国的稷下学士。《管子》一书，尤其是最受争议的《轻重》篇，至迟在秦统一初期就已完成。

作为管仲学派的著作结集，不能将《管子》一书的思想等同于管仲的思想：管仲思想形成于春秋前期，《管子》主要写成于战国；管仲思想相对纯简一些，多是活生生的施政措施，《管

[①] 如余敦康认为，《管子》一书有稷下先生的著作，但大部分著作是属于管仲学派的。（余敦康：《论管仲学派》，《中国哲学》第二辑，1980年，上海：生活·读书·新知三联书店。）任继愈说："管仲学派是战国时期齐人继承和发展管仲的思想而形成的一个学派，这个学派根据齐国的具体情况和文化传统，总结齐国社会改革的经验，为封建统治者提供一个完整的政治哲学体系。它和与鲁文化有渊源关系的孟荀学派（即儒家学派）以及产生于三晋的商韩学派（即法家学派）有着明显不同。"（任继愈：《中国哲学发展史·先秦》，1983年，北京：人民出版社，第347页。）张岱年亦说："《管子》一书是齐国推崇管仲的学者依托管仲而写的著作汇集，可称为'管子学派'的著作。这些推崇管仲的学者可能亦是稷下学士，但只是稷下学者的一部分。"（张岱年：《齐学的历史价值》，《文史知识》1989年第3期。）这里需要补充的是，管仲学派并非仅由齐人组成，关于这一点，下文将有论述。

子》则驳杂、繁复，多是对前者的理论演绎。但二者之间又有内在的联系，即管仲思想是《管子》思想的源。

从史书所载及诸子评说，我们可以对管仲思想做一概括。管仲思想是一种通过变法革新富国强兵、挟周天子余威以令诸侯、以攘蛮狄的霸术思想。这种霸术思想的最大特点是：第一，对内以法，对外以礼；第二，取其近利，舍其远功。或许基于这样一种认识，研习管仲思想的学者们在大谈法治的同时又强调礼治，努力弥补管仲思想中的缺陷，于是重法治却不忽视礼治便成为《管子》一书的显著特征。

《管子》一书强调法治、礼治，为什么畅论其他各家思想的文章在其中也占有相当比重呢？管仲是一国宰辅，其思想的丰富非蔽于"一曲""一察"的辩士所比及。《吕氏春秋》中各派学者多角度地阐发说明了管仲思想存在多种倾向的可能。稷下学士不限于齐国的学者，他们来自各个诸侯国且学宗百家。管仲学派受其影响，把管仲的多种思想倾向加以夸大，并演绎为一篇篇风格迥异、具备不同学派特征的文章是极有可能的。这些文章不等同于管仲思想，但它们与管仲思想又有某种联系。

那么《管子》一书有没有保存管仲思想的真实资料呢？春秋战国时期，上至周天子、下至各国诸侯都设置有史官。管仲仕齐为相，他与桓公论政之语会被史官记录下来，作为齐国《春秋》的一部分。这样，管仲思想就以齐国《春秋》的形式被保存并在官方传播。《国语·齐语》记载的管仲思想大概就是这种方式传播的结果。而《管子》中与《齐语》相仿、同样记录管仲内政外交改革的《小匡》，可能就是齐国《春秋》的增补修饰。其他篇章，如类似官方史料的《大匡》《中匡》《问》

也应如此。从这一角度分析,《管子》中是保存了关于管仲思想的真实资料的。

《管子》一书思想驳杂,除了上面提到的学者们对管仲思想多角度阐发的原因,是否可以从当时文化背景中找到一些解释呢?据《周礼·春官宗伯》,周王室设有小史、外史等史官,他们掌管着四方诸侯国的史书、治令。依此,齐国《春秋》在周王室那里应该有收藏。诸侯会盟时,不仅对本国之事付诸史书,对其他国家的行为也可记载。这意味着,管仲辅佐桓公九合诸侯时,承载着管仲思想的盟训也会被他国史官记载,并在他国传播。随着周王室的衰微,王官散落于各诸侯国,一些周王室的史官有可能传播过大量的管仲思想。稷下学士来自各诸侯国,因此不可排除来自他国的学者曾经接触过管仲思想,如果他们认同管仲思想的话,这一部分学者还有可能成为管仲学派的成员。管仲学派成员之杂,必然造成《管子》思想之杂。

管仲学派的形成,主要是管仲思想在齐国境内传播、影响的结果,齐国阶梯式的国鄙编制则加强了这一传播的影响力。《国语·齐语》记载了桓公问政布令的两段文字。首先是乡长、属大夫向桓公汇报公事,接着桓公向他们颁布政令。之后,"国子、高子退而修乡,乡退而修连,连退而修里,里退而修轨,轨退而修伍,伍退而修家";"五属大夫于是退而修属,属退而修县,县退而修乡,乡退而修卒,卒退而修邑,邑退而修家"①。通过这种锥形的、自上而下的政令颁布,管仲的思想便扩散到了每一个家庭。《战国策·秦一》记载,商鞅在秦国实行变法

---

① [春秋] 左丘明:《国语》卷第六,济南:齐鲁书社,2005年,第113—116页。

时，包括秦国的妇人儿童都在讨论商君之法。由此推之，管仲之法在齐国民众中也应备受关注。《国语·晋语》中齐姜氏用管仲的话劝谏重耳返晋，从其背诵如流的程度，可以看出齐国民众对管仲思想是非常熟悉的。《韩非子·五蠹》曾说韩国境内家家户户藏有管仲之法，虽有些夸张，但足以说明管仲之法流布广泛。而按常理推论，这种家家藏有管仲之法的社会状态，首先应该是出现在齐国的，齐国境内研习管仲之法的人肯定很多。正是他们推动着管仲学派的形成，且成为管仲学派的重要组成部分。

管仲思想在齐国内外得到广泛传播，人们对管仲的认识也会由陌生到熟悉，随之而来的，有关管仲的嘉言懿行就会被世人津津乐道，并演化为遗闻轶事的存在方式。《管子》一书中多数篇章为论说文，而《霸形》《戒》《小问》中却保存了众多的管仲轶事，它们理应受到后世《管子》研究者的重视。

现存《管子》书，是西汉刘向的整理本。总计八十六篇，十篇已经亡佚，有目无文。前后共有八个组别，即"经言""外言""内言""短语""区言""杂篇""管子解""轻重"。依学者研究成果，"经言""内言""短语"保存了较多管仲的真实思想，其他多为管子思想的演绎和发展。

总之，《管子》的思想是建立在管仲思想基础之上的，要对《管子》研究中出现的相关问题做出合理的诠释，对管仲思想进行分析是必不可少的。

"学术之宝藏":《管子》思想

管仲生当春秋前期,彼时道术未为天下裂。至战国,道术分裂,九流十家纷起。受其影响,本为不裂之道术的管仲治道也在诸家争鸣影响下,被传承其思想的学者进行着各自的学说演绎。下面,我们从哲学、政治、法律、军事、经济五个方面,对《管子》治道思想略做论述。

在世界本原问题上,《管子》认为道是世界万物得以生成的根本。这种"万物以生,万物以成"[1] "万物皆以得"[2] 的道,"不见其形,不闻其声"[3] "无根无茎,无叶无荣"[4],看上去似乎是一种虚无;但它又具有物质性的规定,它遍流于万物之中,潜藏于民众生活,可谓无处不在。在提出道论的同时,《管子》又提出"精气"说。它认为世间一切事物和现象都是精气变化的结果,而无论怎样变化,都不改变精气的存在。实际上,《管

---

[1] 黎翔凤:《管子校注》卷第十六《内业第四十九》,北京:中华书局,2004年,第937页。以下凡引用这部作品均出自该版本,仅在引用时标注书名、卷号、篇名及页码。
[2] 《管子校注》卷第十三《心术上第三十六》,第770页。
[3] 《管子校注》卷第十六《内业第四十九》,第932页。
[4] 同上书,第937页。

子》把精气视为了万物本原的道的同义语，或者说把道具象化了。

道是虚而无形的。虚则不会受挫，无形则没有抵触，所以它可以遍布于万物之中而不会有丝毫的改变。道具有无为的特征，它的体现要靠"德"。德使道具有一定的形体，而万物则借德以生。

与论述道与德的关系相类似，《管子》提出一"精"一"形"说。人之所以出现，是由于天之精气与地之形体相结合。人的形体是精气的馆舍，精气可以进入人的形体，也可以脱离人的形体。"有气则生，无气则死。"在解释人的生命现象的同时，《管子》又一次指出精气所具有的道的性质。

《管子》还对治心的认识论做出探讨。它区分了认识产生的两个基本因素：认识客体和认识主体。要达到对客观世界的认识，必须加强人这个认识主体的主观修养。如何加强主观修养呢？《管子》认为，人具有耳、目等感觉器官，它们是认识的门户；而心是思维的器官，它处于认识的主宰地位，支配、统治着感觉器官。心的本性是安静宁和，在这种状态下，心、耳、目会各守其职、各司其事，从而达到对事物的正确认识。《管子》把心不去参与视听之事称为治心，并认为这是加强主观修养的关键。

治心要"虚"，要"一"，要"静"。"一"就是专一，心意专一，自然心虚无藏；耳目不为纷繁的事物所困惑，即便是远方的事物也像身边的一样容易认识。"静"就是不烦不躁，它要求认识事物时以静制动、静观其变。不仅如此，"静"还是一种得"道"的状态，人一旦能因"静"得"道"，便可以"戴大圜""履大方""鉴于大清,视于大明,敬慎无忒,日新其德,遍知天下,穷于四极"①。《管子》治心的认识论,追求的是一切以客观事实为转移的认识效果。

《管子》认为,政府要指导人民按四时的时令顺序安排农事,保证农业丰收。农业丰收了,人民生活才会富裕,他国民众才会不招自来。人民富裕了,才会认识到行礼义、辨荣辱的重要性,国家在此基础上施行道德教化,才能达到预期的目的。仅让人民丰衣足食、辨识荣辱仍不够,治理国家还需申之以法。为此,《管子》提出贵爵服使人主尊、重赏禄使民劝,审授官使理上通、严刑罚使贼臣惧的法治思想。

《管子》有浓厚的民本思想,它将人民捧到了至高的地位,但以民为本的举措最终还是要服务于国家治理,服务于统治者更好地驾驭人民。在《管子》看来,政府只有通过各种方式使人民得到实惠,人民才会忠实地执行统治者的命令。它将这一为政原则称为"知予之为取者,政之宝也"②。

《管子》在汉人眼中是一部道家著作,自《隋书·经藉志》始,历代史书将其列入法家。由此而论,亦道亦法是《管子》的重要特征。下面,我们来看《管子》中的法治思想。

《管子》认为古时候没有君臣之分、夫妇之配,那时候智诈愚、强凌弱、老幼孤独不安其居,于是圣人借助众人之力禁强止暴,使民归于正道。在上下有了秩序、民生有了根本之后,

---

① 《管子校注》卷第十六《内业第四十九》,第939页。
② 《管子校注》卷第一《牧民第一》,第13页。

国都随之建立，国君随之出现。而"君之所以为君者，赏罚以为君"①，这种巩固君主地位的"赏罚"就是法。

《管子》说："以法治国，则举错而已。"② 法是国家治理的根本，依法来治理国家，就像一个人举手投足那样简单。那么，法由谁来制定呢？法由最高统治者制定。法虽由最高统治者制定，但其制定的原则却要体现"道"的存在。在《管子》看来，法必须体现"道"的以下特征：一是至高性，即法是天下的程式、万事的仪表；二是恒常性，即规律性，不能随意改变；三是必要性，即法为民众行为的根本依据；四是公平性，即法对社会的任一阶层都具有约束力。

法，简言之，是赏罚；具言之，则又分法、律、令。由法、律、令所组成的赏罚之法，在君主治国理民方面发挥着重要作用：法可以使君主尊贵，法可以用来选贤任官，法可以驾驭民众，法可以消除质疑、明辨是非。君主制定的法又如何在政治生活中实施呢？《管子》认为，凡事要做到法律先行，公开透明；法令一出，则上下都必须遵守法的规定；在执法过程中，要公正客观，无私无偏。

值得注意的是，《管子》法治思想中还出现了有关势治与术治的内容。《管子》反复申述权势的重要性，认为之所以君尊臣卑，并不是君臣之间有什么亲属关系，而是因为君主有权势，即势胜。君主凭借手中的生、杀、贵、贱、贫、富六种权势，就可以驾驭其臣。《管子》又强调任术的重要性。所谓任术，就

---

① 《管子校注》卷第十一《君臣下第三十一》，第569页。
② 《管子校注》卷第十五《明法第四十六》，第916页。

是君主巩固君位并督责法令执行情况的权术。有了这种权术，君主就不会受蒙骗。《管子》言法兼及势、术，体现了类似韩非法家理论的集大成性质。

《管子》认为，军队具有两方面的功能：一是诛暴国以稳定天下秩序，一是禁邪以平复国内民众。针对儒、墨学者反对战争的言论，《管子》以黄帝、唐尧、虞舜为例，认为军队不可废除，严厉批判了当时社会上流行的不切实际的废兵思想。

军队尊主安国，是其基本的职能。除此之外，还可以借之成就王霸之业。《管子》说："兵虽非备道至德也，然而所以辅王成霸。"[1] 但审其"虽非备道至德"的语气，其对军队、战争似不尽是肯定。虽然《管子》支持正义的战争，但同时又认为，战争具有"四患"："贫民""伤财""危国""忧主"。因此，它提出了谨慎用兵的思想。

使军队无敌于天下，是军队建设的最高目标。《管子》认为可从五个方面进行：第一，厚施于民。人民是军队的主力，如果统治者厚施于民，兵士就会守战至死而不退缩，与统治者同忧共难。第二，建立军政合一的一体化机制，即前面提到的军队建置和行政建置二者合一。第三，选卒练士，严明军纪。第四，加强武器装备。为了使兵器无敌，主张选良工、良材制造出良器。第五，"主明""相知""将能"。战争之令一旦下达，出兵按时，国人无议，即"主明"；论功行赏，财货、军需有条不紊，即"相知"；器备卒完，审时度势，即"将能"。这是提高军队战斗力的关键。

---

[1] 《管子校注》卷第六《兵法第十七》，第317页。

《管子》经济思想的独特之处是对消费与财政问题的探讨。《管子》强调富国,认为国之贫富与农业息息相关。农业包括的范围很广泛,除了粟还有桑麻、六畜的生产及山泽、田畴等基础设施建设,这些都被《管子》视为国之贫富的基础。

农业是富国之本。国家富足虽可使民众"安乡重家",发挥其在国家安定中的重要作用,但前者并不是后者的最终决定因素。因为土地有限,人民有限,而国君的欲望却没有穷尽。《管子》看到土地、人民与君主之间不可调和的矛盾,于是提倡君主消费的尚俭说。

如果单纯尚俭,《管子》的消费思想并没有什么特别之处。事实上,《管子》不仅尚俭,它还提倡一种与节俭对立的侈靡理论。所谓侈靡,就是生活铺张、过度消费。它建议把蛋类雕画了然后煮食,把木柴雕刻了然后焚烧。表述有点夸张,但确实体现出《管子》的这一思想。侈靡理论为什么得到《管子》的肯定呢?依《管子》的观点,它可以用来调济贫富,发挥解决下层生计的经济杠杆作用。

在《管子》看来,当富者拥有大量财富而穷者谋生艰难时,就可以考虑侈靡理论的实施了。举一个例子:如果富人举办丧礼,就设法让其丧期长久以消磨他们的时间,让其葬礼厚重以耗费他们的钱财,让他们加强亲友之间的礼仪往来并约定成俗。此外,它还建议富人在丧葬时配备各种祭奠包袱、各种仪仗与各种殉葬品。其目的很明确:通过多种多样的厚葬行为,通过富人的侈靡消费,使农民、各类工匠、女工借机都有事可做,借之保障贫者的基本生活。除了调济贫富以解决下层生计,《管子》认为侈靡消费还可以满足一部分人的生活欲望,使他们更好地为统治者服务。可见，侈靡理论和尚俭说虽立论不同，其最终目的都是服务于统治者的政治需要。

在《管子》中，还有一种独特的经济理论——轻重学说，它在整个《管子》思想体系中占据重要的学术地位，是《管子》整个治道思想中的亮点。轻重学说除了财政税收的内容，还关注社会经济的宏观调控。轻重学说包括的内容很多，概括地讲，有"执其通施以御其司命"（国家垄断铸币发行，以此调控人民的命根子——粮食）、"官山海"（对盐铁资源实施国家经营）、"以重射轻，以贱泄平"（国家贱买贵卖，也叫以贱泄贵）、"利出一孔"（国家掌控经济生活，成为经济活动的最大受益者）、"寓税于价"（将欲收之税，转移到国家对某些物资专卖的价格之中）、"籍于号令"（通过号令缓急，造成物价波动，以此调控经济）、国家借贷（国家兴办借贷机构，面向人民开展借贷业务）、以工代赈（国家兴办土木工程，借机支付人民劳动报酬，帮助人民度过灾荒）、国际贸易等。它表现出三个鲜明特征：垄断性、抑商性、强制性。轻重学说在中国古代经济思想史上占有重要地位，对历代经济及财政管理影响极大。

辗转流传：《管子》版本

《管子》一书，《汉书·艺文志》著录八十六篇，与现存《管子》篇数相同。《管子》分为八个组别，即经言九篇、外言八篇、内言九篇、短语十八篇、区言五篇、杂篇十三篇、管子解五篇、轻重十九篇。多数学者认为，这种分组源于刘向校书。

唐代张守节《史记正义》在为《管晏列传》作注时转引《七略》，说"《管子》十八篇"。这里的"《七略》"是南朝梁阮孝绪"《七录》"之误，"十八篇"应为"十八卷"。对此，章太炎已有论说。这里需要说明的是，如果阮孝绪《七录》著录《管子》十八卷，那么由《汉书·艺文志》的八十六篇到《七录》的十八卷，其间由篇为卷的变化始于何时，又是何人所为呢？在汉代，除了汉成帝时刘向主持的那次大型图书整理活动，见于记载的还有两次，一次是东汉安帝时，另一次是东汉顺帝时。之后，一直到阮孝绪，其间未见有图书整理载于史册。依此，《管子》由八十六篇到十八卷的变化，或许源自东汉的那两次校书。

阮孝绪《七录》著录《管子》十八卷，《隋书·经籍志》却著录《管子》十九卷，其中的一卷之差，并不表明前后有两种不同的分卷方式，而是计十九卷者将目录一卷计算在内，计十八卷者把目录一卷排除在外的缘故。

司马迁在《史记·管晏列传》中曾提到《管子》的《轻重》《九府》篇。对于《九府》篇，刘向称"民间无有"①，这里的"民间"是相对于官方而言，是民间无而官方有之意，并不是说司马迁的时候尚存而到了刘向校书时已经亡佚。缘此，《九府》篇是包含在当时八十六篇的《管子》一书中的。

《管子》在唐代有了注本，且从十九卷增至三十卷。作为十九卷白文本的《管子》在《旧唐书·经籍志》《崇文总目》《新唐书·艺文志》《通志》中先后有著录，此后便从目录书中消逝了。较早提到《管子》注本的是唐代吴兢《吴氏西斋书目》。元代马端临《文献通考》在对《管子》做考论时曾引用《吴氏西斋书目》的相关著录："《崇文总目》曰：唐国子博士尹知章注。按吴兢《书目》，凡书三十卷，自存十九卷，自《形势解》篇而下十一卷已亡。"② 依此，尹知章作《管子注》三十卷。《旧唐书·尹知章传》亦载："所注《孝经》《老子》《庄子》《韩子》《管子》《鬼谷子》，颇行于时。"③ 虽未明卷数，但尹注《管子》应没有疑问。不幸的是，尹注《管子》后不久，当同时代吴兢见到《管子注》时，它已经亡佚了后十一卷，成为只有前十九卷的残本了。一百年后，唐代杜佑在《管氏指略》的序中说，《管子》为"唐房元龄注""而注颇浅陋，恐非元龄，

---

① ［汉］刘向：《〈管子〉叙录》，《管子》宋刊本，见《四部丛刊初编》。
② ［元］马端临：《文献通考》卷二百一二《经籍三十九》，北京：中华书局，1986年，第1737页。
③ ［后晋］刘昫等：《旧唐书》卷一百八十九下《儒学下》，北京：中华书局，1975年，第4975页。

或云尹知章也"①。依杜氏，他见到的《管子注》的作者署名为"房元龄"即房玄龄，不是"尹知章"。那么，房玄龄有没有为《管子》作注呢？史书及当时的目录书均无此记载。而从杜佑质疑的口气，《管子注》似也不出于房氏之手。由此推论，《管子》注本的署名不实，说明尹注《管子》不久，作者姓名即被后人篡改。此为《管子注》的又一不幸。杜佑《管氏指略》今已亡佚，其序中的这一信息多亏南宋晁公武的《郡斋读书志》才得以保留下来。而另一个值得注意的事情是，晁公武引用这一信息是对"《管子》二十四卷"，而不是对"《管子》十九卷"的书解。事实上，不独晁公武，此后陈骙《中兴馆阁书目》、陈振孙《直斋书录解题》、马端临《文献通考》对《管子》注本的著录均为二十四卷本。与尹注十九卷残本不同，这个二十四卷本是足本。

南宋郑樵《通志》在提到《管子》注本时，将尹注与房注并列。这给人一种假象，似乎当时有尹注《管子》十九卷和房注《管子》二十四卷两种不同的注本，其实不然。郑樵"《管子》十九卷，唐尹知章注，旧有三十卷"的著录文字，源自其对他书的转录，由于他本人并未见到实物，所以虽然著录尹注、房注两个注本，而就当时的《管子》注本而言，只有署名"房元龄"的一个注本。

由此可知，尹注《管子》不久，就因亡佚成为十九卷残本，此后《管子》注本以署名"房元龄"的房注本出现，且由十九

---

① ［元］马端临：《文献通考》卷二百一二《经籍三十九》，北京：中华书局，1986年，第1737页。

卷变为二十四卷。尹本亡佚的后十一卷，是《形势解》以下的二十三篇，这在房注本二十四卷中相当于最后五卷。尹注的后十一卷既已亡佚，房本的后五卷及其注解又从何而来呢？当时，十九卷的《管子》白文本依然流传，房本后五卷的《管子》正文当来源于白文本，其中的注文则是时人传抄的尹注之旧。据《旧唐书》，尹知章所注《管子》曾颇为流行，作伪者采掇相关注文是完全可能的。

房本二十四卷《管子》的著录见于晁公武《郡斋读书志》和郑樵《通志》，说明由残本的尹注十九卷变为足本的房注二十四卷在此之前就已完成。文献著录尹注十九卷残本在署名上没有变化，却在二十四卷完本出现时发生变化，这大概不是一种巧合，或是《管子》作伪者为掩盖其作伪痕迹、增饰其作伪可信度而故意施展的一种改头换面的伎俩。若此推论成立，杜佑在《管氏指略》的序中提到的署名"房元龄"的《管子》注本，很可能也已经是二十四卷本了。对于《管子》注本署名上的变化，四库馆臣做出一个较合理的推测："殆后人以知章人微，玄龄名重，改题之以炫俗耳。"①

目前，我们所能见到的较早的《管子》版本是房本二十四卷南宋刻本。该刻本首列北宋杨忱《〈管子〉序》，书后有南宋张嵲《读〈管子〉》，后世习惯上称之为杨忱本。《汉书·艺文志》载《管子》八十六篇，此时的南宋刻本却仅有七十六篇，十篇有目无文。尽管南宋刻本是现存较早的刻本，但它

---

① [清]纪昀等：《四库全书总目》，北京：中华书局，1965年，第847页。

并非《管子》的初刻本。《管子》的首次刊刻，是在北宋仁宗庆历四年①（1044）。由于这个本子讹误太多，张嵲曾对其进行校勘，其后书坊据张氏校勘手稿对北宋本进行翻刻，成为现在我们看到的杨忱本。该刻本经书家辗转收藏，至清嘉庆年间流落于书肆。此时，第六卷已有抄补、伪刻之页，清代著名藏书家黄丕烈花重金购得后，依宋影钞本（指后面将要提到的墨宝堂本）抄摹并重新装帧。光绪年间，张瑛据之影印。之后，它被辑入《四部丛刊》。

与南宋杨忱刻本同时，又有蔡潜道墨宝堂本，它们均出于张嵲《管子》校勘手稿。黄丕烈见到这个本子时，第十三卷至第十九卷已亡佚，遂以陆勅先校宋本将之补全。

南宋杨忱刻本与蔡潜道墨宝堂本，虽同出于张嵲校勘手稿，但在文字上仍有差异。如杨忱本《形势》篇中的"久而不忘焉可以来矣"，蔡潜道本作"久而不忘焉可以往矣"；杨忱本《权修》篇中的"臣有杀其君，子有杀其父"，蔡潜道本作"臣有弑其君，子有弑其父"。尽管文字上有出入，但它们作为《管子》研究的难得的善本，其地位毋庸置疑。可惜的是，墨宝堂本在民国时期已不知去向，至今仍音讯全无。幸好清代学者陈奂在道光九年（1829）曾临抄此本，可借此约略探其概貌。

明代重要的《管子》版本是刘绩《管子补注》本。该本是在尹注《管子》基础上，加以补充注释而成的。刘绩是弘治庚戌年进士，其刊刻当在此后。近代著名学者冒广生说："此书不及世传两宋本（指杨忱本和蔡潜道本），而在明诸刻为最

---

① 巩曰国：《宋本〈管子〉考说》，《齐鲁文化研究》2004年总第三辑。

古。……第其刻工最为草草，如……與作与，猶作尤等字，触目皆是。又注文之末，任意增者、也、已、矣等字，殆当时通行坊本，未加校对。卷数、叶数尤为凌乱。"不过，相较明代其他刻本，《管子补注》亦有优长。"明人刻书喜改古书，绩则致为矜慎。其所考订及所见别本异同，均加按语在原注后，较之赵文毅（指明朝学者赵用贤）本遽改原文为胜。"①

刘绩本后，又有以其为祖本的安正书堂《管子》无注本。此本前后无序跋，书后有"太岁癸巳孟春安正书堂重刊本"木牌墨记。安正书堂也叫安正堂，是明代知名刻书家刘宗器所建书坊，其刻书事业前后有一百八十多年。该墨记中"癸巳"前面没有年号，其刊刻或为嘉靖十二年（1533），或为万历二十一年（1593），不能确定。安正书堂既言"重刊"，则说明之前已有刊刻。郭沫若《管子集校》"叙录（四）"提到自己曾得一无注本，以之相校安正书堂本，二者几同，"唯古本有夺字待刻未补而遗留墨印处，在安正书堂本则为空白，示于刻板中已剜去其字位而无待刻之意，即此已可见板之先后"。安正书堂既以此无注古本为底本重刊，"则此底本在当时必已视为难得之古本"②。郭氏所说的无注古本，今天难以见到。

明万历十年（1582），赵用贤《管韩合刻》问世，其中《管子》为二十四卷。赵刊《管子》是明代刘绩本之后较重要的本子，也是此后坊间最通行的刻本。

---

① 冒广生：《〈管子〉跋》，民国《学海月刊》第一卷第四册。
② 郭沫若、闻一多、许维遹：《管子集校》，北京：科学出版社，1956年，第4—5页。

第二章
评说与征引：先秦两汉《管子》学术

继承、发展并演绎管仲思想而成的《管子》一书，其学术研究是从对管仲及管仲思想的评说开始的。先秦时期，孔子、孟子、庄子、荀子、韩非子及《吕氏春秋》都参与了这一评说过程。韩非子在参与评说的同时，还提到《管子》书并对其中的某些思想进行评判，说明以单篇方式流布散播的《管子》，至迟在韩非子时期就已出现。西汉前、中期，贾谊、晁错、刘安、桑弘羊大量引用、借鉴《管子》的思想以著述、上疏、辩论并用于财政实践，同时期的《黄帝四经》也出现大量与《管子》相同的或相近的文句，说明以单篇方式存在的《管子》在这一时期是相当流行的。南宋叶适称其为"汉世行书"，并非虚言。尽管《管子》结集成书于西汉末年，但单篇流传时期的《管子》学术研究却呈现出颇为热闹的景象。

财经与文化：发生的时代背景

在财经方面，春秋以降，社会经济在各方面都取得较大发展：坚固适用的铁器出现，土地被大量开垦；水利灌溉技术进一步提高，农业产量显著增加；手工业者和商人队伍迅速壮大，民间经济迅速繁荣。及至战国，出现了此起彼伏的变法运动，之前的贵族奴隶制领主经济逐渐让位于新的地主阶级专政下的封建个体经济。尽管当时战争频繁，社会生产力遭受严重破坏，但农业、手工业和商业的整体发展水平，仍远远超过春秋时期。

秦朝建立后，废除西周以来的封土建国的分封制，实施军、政、财三权集于皇帝一人的郡县制。秦始皇打击奴隶主贵族，颁行"黔首实田"的土地制度，从法律上保证地主经济的确立与发展。

汉初统治者及时吸取秦朝灭亡的教训，实行清静无为之治，与民休养生息，积极发展农田水利事业、轻徭薄赋、节约财政开支并率先躬行俭节，出现了国安民定、上富下足的文景盛世。武帝时期长期对外作战，耗费了大量的人力物力，为弥补庞大的财政支出，竟"民赋数百"①，以至于"赋税既竭，犹不足以奉战士""县官大空"②。针对国家财政吃紧的状况，武帝政府毅然实行了算缗、告缗、盐铁官营等一系列经济政策。算缗是根据商业、手工业、高利贷等不同的职业，核算其财产并上缴一定比例的财产税。之后，又实行告缗，鼓励民众告发违反算缗政策的行为，并将违法者财产的一半奖励给告发者。盐铁官营则是将盐铁的生产、销售权收归国有，由政府统一管理，以此增加国库收入。这一系列经济政策的执行，支持了武帝政府的经费开支。

西汉财政在武帝晚年陷入危机。此时，农民起义不断发生，阶级矛盾日益尖锐。面对"天下虚耗，人复相食"的社会惨状，他开始反思自己的施政措施，采取并实施了一系列有利于农业发展的政策，如推广称之代田法的先进耕作技术、开凿渠道、修筑黄河堤坝等。至昭帝时，西汉财经转危为安。至宣帝时，已是"百姓安土，岁数丰穰，谷至石五钱，农人少利"③了。

昭、宣之后，由于土地兼并加剧和朝政腐败严重，加之天灾渐频，财政陷入困顿。王莽新朝没有任何起色，农商失业、户口减半、物价腾涨，社会经济濒于崩溃。

刘秀建立东汉政权后，面对凋弊的社会经济，大力开展屯田、发展水利，执行三十税一的轻徭薄赋政策。稍后的明帝继

---

① ［汉］班固：《汉书》卷六十四下《严朱吾丘主父徐严终王贾传第三十四下》，北京：中华书局，1962年，第2832页。
② ［汉］司马迁：《史记》卷三十《平准书第八》，北京：中华书局，1959年，第1422、1425页。
③ ［汉］班固：《汉书》卷二十四上《食货志第四上》，北京：中华书局，1962年，第1141页。

承刘秀的做法,建武、永平年间出现国家兴盛的气象。但自和帝至灵帝的一百年间,由于宦官、外戚的专权、争斗,财经建设始终不景气。可以说,东汉的朝政和财经是共同走着一条下坡路的。

出于巩固东汉政权的需要,刘秀曾下诏清查各州郡人口和田亩数,以控制土地兼并、增加财政收入,但这种度田之法因受到贵戚、官僚及地方豪强的激烈反对而停止。此后,国家再也没有颁布过任何限制私人大量占有土地的法令。土地兼并的浪潮疯狂地侵蚀了东汉政权,官僚、地主、豪商相互勾结,他们不仅拥有绵延千万亩的土地,还在拥有大片土地的庄园里兼营各种工商业,甚至组织私人武装,俨然成为一个个完全独立的、能够自给自足的政治经济体。庄园经济的发展,使大批无地的农民依附于豪强地主之下。这样,本该流入国家财政的一部分农民赋税,转而被豪强地主抢走了。庄园经济的迅猛发展,没有带来国家的强大和统一,反而摧毁着国家的经济基础,加剧了地方和中央的离心力。

在文化方面,从春秋时期开始,由周王室长期垄断着的文化,伴随王官沦落于民间而四处传播。沦落于民间的王官,失去了昔日的显赫地位,降列为贵族统治的最底阶层——士。春秋战国时期的诸子百家,多由这样的士阶层组成。这些掌握着文化知识的士人,针对社会剧变期的政治制度、经济生活、军事战争、人伦道德、天下统一等问题,自由发表言论。他们不但授徒讲学传播自己的思想,还奔走于诸侯国之间,希望当时的君主能接受他们的政治主张,以此经世治国。他们相互之间自由辩论,并在辩论中取长补短,完善自己的学说,由此促成了中国历史上第一次文化发展的高潮——百家争鸣。百家争鸣时期的思想多具有原创性,成为滋养中国人数千年精神家园的原始文化土壤。

秦朝建立后,因天下言语异声、文字异形,秦始皇命丞相李斯以秦文为基础,一同天下文字,凡与秦文不一致者皆强令废除,同时颁布统一的文字书写体式——小篆。小篆之外,非正式场合多用隶书。由秦代开始的书同文工作,至汉武帝时代最终完成。这是中国文字演进史上的一大创举,对传承中华文化起到了无法估量的作用。

秦始皇三十四年(前213),以李斯为代表的变革派与以儒生为代表的复古派在实行郡县制还是分封制问题上意见不一,思想极端专制的李斯认为"诸生不师今而学古,以非当今",惧怕"主势降乎上,党与成乎下",于是奏请秦始皇"非秦记皆烧之。非博士官所职,天下敢有藏《诗》《书》、百家语者,悉诣守、尉杂烧之。有敢偶语《诗》《书》者弃市"[1],造成了焚书的文化浩劫。

刘邦建汉后,严禁私藏《诗》《书》、百家语的"挟书律"一度在汉初执行。至惠帝四年(前191),始诏告全国废除"挟书律"。"挟书律"的废除,使汉初的思想文化复苏并迅速活跃。

伴随着汉初政权稳定、经济繁荣,武帝政府由汉初黄老之治转向儒术独尊。建元元年(前140),武帝接受丞相卫绾的上奏,开始罢黜不利于政治统一的诸子学说。元光元年(前134),

---

[1] [汉]司马迁:《史记》卷六《秦始皇本纪第六》,北京:中华书局,1959年,第255页。

政府举行贤良对策，董仲舒说："《春秋》大一统者，天地之常经，古今之通谊也。今师异道，人异论，百家殊方，指意不同，是以上亡以持一统；法制数变，下不知所守。臣愚以为诸不在六艺之科孔子之术者，皆绝其道，勿使并进。邪辟之说灭息，然后统纪可一而法度可明，民知所从矣。"①武帝肯定了董仲舒的"《春秋》大一统"论，采纳了"罢黜百家，独尊儒术"的建议。独尊儒术，即独尊《诗》《书》《礼》《乐》《易》《春秋》"六经"及孔子儒学解释"六经"的方法。儒术指"六艺之科孔子之术"，而不是单指孔、孟、荀的儒学。所以，"独尊儒术是独尊儒家经学，是先秦诸子中的儒学与上古三代经书的混合体"②。董仲舒又提议建立宣扬儒家经学的教育机构，于是武帝在京城兴办太学，又于建元五年（前136）置"五经"博士。同时，武帝采纳丞相公孙弘的建议为博士设弟子职，教授弟子，作为官吏的后备军。太学与博士官制度的建立，大大加强了儒家经学的官方地位。

在儒术独尊的同时，武帝对诸侯王的读经与文化活动进行刻意限制。河间献王刘德曾设立《毛氏诗》《左氏春秋》博士，招引了大批山东儒者。专权的武帝不能容忍这位同姓兄长，对献王说："'汤以七十里，文王百里，王其勉之。'王知其意，归即纵酒听乐，因以终。"③淮南王刘安召集文人宾客、方术之士

---

① [汉] 班固：《汉书》卷五十六《董仲舒传第二十六》，北京：中华书局，1962年，第2523页。
② 周佳钿、李祥俊：《中国学术通史》（秦汉卷），北京：人民出版社，2004年，第86页。
③ [汉] 司马迁：《史记》卷五十九《五宗世家第二十九》，北京：中华书局，1959年，第2094页。

数千人，集成《内书》（即《淮南子》）一书，并将其献给武帝，但武帝最终还是把刘安及其门客一并铲除掉了。

儒家经学要求通经致用，即研究经书记载的圣王之政并将其运用到现实的政治建设中。张汤是武帝时的权臣，他在执法时要请经学学者评议以"傅古义（效法古人）"，而朝廷遇到重大问题也会派张汤去请教董仲舒，由此可见儒术独尊的文化政策对社会政治的影响力。

汉武帝确立儒家经学的官学地位，其根本目的是用"六经"和儒学统一全社会的思想，用思想统一巩固政治统一。但这一举措在繁荣儒家经学的同时，却阻滞了其他学术的发展。如果说因为西汉盛行的黄老之学、各种学术思想曾得到了自由发展空间的话，那么在儒术独尊的西汉中后期以至整个东汉，除儒学之外的其他学术则基本处于沉寂与被抑制状态。儒家经学后来分化为今文经学与古文经学，这是经学内部的分化，并没有改变两汉儒术独尊的社会现实。

谶纬，也是值得一提的文化现象。所谓谶，就是假托天命、人为制造的神秘预言。有时附有图示，又称"图谶"。纬，是与经书相对而言的托名孔子以诡语释经的书。汉光武帝发迹曾借助图谶的力量，即位后尤为重视谶纬的宣传。他常用谶纬作为政务决断的辅助手段，还曾"宣布图谶于天下"[1]，让图谶获得法定经典的地位。受其影响，当时的儒生也多有兼习谶纬之学者。东汉前期，谶纬的地位有超越传统经书的趋势。不仅刘秀

---

[1] ［南朝宋］范晔：《后汉书》卷一下《光武帝纪第一下》，北京：中华书局，1965年，第84页。

颁诏行令、任免官员引附谶纬，汉章帝时群儒讨论儒家经义，还将谶纬之学的内容掺入其中。影响所及，曹魏代汉也曾利用过谶纬思想。在谶纬流行的时候，一些学者如桓谭、张衡指斥习谶纬者为俗儒，主张政府应限制并禁绝图谶的传播，但直到晋武帝泰始三年（267），谶纬才正式被官方禁止。

第二章 评说与征引：先秦两汉《管子》学术

各有所是：先秦诸子对管仲及《管子》的评说

一、王道与霸道：《论语》《孟子》《荀子》中对管仲的评说

管仲是一位颇受争议的人物。他以功业著，但在立身行世上存有一些瑕疵，这导致一方面人们因"尊王攘夷"的历史功绩对其赞不绝口，另一方面又因违背周礼时仪而对其责难指摘。

孔门师生对管仲的评说褒贬对立，其褒者，以仁许之；其贬者，愤其非仁。而究其评说所系，则是管仲当政之前那段或是或非的选择。对于管仲在当时政治事件中的选择，孔门生徒持明显的否定态度。子路认为管仲"忘君事仇"，不能称之以仁；子贡认为管仲不为公子纠而死尚且说得过去，辅佐桓公则是一件错误的事情。总之，他们均对管仲弃所傅之人转傅他人的行为提出批评。然而出乎意料，孔子却从三个方面对管仲的选择进行肯定："九合诸侯，不以兵车"，嘉其使民免于战乱；"霸诸侯，一匡天下"，誉其"尊王"；"微管仲，吾其被发左衽矣"，赞其"攘夷"。有这三个方面的事功，孔子认为足以以仁称之。

孔子虽然毫无隐瞒地将其赞许之意和盘托出，但又不因其美蔽其恶，反而对管仲生活中那些有违于周礼时仪的举止毫不保留地提出批评。首先，孔子批评管仲不俭。"管氏有三归"①，指管仲一人却可以从多处收取市租，故足见其奢。又据《礼记》，大夫置官，须一官兼摄众事，不能一事置一官。而管仲为卿大夫，恰恰置一官为一官之事，由此可知其不俭。其次，孔子批评管仲不知礼。"塞门""反坫"②都是天子诸侯之制。管仲树"塞门"、建"反坫"，是以卿大夫之位僭天子诸侯之礼，所以孔子讽其不知礼。最后，孔子认为管仲"器小"。依后人的解释，是指管仲辅相桓公仅止于霸而未及建立王业，未免有气量狭小之嫌。

孔子既许管仲以仁，又批评他不俭、不知礼，前后似乎矛盾。按孔子的说法，仁者是需要克己复礼的，管仲僭天子诸侯之礼怎能算得上仁呢？其实，孔子许管仲以仁是在对仁、礼作终极关怀下——以事功为标准而做出的判断。在孔子看来，那些广施恩惠使民众免于灾难的人，不仅可称为"仁"，简直可与"圣"相伯仲。既然管仲九合诸侯不动用武力，驱逐外族入侵使民避免沦为夷狄，其功绩之大足以使其配享仁爱之誉。从这里，我们看到孔子对事功的重视以及舍人之小疵取人之大功、不以人之小过掩其大善的胸襟，而管仲功业的历史意义与人伦价值亦由之可见。

---

① 杨伯峻：《论语译注》，北京：中华书局，1980年，第31页。
② 据杨伯峻言，塞门是指用以间隔内外视线的一种东西，形式和作用可以同今天的照壁相比。反坫是指用以放置器物的设备，用土筑成的，形似土堆，筑于两楹之间。（杨伯峻：《论语译注》，北京：中华书局，1980年，第31页。）

第二章 评说与征引：先秦两汉《管子》学术

对于管仲，孟子和孔子的评说很不一致。孔子予之以仁，对其事功深加赞许；孟子却鄙薄其功业，对其颇有微词。

孟子认为，管仲执政四十余年，不可谓不久；桓公对管仲又很信任，不可谓不专。有了这两个条件，足以让管仲佐桓公王天下，而他却止于称霸诸侯。所以，其功业是卑微不足道的。

王道与霸道是《孟子》一书经常讨论的两个问题。孟子不仅认为行霸道必有后灾，对行霸道的方式更是极力反对。他认为，实行王道是平治天下的最好办法。然而我们必须看到，生当春秋初年的管仲，其称霸诸侯的霸术与孟子所说的霸术不尽相同。彼时周王室式微，但礼乐法度毕竟仍有一定的影响力，小至一国的建设，大至诸侯间的交往，依然借助于尚德尚礼的周制来进行，何况管仲正是以德、礼、忠信取信于诸侯以巩固齐桓公之诸侯长地位的。所以孟子贬低管仲，除了感情上对霸道的贬斥，其重要的原因是认为管仲并不能像施行王道者如尧舜那样是发自其本真之心并以身垂范，充其量是把"仁"作为了谋取私利的幌子而已。基于这样的逻辑，管仲的霸业才得不到孟子的认可。至于管仲为什么仅止于霸而没有王，依据孟子的观点，根本原因在于管仲没有在修身上下功夫，只注重了外部的事功而没有加强内心的修养。

孟子把自己的王道理想高高凌驾于现实的霸道之上，他认为五霸是三王的罪人。对于管仲的种种鄙薄，始终是基于这样的思维逻辑。三王时期，天子有其德、行其道，外出巡狩考察政绩，有功者赏、有罪者罚，诸侯一次不朝贬其爵位，再次不朝削其封地，三次不朝就带领军队去变置其君。而五霸是凭借武力，挟持一部分诸侯征讨另一部分诸侯。所以，孟子认为，霸道是对王道的背离。

同样的贬斥倾向也表现在《荀子》中。《荀子·仲尼》说："仲尼之门人，五尺之竖子言羞称乎五伯。"[1] 荀子以桓公为例解释说：首先，齐桓公身上有四大罪状。为当国君杀死兄长；荒唐淫乱，致使家中的七个姐妹没有出嫁；宫廷生活奢侈，用齐国赋税的一半来供养都不够；对外欺诈邾国，袭击莒国，吞并三十多个诸侯国。其次，他在治理国家方面有缺陷。他不把教化作为治国根本，不推崇礼义，只是靠了些诡计谋取成功，靠了些假仁爱来掩饰私利。所以，齐桓公在以仁政、王道为政治理想的孔门学者看来，当然可一言而蔽之、等而下之，可"羞称乎五伯"。

尽管荀子存有如上看法，但从为天下可由霸而王的角度出发，他对管仲的霸业又持肯定态度。管仲为政使齐国富强却没有王天下，荀子认为是因为没有"修礼"；反之，如果管仲在为政中坚持"修礼"，则能称王天下。按照荀子的政治理论，在"为政"中"修礼"，以"修礼"作为"为政"的保障，如此就可成就王业。既然管仲"为政""未及修礼"，则只能是霸而不王了。

《荀子·强国》中对于荀子使秦的记载，有助于我们进一步理解荀子的这一观点。秦相范雎问荀子在秦国的观感，荀子从政治、军事、民情风俗以及自然形势等方面做出分析，认为秦国具备了霸者之资，但仍有不足，那就是未施行儒者之道，也就是儒者所倡导的礼义教化。他认为，在霸业的基础上实施儒

---

[1] ［清］王先谦：《荀子集解》卷三，北京：中华书局，1988年，第105页。

者之道才能成就王业，不实施儒者之道就只能成就霸业。

二、无为、法术与多家并治：《庄子》《韩非子》《吕氏春秋》中对管仲及《管子》的评说

管仲把建功立业作为人生的奋斗目标。这样一位积极入世的政治家，却被倡导消极避世思想的《庄子》一书从某种程度上加以肯定。

据《庄子·徐无鬼》记载，桓公在管仲病重时询问是否可以把国政托于鲍叔牙，管仲认为鲍叔牙不具备执政的才能，唯一可嘱托国政者是隰朋。由此，我们可以得出两点：一是管仲治国并非全然有为，有为之中又有无为的倾向；二是管仲的为政之术虽与道家思想有联系，但绝不等同于道家的无为而治。从这个意义上说，庄子对管仲思想中流露出的无为观念并不是完全肯定。[①]

韩非生当战国末期，有条件对之前的法家思想加以综合，形成集法、术、势于一体的法治理论。他对"法术赏罚"尤为看重，所以对执行这一治国之术富国强兵的管仲，基本上持认可态度。

韩非认为，要用赏罚的手段维护政府施政措施的执行，守法则赏，违法则罚。赏固然能调动民众守法的积极性，罚更能制止有害于国家的行为。为了说明缺少刑罚则政令不行的思想，韩非引用了"管仲知之，故断死人"的故事。这个故事中说，为了节省布帛林木的开支，管仲下令，寿衣、棺材超过规定的

[①] ［清］郭庆藩：《庄子集释》卷八中，北京：中华书局，1961年，第844—845页。

不但要斩尸，掌管丧事的人也要受到处罚。禁令刑罚一下，布帛、林木浪费的现象便应声而止。韩非认为，管仲的做法就是"刑罚"思想的体现。①

韩非认为，民众的本性是"恶劳而乐佚"②。民众是不喜欢变革的，一旦进行变革，他们就像婴儿一样目光短浅、急于排斥，这就要求改革者具有勇气和魄力。基于这样的认识，韩非肯定了管仲在齐国的改革。对旧制度、旧习俗的变革不是一帆风顺的，往往受到种种阻碍。因民众反对改革，桓公外出时要配备全副武装的战车，从这些提防民众闹事的武备中可知管仲改革困难之重重。

在肯定管仲法治思想的同时，韩非又对其思想中不成熟的方面做出批评。《韩非子·外储说左上》载："齐桓公好服紫，一国尽服紫。当是时也，五素不得一紫。桓公患之，谓管仲曰：'寡人好服紫，紫贵甚，一国百姓好服紫不已，寡人奈何？'管仲曰：'君欲止之，何不试勿衣紫也，谓左右曰："吾甚恶紫之臭。"于是左右适有衣紫而进者，公必曰，"少却，吾恶紫臭。"'公曰：'诺。'于是日，郎中莫衣紫；其明日，国中莫衣紫；三日，境内莫衣紫也。"③ 韩非是作为反面论据运用这则材料的，意在说明君主遇事不必躬亲示范，只需以法令督责臣下即可。而现在管仲提出的解决办法，是想靠君上"勿衣紫"的示范作用去勉励国人"莫衣紫"。执法的是臣下，守法的是民众，君主

---

① ［清］王先慎：《韩非子集解》卷第九《内储说上七术第十三》，北京：中华书局，1998年，第212—213页。
② ［清］王先慎：《韩非子集解》卷第二十《心度第五十四》，北京：中华书局，1998年，第474页。
③ ［清］王先慎：《韩非子集解》卷第十一，北京：中华书局，1998年，第282页。

第二章　评说与征引：先秦两汉《管子》学术

凭借自己的威势下发政令、一断于法，国人谁敢"衣紫"？桓公"衣紫"又何妨呢？管仲显然不明君臣之分，不知道用法令的刑赏功能来约束民众行为。《韩非子·外储说左下》载："管仲相齐，曰：'臣贵矣，然而臣贫。'桓公曰：'使子有三归之家。'曰：'臣富矣，然而臣卑。'桓公使立于高、国之上。曰：'臣尊矣，然而臣疏。'乃立为仲父。孔子闻而非之曰：'泰侈逼上。'"①韩非认为，桓公满足了管仲提出的贵、富、尊、亲等要求，其势就会凌驾于桓公之上，桓公的地位就将受到威胁，因为"势者，胜众之资也"②"桀为天子，能制天下，非贤也，势重也"③。管仲依托自己所得之势，篡桓公之位轻而易举。韩非指出，这是"宠光无节，则臣下侵逼"④。尽管管仲意在治齐，韩非却从自己的势论出发提出强烈谴责。

战国时期，《管子》的部分篇章已在社会上流传，《韩非子·五蠹》记载："今境内之民皆言治，藏商、管之法者家有之。"⑤不过，此时的"管之法"大概是单篇形式的《管子》或由数篇文章结集而成的《管子》，与今天见到的八十六篇《管子》书不同。

尽管管仲的法治思想大多体现于具体的政治实践，还没有

---

① ［清］王先慎：《韩非子集解》卷第十二，北京：中华书局，1998年，第304—305页。
② ［清］王先慎：《韩非子集解》卷第十八《八经第四十八》，北京：中华书局，1998年，第431页。
③ ［清］王先慎：《韩非子集解》卷第八《功名第二十八》，北京：中华书局，1998年，第208页。
④ ［清］王先慎：《韩非子集解》卷第十二《外储说左下第三十三》，北京：中华书局，1998年，第291页。
⑤ ［清］王先慎：《韩非子集解》卷第十九，北京：中华书局，1998年，第451页。

成熟并将其上升到理论高度，但齐国得以成就霸业的确是建立在管仲进行改革、实行法治的基础之上的。这无疑是管仲思想的重要方面。

成书于战国末期的《吕氏春秋》向来被认为是杂家的代表。《吕氏春秋》思想之杂，很大程度上是由于三千食客各著所闻、其立场观点难免相异所致。吕氏一书中，许多文字涉及对管仲思想的评说，但显然非出于一人，亦非止于一家。我们可以凭借《吕氏春秋》这一杂家特征，来探讨战国末期九流十家对管仲思想的评说情况。

陈奇猷先生对《吕氏春秋》每一篇文章撰者的学派归属都做出了考证[1]。通过对涉及管仲的十二个篇次及陈氏注解的整理可以看出，先秦时期至少有具道家、墨家、阴阳家、名家、法家、兵家、方技家等七种思想倾向的学者参与了对管仲思想的阐发，换句话说，他们从各自的立场出发，有选择地陈述一个个能表达自己思想观点的管仲逸事，叙论结合，以之宣传了自己的学术主张。管仲思想之所以能被多家学者阐发，正说明其思想深处具备多家学说的潜在因素。管仲作为一位出色的政治家，对内富国强兵，对外"尊王攘夷"，是百家思想中任何单独的一家都涵盖不了的。比如，《吕氏春秋·贵信》记载了历史上的齐鲁柯之盟，管仲审时度势、以守为攻使桓公霸业由此而兴，这则材料确实说明管仲思想中具有兵家因素。正如管仲所言："以四百里之地见信于天下，君犹得也。"强调"信"字，何尝不可说管仲具有儒家思想的倾向呢？撰写此篇的作者最后评论

---

[1] 参见陈奇猷：《吕氏春秋新校释》，上海：上海古籍出版社，2002年。

道："管仲可谓能因物矣。以辱为荣，以穷为通，虽失乎前，可谓后得之矣。"根据这一评论，我们又何尝不可得出管仲思想中具有道家倾向的结论呢？作为一位非坐而论道的大政治家，本就需要具备多种多样的智慧以处理纷繁多变的现实，因而这种被多家阐释的现象恰好说明了管仲思想的丰富性、复杂性与深刻性，其宏伟广博绝非一家一派所能框囿，其容纳百家的思想特征亦由此可见。从这个意义上分析，托名管仲的《管子》一书思想繁杂、不拘一家，其深层原因正在于此。

同时我们必须看到，与《韩非子》对管仲法治思想的评说相近，《吕氏春秋》中借以阐发的材料大多数来自政治家管仲活生生的为政实践，它们并非抽象的说教。《管子》一书的出现，改变了管仲思想的存在形态。那些承传管仲之学的人对管仲思想进行生发、演绎，最终成为理论化十足、直可隶属于某家某派的数十篇文章。这是一家之学理论发展的必然结果。

治道借鉴：汉代《管子》学术（一）

一、"毋代马走""毋代鸟飞"：黄老之治对《管子》黄老思想的实践

西汉王朝建立后，统治者实施与民休养生息的黄老治国之术。黄老之术是一种清静无为的为政策略，它主张让社会在自然的状态下发展，避免烦苛扰民，避免对人民实施急切的举措。1973年马王堆汉墓出土了一批帛书，其中，以《经法》《十大经》《称经》《道原》为主体的四种帛书，被学者们认定是汉初黄老之治的文本依据。从这个意义上讲，汉初黄老之治是对《黄帝四经》治国理论的实践。可是，如果结合《管子》一书的相关内容和黄老之学发生与实践的历史，可以看出汉初的黄老之治也内含对《管子》治国理论的实践。

《管子》一书有许多篇章渗透着黄老思想，如《形势》《宙合》《枢言》《水地》《势》等，而《心术上》《心术下》《白心》《内业》四篇被认为是《管子》黄老学的代表作。对比《黄帝四经》与《管子》中的黄老学，我们发现二者在思想主张、学说特征方面多有相同或相近之处，如它们均强调效法天

道、虚静不争，强调名副其实、依法而治、刑德相养。《黄帝四经》与《管子》黄老学同属一个思想体系，具有同源关系，它们在文句上还多有雷同。可以说，与其他先秦古籍相比，《管子》是与《黄帝四经》联系最为密切的黄老学著作。

汉初有意识地采用黄老思想作为为政之术的，当首推齐相曹参。据《史记》记载，当时天下刚刚平定，齐王刘肥年纪又小，曹参就把当地的老年人、读书人都召集起来，向他们咨询安抚百姓的方法，但大家意见不一致。曹参听说有个叫盖公的人，精通黄老学说，就把他请过来。盖公说，治理国家贵在朝廷清静无为，贵在让老百姓自主地生产劳作。曹参觉得很有道理，就把自己的厅堂让出来给盖公居住。曹参用盖公的黄老之术治理齐国，使齐国出现了安定兴旺的局面。从这里可以看出，汉初最早的黄老之术是曹参在齐地实施的。汉惠帝二年（前193），曹参代替萧何出任西汉朝廷的丞相，盖公的黄老思想获得了在全国范围内传播与实践的机会。

为什么黄老思想最先在齐地得到实践呢？战国时期，齐桓公田午在都城临淄的西门附近修建了一个学宫①，以招揽天下之士。由于西门又称稷门，所以这个学宫又被称为稷下学宫。这是一个融政治性、教育性、学术性于一体的综合机构，众多的稷下学士在这里参政议政、授书育材、切磋学术。稷下学宫在齐宣王时达到上千人的规模，其中，著名学者如赵国的慎到，齐国的田骈、接子，楚国的环渊等，都是学黄老道德之术的，即所谓的黄老学。由于黄老学与齐国稷下的这种特殊关系，郭

---

① 根据考古最新发现，在齐故城小城西门外。

沫若在《稷下黄老学派的批判》中说："黄老之术，值得我们注意的，事实上是培植于齐，发育于齐，而昌盛于齐的。"① 我们知道，管仲之学的队伍中有一部分是齐国的稷下学士，其讲述黄老思想的篇章无疑会受到当时推崇黄老道德之术的学者的影响。值得注意的是，有学者考证《黄帝四经》也完成于此时的齐国稷下，"作为黄老学派经典著作的《黄帝四经》作成于稷下是很有可能的"②。这一方面说明齐国稷下学宫、齐国稷下学士与黄老思想的发生与传播存在密切关联，另一方面也说明《管子》中谈论黄老思想的篇章与《黄帝四经》极有可能存在作者间的交叉关系，即一部分稷下学士既参与了《管子》黄老学有关篇章的撰写，又参与了《黄帝四经》的撰写。总之，稷下学宫是黄老思想的发源地，稷下学士是黄老之术的始作俑者。明白了黄老思想的这段发展历史，便很容易理解黄老思想为何最先在齐地得到实践了。

接下来的问题是，《管子》中的黄老思想有没有在汉初黄老之治中发挥理论指导作用呢？答案是肯定的。因为精通黄老的盖公生活在齐地，而《管子》是一部产生于齐地并代表齐地思想文化的著作，盖公对《管子》中的黄老思想应该是熟悉且有所借鉴的。这也就意味着他教授曹参的黄老之术有来自《管子》的成分，而《管子》中的黄老思想便扮演了指导全国政治实践的角色。

我们经常说黄老之术强调君上无为臣下有为，但这在《黄

---

① 郭沫若：《十批判书》，北京：东方出版社，1996年，第157页。
② 陈鼓应：《黄帝四经今注今译：马王堆汉墓出土帛书》，北京：商务印书馆，2007年，第41页。

帝四经》中并没有明确的表述，它只是强调"至正者静，至静者圣"①。而同样的思想，在《管子》中却被描绘得栩栩如生。据《管子·心术上》②记载，它以"心"喻君，以"九窍"喻臣民，强调上下按照自己的名分各处其位、各治其事；只要君主无争无求、保持虚静无为的心态使臣下克职尽责，天下自然会得到治理。前后对比，《管子》以更明晰的语言概述了黄老之学的为政要领。

《史记·曹相国世家》载，曹参担任汉朝丞相的时候，日夜饮酒，很少处理国家政务。他的行为引起众人猜忌，最后汉惠帝也责怪曹参对国家政事敷衍了事。事实上，由于曹参受教于精通黄老之学的盖公，而盖公又汲取了《管子》黄老学的精髓并将其传授给曹参，所以，曹参任职期间不参与臣下政务，正是对《管子》中的黄老思想有了深刻领悟的表现。又据《史记·陈丞相世家》，文帝问右丞相周勃一年办理多少案件、一年财政收支有多少，周勃均毫无所知。文帝又问左丞相陈平，陈平说"有主者"，即主管的官员知道具体的数据。文帝疑惑不解地问："如果这些事情都由具体官员负责，那你们这些丞相究竟负责什么政事呢？"陈平回答说："我们的职责是帮助皇帝挑选各级官位的合适人选，使政府各级岗位上的官员各尽其责，使四边少数民族供奉皇朝，使人民拥护朝廷。"显然，陈平认为实施黄老之术治国的关键是上下职守明确，各司其职。从其为政强调上下各处其位、各职其事来看，与《管子·心术上》中提

---

① 马王堆汉墓帛书整理小组：《马王堆汉墓帛书——经法》，北京：文物出版社，1976年，第2页。
② 《管子校注》卷十三，第759页。

出的为政原则极为相合。陈平继曹参为西汉相国,"少时,本好黄帝、老子之术"①。于此推论,由《管子》中的黄老思想组成的曹参黄老之术,也在陈平的为政实践中发挥着理论指导作用。

二、四维、贵粟与兵法:贾谊、晁错对《管子》治道思想的承继与发展

汉惠帝四年(前191),西汉政权废除了秦始皇时期颁布的禁止民间私藏《诗》《书》和诸子著作的法令,这使此前受到政治压抑的思想文化迅速繁荣起来。汉初学者承袭先秦诸子的遗风,以极大的热情参与到政治建设和学术研究之中。

贾谊(前200—前168)是汉文帝时期的著名学者,他对《管子》的研究集中于《新书》。近代学者徐复观认为,《管子》在贾谊思想的形成中起到重要的"绾带"作用②,贾谊对汉文帝提出的长治久安之策,很多是对《管子》思想的承继与发展。

贾谊政治思想的一个鲜明特点是强调以礼治国。他向汉文帝上疏,说当下社会中邪恶的习俗日益增长,人们对无廉耻之心已经习以为常,日常行事也不遵守道义,而作为国家统治者又没有相应的制度措施去纠正约束。在这种社会情形之下,国君想一展鸿鹄之志并建立丰功伟业,不但不可能实现,且有可能导致国家覆亡。"礼义廉耻"四维论出于《管子·牧民》,贾谊结合秦亡之鉴和当时社会现状向文帝建议,必须以《管子》

---

① [汉]司马迁:《史记》卷五十六《陈丞相世家第二十六》,北京:中华书局,1959年,第2062页。
② 徐复观:《两汉思想史》(第二卷),上海:华东师范大学出版社,2001年,第75页。

四维论教化天下，认为这是改变汉初恶劣风习使大汉长治久安的保证。

实行四维教化成功与否，关键在于君主能否为臣民树立讲究礼义、有廉有耻的行为榜样。贾谊强调君上要常怀礼义廉耻之心，并以这个标准善待臣下。一旦国君在群臣面前树立起践行礼义廉耻的榜样，那么群臣也会以礼义廉耻的标准善待国君。强调君主躬亲实践、做道德表率正是《管子》一贯提倡的，可以看出，贾谊的观点实脱胎于《管子》。

贾谊认为对臣民进行四维教化是一个循序渐进、积微成巨的过程。同时，他又认为对臣民实施四维教化与君主自身的四维自律不同，君主在特殊社会情势下可以冲破四维约束，直接对臣民实施暴力为主的法治镇压。乍看起来，贾谊在以四维治国的观念上前后矛盾，但在深层的意义上，它反映了贾谊思想中重礼治同时又不放弃法治的政治主张。贾谊认为，在一定的历史关键时刻，当礼义廉耻的四维教化不足以扭转客观形势时，人主必须主动放弃四维教化而行诸武力，以法执断。礼是防患于未然的，法是处理已发事件的，礼、法的区别就像是芒刃和斤斧的区别。他以"屠牛坦解牛"为例，说尖锐的刀具只可用来切割筋肉等软嫩之处，而要断裂牛的髋髀这样的大骨头，只能借助于斧头。仁义恩厚的四维教化就像是芒刃，权势法治的暴力严惩就像是国君的斧头。建立起了权势法治，仁义恩厚的四维教化才能顺利施行；只有二者相辅相行，国家才能治理好。在整个国民体系中，普通民众是筋肉，各地的诸侯王是髋髀，管理后者，只能侧重于使用斤斧。

贾谊这种以礼治为主又不废法治的思想可能有两个来源，

51

一是《荀子》，一是《管子》。据《史记·屈原贾生列传》，河南郡守吴廷尉因慕贾谊之才而将之召置门下，两年后又将贾谊举荐给文帝。由于吴廷尉与法家李斯同乡且学于李斯，而李斯熟知荀子隆礼重法的政治主张，则这种思想就极可能会通过李斯影响到吴廷尉，进而影响到居吴廷尉门下两年之久的贾谊。如前所论，贾谊对《管子》多有借鉴，就说明了他深受《管子》的影响。而我们对比贾谊思想与《管子》关于礼、法思想的论述，也确实发现二者存在很多相似之处。因此我们认为，贾谊对《管子》中礼、法并用的思想也是做过研究并有所发展的。

与贾谊齐名且对《管子》同样颇有研究的，是汉景帝时期的晁错（前200—前154）。二人比较起来，贾谊是一位具有法家倾向的儒家，晁错则是一位纯粹的法家。

当时，一些商贾结交王侯贵族形成对农村的欺压势力，使大批农民受尽盘剥以致破产流亡，这严重侵蚀了汉王朝的经济基础。对此，晁错颇为忧虑。他在向文帝递交的《论贵粟疏》中说，一个普通五口之家的农民家庭，其中有两个人为官府服役，剩余的劳动力仅能耕种百亩之田，所收谷物不过百石。农民一年四季忙忙碌碌，还要应对官府的急征暴敛。宽裕的人家以平常价格的一半把自己的谷物卖掉以完成上缴任务，而经济紧张的人家只能向富商借贷，默默承受高额的利息剥削，最后以卖田、卖房、卖儿鬻女偿还债务。那些富商大贾们利用各种机会囤积居奇，牟取暴利。他们男不耕、女不织却衣文采、食粱肉，还通过攀援王侯贵族称霸一方，甚至阻挠底层官吏处理公务，社会秩序因之受到严重干扰。国君教化人民不应汲汲于权势、金钱和商业，民间反而欣赏崇拜权势、金钱和商业；国家法律着力提倡农业生产，一般吏民却偏偏鄙视并逃避农业生产。国君与人民行动不一、好恶相反，要想做到国家富强安定是不可能的。因而晁错建议："方今之务，莫若使民务农而已矣。欲民务农，在于贵粟；贵粟之道，在于使民以粟为赏罚。今募天下入粟县官，得以拜爵，得以除罪。"① 《论贵粟疏》提出的主要内容是"贵粟"和入粟"拜爵""除罪"。其中，"贵粟"和入粟"除罪"是借鉴《管子》思想并做出发展的结果。

贵粟的建议出于《管子》的《轻重》篇。《管子·轻重甲》认为，粮食贵了黄金就便宜，黄金贵了粮食就便宜，二者是对立的关系。所以，善于治理国家的人，要想办法抬高粮食的价格。《管子·轻重乙》通过齐桓公和管仲的对话，又对这一治国理论进行了生动演绎，并提出重粟之价的建议，这正是后来晁错所说的"贵粟"。晁错向文帝提出这一建议，目的是限制商贾势力的膨胀，这与《管子》提出贵粟以削弱商贾盈利能力正相契合。

晁错还提出入粟"除罪"。《管子》中虽没有相应的直接记载，却出现了触犯国家法律而应受刑的人通过上缴各种军备武器而免刑的思想。可以看出，晁错入粟"除罪"的主张正是沿着这一思路发展的结果。晁错认为，凡能纳粮受爵者是富有之人，取之富人以供朝廷，朝廷富足即可减少农民的赋税；而以粟为赏罚、以粟除罪，又能刺激农民生产的积极性。这样做是

---

① [汉]班固：《汉书》卷二十四上《食货志第四上》，北京：中华书局，1962年，第1133页。

损有余补不足，法令一出，人民受益一定会很多。晁错将这一建议上疏给汉文帝，文帝随即采纳了他的主张。

《汉书·晁错传》载有《言兵事疏》《守边劝农疏》《复言募民徙塞下》，主要反映了晁错的军事思想。这些军事思想中，有的来自《管子》。然而这一观点在学术界远没有达成共识，因为1972年山东临沂银雀山出土的汉墓竹简中，《守法守令等十三篇》中《王兵》篇的内容散见于《管子》的《七法》《参患》《地图》。晁错《言兵事疏》中"兵法曰"的一段文字不仅与《管子·参患》相近，且与《王兵》篇相近。文物考古专家认为："《参患》等篇大概是根据《王兵》或与《王兵》同类的作品改编而成的。《王兵》篇的成书年代应该比《管子》相关各篇为早"① "我们猜想晁错所引的兵书②大概是《王兵》之外，《参患》篇所取材的另一个来源"③。按照这种说法，晁错《言兵事疏》所引"兵法曰"一段并非源自《管子·参患》。考古专家还提出一个理由，"我们知道，《史记》《汉书》凡引'兵法'都是指的古兵书"④，此句话的含义意在说明，晁错凡言"兵法曰"，也应是引自古兵书；既然《管子》不是兵书，则晁错所引"兵法曰"必不出于《管子》。诚然，现存《管子》并不是兵书，但里面却有许多谈论兵法的文章。章学诚指出刘歆《七略》运用了别裁之法，而《管子》中讲述兵法的篇章正是

---

① 银雀山汉墓竹简整理小组：《银雀山汉墓竹简》（壹），北京：文物出版社，1985年，第159页。
② 指《言兵事疏》中"兵法曰"一段。
③ 银雀山汉墓竹简整理小组：《银雀山汉墓竹简》（壹），北京：文物出版社，1985年，第160页。
④ 同上。

第二章　评说与征引：先秦两汉《管子》学术

别裁复录于兵家的，只是到了继《七略》之后的《汉书·艺文志》才将其省出。由此推测，在刘向、刘歆领校群籍之前，《管子》中的《七法》《参患》《地图》等谈兵的篇章未必不是人们认可的兵家之作，即它们是所谓的"古兵书"。这样看来，生在刘向之前的晁错称引"兵法"，未必不出自《管子》。至于《王兵》与《参患》等谁先谁后，并不对晁错称引造成直接影响，也就是说，即使《王兵》在前《参患》在后，不见得晁错就不抄引在后的《参患》而一定抄引在前的《王兵》。从另一角度看，晁错的奏疏既然多处征引《管子》文句，说明他掌握的《管子》资料很多，且对《管子》非常熟悉，这也是我们提出其军事思想出于《管子》的一个理由。

晁错《言兵事疏》说："兵不完利，与空手同；甲不坚密，与袒裼同；弩不可以及远，与短兵同；射不能中，与亡矢同；中不能入，与亡镞同。"这一段文字与《管子·参患》相合："兵不完利，与无操者同实。甲不坚密，与俴者同实。弩不可以及远，与短兵同实。射而不能中，与无矢者同实。中而不能入，与无镞者同实。"所不同的是，晁错又提出了新的观点。他紧接上文说："此将不省兵之祸也，五不当一。故兵法曰：器械不利，以其卒予敌也；卒不可用，以其将予敌也；将不知兵，以其主予敌也；君不择将，以其国予敌也。四者，（兵）之至要也。"[1] 而《管子·参患》的下文则是："故凡兵有大论，必先论其器，论其士，论其将，论其主。故曰：器滥恶不利者，以

---

[1] ［汉］班固：《汉书》卷四十九《爰盎晁错传第十九》，北京：中华书局，1962年，第2280页。

其士予人也。士不可用者，以其将予人也。将不知兵者，以其主予人也。主不积务于兵者，以其国予人也。"① 值得注意的是，《参患》中的"主不积务于兵者，以其国予人也"在《言兵事疏》中被改为"君不择将，以其国予敌也"，这显然与晁错看重将在战争中的作用有关。他说："'有必胜之将，无必胜之民。'由此观之，安边境，立功名，在于良将，不可不择也。"晁错的这种观点大概源自对西汉初期朝廷与匈奴斗争经验的总结。他说："非陇西之民有勇怯，乃将吏之制巧拙异也。"② 因此，晁错的兵法观是在《管子》兵法观的基础上，又结合当时的斗争实际而做出的新发展。

在《复言募民徙塞下》中，晁错提出了寓兵于农的军事训练方法，它与《管子·小匡》提出的军队建置与训练多有雷同。所不同的是，《管子》用之以霸诸侯，晁错则用来寓兵于农、抗匈卫边。这正是晁错对《管子》军事思想灵活运用的结果。

三、精气说与修养论：《淮南子》对《管子》思想的汲取与发展

《淮南子》是淮南王刘安（前179—前122）召集宾客所编纂的。从《淮南子》一书的思想性质看，它属于以道家为主的黄老之学，其中一些思想主张明显汲取并发展了《管子》的相关内容。

---

① 《管子校注》卷第十，第537页。
② [汉]班固：《汉书》卷四十九《爰盎晁错传第十九》，北京：中华书局，1962年，第2279页。

"道"是《淮南子》哲学思想中最基本的概念，其"道"的内涵与老子所讲的道有共同之处。《淮南子》在接受老子道论的同时，又提出气论说，将气这一概念引入宇宙论，在某种程度上也就等于把道释为了气。它强调气生万物，就是对气所具有的道的性质的认同。推究《淮南子》对气的种种阐释，可知它的气论说实源于《管子》的精气思想。

首先应该指出的是，《管子》的精气说也是建立在《老子》道论基础上的，这是《管子》与《淮南子》的共同点。不同的是，《管子》最先在《老子》道论的基础上，纳入了气论的成分，形成精气说，之后才被《淮南子》汲取。在《管子》看来，精气是一种物质，它是万物最终的本原。而《老子》所讲的道，显然不具备这种性质。从这个意义上讲，《管子》精气说在中国哲学发展史上占有重要地位。冯友兰先生说："稷下黄老之学关于'精''气'的思想在以后的影响是巨大的。他们所讲的气是一种极其细微的流动性的物质。这种物质没有固定的形式，本身又能运动，可以在任何地方存在，也可以转化成各种具体的东西。用它来说明万物的物质性和世界统一的物质性，在古代自然科学知识尚不发达的阶段，具有重要的意义。……就这个意义说，稷下黄老之学奠定了中国哲学中唯物主义的基础。"[①] 然而，《管子》虽提出精气为万物之源的重大命题，但对精气如何产生宇宙万物却没有做出解释。《淮南子》则在《管子》精气说的基础上做出了详尽描述。

在《淮南子·俶真训》中，作者把气的运动描述得非常细

---

① 冯友兰：《中国哲学史新编》（上卷），北京：人民出版社，1998年，第512页。

腻，表现了作者对气生宇宙万物这一哲学命题的理解。而在《淮南子·天文训》[①] 中，作者将世界的演化分为"虚霩""宇宙""气"三个阶段，从气的阶段开始，世界有了本质变化，其"清阳者"化为天、"重浊者"化为地。天地的精气汇合成为阴阳，阴阳之气中，其精者合为四时，散为万物。这是对运动之气促使万物生成的更深入描述。值得注意的是，《淮南子》在《管子》精气说的基础上，还提出阴阳二气矛盾统一说：表面上看世间万物的生成是由于气的运动，实质上是阴阳二气交接的结果，所谓"阴阳合和而万物生"[②]。由此可见，《淮南子》在气生万物这一点上较之《管子》的精气说细腻深刻，说明它在《管子》基础上做出了进一步发展。

《管子》由精气说提出一种既修心又修身、既修形又修德的修养论。人的身心、形德若均得到修养，此时精气常驻在心，人处于安静的状态。可是，人们在生活中往往受到外界的诱惑，原本安静的心态常常被打乱，由此忧悲喜怒困扰人心，精气无处安藏。精气无处安藏有什么后果呢？"人之所失以死""事之所失以败"[③]。那么又该如何保存体内的精气呢？《管子》认为，首先要保持虚静的心态，使耳目不淫于外，心中没有贪求。其次，要使精神专一。最后，要自觉地反复保存精气。当精气丧失，就静而得之；当精气发散致用，又必须不断地加以补充。对于养生，《管子》认为保存精气最重要。《管子》不但重视精气修养对人的形体、人格的促进作用，同时也重视健康的形体、

[①] 何宁：《淮南子集释》卷三，北京：中华书局，1998年，第165—166页。
[②] 何宁：《淮南子集释》卷三《天文训》，北京：中华书局，1998年，第244页。
[③] 《管子校注》卷第十六《内业第四十九》，第935页。

第二章 评说与征引：先秦两汉《管子》学术

高尚的人格对精气的补充作用。作者又强调要有正确的饮食之道，不能太饱也不能太饿。如果过饱就赶快运动，过饥就放慢思虑，衰老就要避免思虑。

《淮南子》的修养论在词语选择上与《管子》不同，但其内容却直接承袭《管子》的相应思想。同《管子》一样，《淮南子》也认为人出生时，心是平静安宁的，这是人性的表现。人的天性本来清静平和，但在与外物的交往中却生出各种情感欲望，从而破坏了人性的纯朴和谐，所以作者主张清心寡欲、弃情反性。在如何修炼心性上，《管子》提出"治心"说。《淮南子》进一步把"治心"说发展成通过学习达到修养心性的理论："是故圣人之学也，欲以返性于初而游心于虚也。达人之学也，欲以通性于辽廓而觉于寂漠也。"①

《淮南子》的养生论还和道德之善联系起来。《氾论训》说："天下莫易于为善，而莫难于为不善也。所谓为善者，静而无为也。所谓为不善者，躁而多欲也。"② 上文中提到"人性安静""人性欲平"，是养生所要达到的理想状态，显然与这里所说的"静而无为"的为善具有相同的内涵。作者把养生说成"为善"，这就超越了《管子》自修的局限，从而使其养生论具有了更直接的社会价值和更诱人的社会感召力。

《淮南子》对《管子》思想的融汇是多方面的。除上述哲学思想外，它对《管子》中的礼法与四维论思想也多有新解。根据《管子》的论述，礼法并用就是礼先法后，礼协调不了的

---

① 何宁：《淮南子集释》卷二《俶真训》，北京：中华书局，1998年，第140页。
② 何宁：《淮南子集释》卷十三《氾论训》，北京：中华书局，1998年，第976页。

以法约束之。同时，《管子》还把礼、义、廉、耻列作国之四维，并分析了它们与国家安危的关系。《淮南子》在上述思想的基础上提出新的观点。首先，作者不满足《管子》四维论中四维简单并列的静态表述，认为礼义与廉耻二者之间是相互制约、相互促进的动态关系，不修礼义则"廉耻不立"，不知廉耻则"不向礼义"。其次，作者认为法得以实施并实现其效用，是以人人皆知礼义为基础的，即"民不知礼义，法弗能正也""不知礼义，不可以行法"。如果说《管子》提出礼先法后，意在强调法治的最终决定力量，《淮南子》则突出了礼义和法治无分先后的相互决定作用。

总之，《淮南子》对《管子》思想的汲取是多方面的，这与汉初自由宽松的学术环境密切相关。而自汉武帝实施儒术独尊的政策后，这种文化现象便很难再现了。

第二章 评说与征引：先秦两汉《管子》学术

轻重学说与财经管理：
汉代《管子》学术（二）

一、盐铁官营：轻重学说的初次尝试

文景之治给汉朝廷留下了丰厚家产，因而在汉武帝前期，国家财政是充裕的。由于汉武帝坚持长期抗击匈奴的对外政策，加之好大喜功，四面出击，生活上又奢侈铺张，以至于在其统治中后期，财政明显吃紧。为了弥补财政支出，政府加紧向农民征收各种赋税。虽然农民倾其财力供上，却不能填补财政上的巨大空缺。面对国家财经危机，富商大贾没有半点的关切与支持，依旧像往日一样四处游走贩卖。他们囤积居奇，势力嚣张，甚至地方官吏也得向他们屈膝逢迎，以便得到他们的帮助。那些即山铸钱、就海煮盐、富埒天子的王侯，更不把国家困难放在心上，他们"财或累万金，而不佐国家之急。黎民重困"[1]。

---

[1] ［汉］司马迁：《史记》卷三十《平准书第八》，北京：中华书局，1959年，第1425页。

出于稳定政治、充实财政的双重需要，西汉王朝开始实施一系列强硬的经济政策。在这些经济政策中，盐铁官营、均输法、平准法体现出对《管子》轻重学说的实践与发展。

武帝元狩三年（前120），当御史大夫张汤提出盐铁官营后，大农令郑当时推荐盐商东郭咸阳和铁商孔仅担任大农丞，主管全国盐铁事务。之后，在东郭、孔二人的主持下，西汉政府开始实施盐铁官营的财经政策。盐的官营实质上是实行募民煮盐而官府专卖的做法，即煮盐的盐户由政府统一招募，政府提供牢盆即生产用的铁锅，煮成的盐由政府负责统购统销。铁的官营是在产铁的郡设置铁官，不产铁的郡设置小铁官，专职负责铁的冶炼、铁器制作及销售，属于由官府垄断，招募的劳动力有刑徒，即铁官徒，也有服徭役的民夫。政府规定，盐铁官营后，私人不能擅自煮盐、冶铁，犯令者左脚上会被加上六斤重的铁锁，器物也被没收入官。由以上可以看出，武帝时的盐铁官营是政府在全国范围内对盐、铁从生产到销售的完全垄断。这种垄断性盐铁官营的理论渊源是《管子》轻重学说中的"官山海"。

轻重学说特别强调国家对自然资源的占有，认为封建国家垄断了盐铁资源，不仅能增加国家财政收入，而且可以以此控制天下。在《管子》轻重学说中，以"官山海"方式获取财政收入主要是寓税于价。所谓寓税于价，就是国家把欲征之税藏在国家对食盐和铁器的专卖价格之中，或者说，国家借助对食盐、铁器专卖的盈利代替对人民各种赋税的征收。这种寓税于价的"官山海"策略，表面上不征税，而实际上没有一个人能逃脱掉国家的赋税。

轻重学说中的"官山海"政策与西汉政府的盐铁官营都强调国家对盐铁生产经营的直接参与，这是它们的相同之处；在具体操作中，二者又有不同，这种不同正体现了后者对《管子》轻重学说的发展。其不同有：第一，执行方式不同。根据《管子·轻重甲》的记载，国家对盐业的占有是在农忙时节不许人民自行聚众煮盐的规定基础上，由政府单独组织劳动力进行生产，之后向民众售盐以赚取利益。国家对铁业的占有是国家利用铁矿国有的权力，组织民众冶铁铸器，之后采取分成的方式获取利益。而武帝时的盐铁官营则是生产、流通完全由国家控制。第二，国家垄断的程度不同。《管子·轻重甲》只是在农忙时节不许人民聚众煮盐，非农忙时节大概没有这样的限制。《轻重乙》认为国家组织民众开采铁矿有许多弊端，因此允许民间在缴纳一定的租金后开采。由此可知，轻重学说中，国家对盐铁并非完全垄断。而武帝时的盐铁官营则是无分季节，由政府对盐铁进行彻底垄断。第三，获取利润的多寡不同。"官山海"政策略显温和，国家收入相对较少。武帝时的盐铁官营获取的收入远远高于"官山海"政策。第四，对社会的影响不同。"官山海"政策下，政府虽明令山海资源为国家所有，但并非完全垄断，且注意让利于民，一定程度上避免了社会矛盾激化。与之相反，武帝的盐铁专营政策下，由于国家对盐铁资源完全垄断，剥夺了一部分官僚地主、富商大贾的大笔财源，导致后者与政府关系紧张。盐铁官营的政策颁布后，西汉个别诸侯国还曾因此与朝廷抗衡。而东郭咸阳、孔仅为汉武帝推行盐铁官营政策实出于政治权力的压力不得已而为之，因为在未担任大农丞之前，他们本来就是从事盐铁业的既得利益者。于是，他们在执行这一政策时，故意安排了一些工商业主担任盐铁官，从中谋取私利。汉武帝也因之于元封元年（前110）罢黜了二人官职，而提升桑弘羊总管全国财政工作。

由以上可以看出，《管子》轻重学说中的"官山海"理论已被汉代理财家发展成为一种范围更广、力度更大、能为国家带来更丰厚利益的全方位垄断政策了。

二、盐铁整顿、均输与平准：桑弘羊对《管子》轻重学说的承继与发展

桑弘羊（前152—前80，一说为前155—前80），一生从政六十载，直接负责财经工作三十多年，是汉武盛世财经政策的制定者与坚定推行者。桑弘羊的经济思想主要保存在《史记·平准书》《汉书·食货志》和《盐铁论》中。《盐铁论》记述了汉昭帝始元六年（前81）以桑弘羊为代表的政府官员一方与以贤良文学等在野一方，就武帝政府施行的盐铁、酒榷、均输、平准等经济政策展开的辩论。当时官方有辩论记录，汉元帝时由桓宽整理成册。《盐铁论》中，以桑弘羊为主的一方在论辩时多次或明或暗地引述《管子》文句以为自己论辩之资，说明桑弘羊对《管子》很有研究。

汉武帝时实施的理财政策多出于《管子》轻重学说，其中又以盐铁为先，事实上盐铁官营为朝廷带来的财政收入最丰厚。武帝元鼎二年（前115），桑弘羊代替东郭、孔二人为大农丞以后，坚决执行并强化了这一经济政策。

桑弘羊上任后做的第一件事是设大农丞部，派出数十人到各郡国对原有的盐铁官营机制进行整顿。桑弘羊在全国三十五

处设置盐官,分列二十八郡;铁官四十九处,分列四十郡。由此,盐铁官营的范围较之以前更广了,管理也更严密了。并且桑弘羊逐渐认识到盐铁官营在许多方面优于私营:国家凭借雄厚资金雇用卒徒,提供生活费用与生产工具,保证生产时间,使他们在有丰富经验的官匠指导下严格生产、统一规格,并且融入当时先进的生产技术,最后以划一而公平的价格出售。相比较而言,小规模的私营生产运作,由于生产时间不充裕、资金缺乏,因而达不到融冶标准,刚柔不适,流弊百出。由于桑弘羊看到了官、私两种不同生产的巨大差别,因而有的学者称赞说:"此实吾国历史上第一次出现之大规模生产优越于小生产之理论分析。"[1]

桑弘羊对《管子》轻重学说的实践与发展还表现为均输、平准等理财措施的创置。

汉代创置均输并尝试运行是在东郭咸阳、孔仅二人执行盐铁官营的时候,一经执行,便带来了明显的经济效益。武帝元封元年(前110),桑弘羊被任命为治粟都尉并兼领大农令,开始主管政府财经工作,从而得以把均输法推广到全国各地。均输法最初可能只是调剂盐铁的余缺以增加政府收入,其设置的缘由是各地盐铁官不能互通有无,致使各地食盐、铁器的产销极不均衡。结合其他历史资料看,均输所涉及的物资却不仅仅是盐铁。当时各郡国对于朝廷皆有贡输的义务,但从地方到京城,几经辗转,贡输物品的出售价格往往不抵运费;并且,在当地被视为上等的产品,不但在运输途中容易损坏,到了京城

---

[1] 马元材:《桑弘羊传》,郑州:中州书画社,1981年,第78页。

也不见得受欢迎。于是均输法规定，各郡国上交朝廷的贡物，可按当地市价折算为价格低廉的本地产品交与均输官，再由均输官运往缺乏这类物资的地区出售。这样不但无贡输之弊，也能调剂各地物资的有无，而且朝廷不付任何费用就从这种调剂出售中获得巨额盈利。从以上分析可以看出，均输法在开始时主要以盐铁为对象。后来，桑弘羊又把各地对朝廷的贡输纳入均输的范围，并逐渐使其成为均输的重要内容。

均输法借助国家政权的力量调剂各地物品余缺以获取利润，它的理论基础是什么呢？事实上，均输法正是对《管子》轻重学说中以贱泄贵原则的灵活运用。以贱泄贵，简单地说，就是政府把事先以低价收购的商品抛向因缺乏这类商品而价格奇高的市场，并以适当价格出售，以此打击富商大贾借商品短缺之机哄抬物价、牟取暴利的行为；同时，国家在这种平衡物价、稳定市场的经济活动中取得部分收入。

我们看一下均输法的具体实施：当原产地的盐铁生产过剩，必然造成产品积压。如果低价出售，政府不会获得厚利；如果以原价硬性摊派给民众，势必激化官民矛盾，这也是《盐铁论》中贤良大夫对盐铁官营进行责难的原因之一。利用均输法将这些过剩的盐铁运往因缺乏这类物资、价格相对较高的地区并以适当价格出售，就既解决了运输地盐铁紧缺的问题，又使政府获取了利润。贡输也是如此，因为上交的贡输品在原产地的价格是较低的，在原产地出售肯定不会盈利，并且这些贡输品是百姓上交之物，政府并没有财力投入，所以这些物品在相互之间的均输中会带来可观的经济收入。

那么，均输法与以贱泄贵、"官山海"等轻重理论相比有哪些新的发展呢？首先，均输法把官营盐铁纳入了调剂的范围，这是对轻重学中"官山海"理论的发展，以后又把对各种贡输品的调剂也纳入均输之内，通过这种方式，国家获取的经济收入明显多于"官山海"。其次，以贱泄贵强调在一定区域范围内由政府吞吐市场货物以维持物价稳定，它的实施方向侧重于一个独立的市场。均输法则强调不同区域市场之间的互动，它把视野投向了更广阔的空间，因而获取的利益更大。再次，均输法是一种综合的理论，它的实施是对"官山海"、以贱泄贵的综合运用。

桑弘羊在大力推行均输法的同时，又创制了平准法。平准法的实施也是以《管子》轻重学说为基础的：它规定的贵即卖之、贱则买之，实际上是对轻重学说中以重射轻、以贱泄贵原则的贯彻实施。以重射轻、以贱泄贵原则中，重指高价，轻指低价，以重射轻指政府以适当的高价收购因供过于求而引起价格下跌的商品；贱指低价，贵指高价，以贱泄贵指国家把以前收购的商品向因商品短缺而引起价格上涨的市场抛售。通过这样两种方式，达到在商品余缺两种情况下市场价格的总体平衡。对于国家而言，收购的价格当然要低于抛售的价格，而抛售的价格又要低于上涨的价格，这样才能既平衡市场价格，又获得丰厚利润。

我们再看一下平准法的具体实施：在京师设立一个专门的机构，负责收购和抛售各地官府运往京师的物资及工官所制造的产品。当京师某种商品因供过于求而价格下跌时，为防止京师囤积居奇的私商进一步压低价格，政府就以略高于市场的价格及时收购，通过这种方式，使市场上的此类商品因供应量相对减少而价格回升。当京师某种商品因供应不足而价格上涨时，为防止京师巨商大贾借这样的机会囤积拒售以图更高价格牟取暴利，政府把库藏的相应商品以高于收购价但低于当前市场价的价格大量抛售，通过这种方式阻止价格继续上涨。平准法实施的主要目的是扩充国家财政收入，但在具体实施过程中，保护了正常的买方和卖方，有力打击了奸商。很明显，平准法借鉴了轻重学说的有关理论。

平准与均输都强调以贱泄贵，这是它们的共同之处，但二者之间也有区别。均输法旨在对不同地区间商品的余缺进行调剂，而平准法主要侧重于京师范围内的经济活动。关于均输、平准二者的异同，马元材说："（一）均输所以调剂空间上物价之不平，平准兼以调剂时间上物价之不平。（二）均输分设在郡国，平准则只京师有之。（三）均输责任在以物'相灌输''相给运'，平准则仅是'都受天下委输''尽笼天下之货物'，以为贵买贱卖之用。故前者是类似行商性质的工作，而后者则为类似坐贾性质的工作。然其最终目的，则皆为'抑天下之物'而'平其所在时价'，以使'县官不失实，商贾无所牟利'为主。故桑弘羊云：'平准则民不失职，均输则民齐劳逸。故平准均输，所以平万物而便百姓。'"① 以上分析基本恰当。但我们认为，把均输、平准之最终目的理解成为政府理财或更确切。

三、常平仓：耿寿昌与《管子》敛轻散重理论

继桑弘羊之后，又一位研习《管子》轻重学说并取得成效

---

① 马元材：《桑弘羊传》，郑州：中州书画社，1981年，第84页。

的理财官员是耿寿昌。耿寿昌是汉宣帝时期的大司农中丞,他创设的常平仓制度是对《管子》敛之以轻、散之以重理论的实践和发展。

《管子》强调政府对经济生活的直接干预,对与人民生活直接相关、被称为司命的谷物更是主张这样做,甚至有"执其通施,以御其司命"① 之说。当然,国家通过掌握货币对其价格加以控制、调节的东西很多,不独谷物,但由此可以看出《管子》经济理论对谷物市场的重视。谷物是人民生存的主要物质资料,对于古代的人民而言,谷物生产的丰歉更多地依赖自然条件,遇上收获季节,可能产生供过于求的现象,巨商大贾如果趁机压价收购,农民就会遭受损失;遇上歉收季节,又可能供不应求,巨商大贾如果趁机哄抬粮价,又会使缺粮的民众无力购买。针对这种情况,《管子》提出敛之以轻、散之以重的办法:"夫民有余则轻之,故人君敛之以轻。民不足则重之,故人君散之以重。敛积之以轻,散行之以重,故君必有什倍之利,而财之櫎可得而平也。"②

《汉书·食货志》载:"寿昌遂白令边郡皆筑仓,以谷贱时增其贾而籴,以利农,谷贵时减其贾而粜,名曰常平仓。民便之。"③ 这种常平仓制度针对谷物市场而设,主张官方筑仓以吞吐谷物,丰年市场谷贱,政府增其价收谷入仓;凶年市场谷贵,政府减其价出谷而售。这与上面我们提到的敛之以轻、散之以重的轻重理论是一致的。常平仓制度提到的增减其价是与不正

---

① 《管子校注》卷第二十二《国蓄第七十三》,第1259页。
② 同上书,第1269页。
③ [汉]班固:《汉书》卷二十四上,北京:中华书局,1962年,第1141页。

常的市价相对而言的,是以政府入能敷出、国家在增减之中获取部分收入为前提。这与《管子》轻重学说的实质正相契合。

应当指出,耿寿昌的常平仓制度也有源自古代平粜、平籴经济思想的成分。但平粜、平籴只是强调农末俱利,即只是强调通过政府干预达到市场物价均衡,保护各阶层人民的利益;而《管子》轻重学说除旨在通过政府干预达到市场物价均衡之外,还有打击投机的富商大贾的目的,同时更强调"君必有什倍之利"的理财初衷,强调国家在一籴一粜中获得经济收益,这是此前的平粜、平籴所没有的新内容,即是说,敛之以轻、散之以重的理论不但对平粜、平籴进行了综合,更增加了时代赋予的新特色。耿寿昌作为政府理财官员,当然要多渠道争取财经收入。因此,与其说常平仓制度源于平粜、平籴思想,毋宁说是对《管子》轻重学说的直接运用。

无论是官营盐铁,还是均输、平准、常平仓,为了保证顺利实施,都必须以国家对货币铸造发行的垄断为前提,这就是《管子》所说的"执其通施"。武帝元鼎四年(前113),国家发布"悉禁郡国无铸钱,专令上林三官铸""天下非三官钱不得行"[1]的政令,就是对"执其通施"这一轻重理论的具体落实,它是桑弘羊等人理财工作顺利开展的基础。

---

[1] [汉]司马迁:《史记》卷三十《平准书第八》,北京:中华书局,1959年,第1434—1435页。

第三章
借鉴与批判：三国两晋至唐代《管子》学术

三国两晋南北朝时期，《管子》学术在西汉勃兴后渐入低谷。这一状况至唐代出现转机，呈现回升的气象。无论是低谷，还是回升，都伴随对《管子》治道之术的借鉴和对其思想的批判。原因很简单，《管子》旨在富国安民的著述性质，决定了它可以作为统治者治国理政的参考；而其内容繁杂、时有抵牾的文本现状，决定了后人可以随时指出其思想不一、前后矛盾之处。对《管子》治术的借鉴，除表现为贯穿整个学术史的以轻重学说进行的理财实践外，主要表现为三国诸葛亮以《管子》思想治理蜀国，唐魏征等人、杜佑、马总征引《管子》文句分别成《群书治要》《通典》《意林》。对《管子》思想的批判主要表现为西晋傅玄以"鄙俗"二字概论《管子》的《轻重》篇，唐代柳宗元以"吾见其有二维，未见其所以为四"批判《管子》四维论。

财经与文化：发生的时代背景

从财经方面的发展线来看，三国时期的曹魏政权，从一开始就重视整修耕植、积蓄军资以发展经济。建安元年（196），曹操在许昌附近屯田。由于当时人民的赋税过重，出现了建安二十四年（219）南阳吏民造反事件。睿智的曹操意识到自己尚不具备统一全国的财经实力，于是放弃对蜀征战。曹魏后期，掌权的司马氏一方面纠正统治者阶层的奢侈之风、消减皇室费用，一方面继续发展经济，兴办多处军事屯田，为灭蜀灭吴并最终建立西晋政权奠定了财经基础。蜀国偏居西南，地狭人稀，经济力量相对薄弱，因此把发展农业、置兵屯田作为立国之策。同时，蜀国还倡节俭，裁兵省将，减少财政支出。相对稳定充足的财政，支持了蜀国以攻为守的数次北伐。孙吴政权大力发展农桑业和屯田，重视江海航运业的发展。孙权临殁前下诏减省徭役征赋、驱除人民患苦，说明此前吴政权与魏、蜀政权对峙期间的赋税和徭役比较繁重。

西晋时期，武帝于太康元年（280）颁布占田令，允许人民占有规定数量的农田。这里田亩一经政府登记，便归人民私人所有。占田令的颁行，使在外流亡的人民纷纷回到自己的家园，一些依附于大族的隐匿户也转而成为国家正式编户，国家直接控制的人口数量迅速增加，财经状况较好，出现了"天下无事，赋税平均，人咸安其业而乐其事"①的盛世景象。

西晋占田令还规定九至一品的官吏可享有自十顷至五十顷不等的农田，靠政治地位可以庇护族人免于徭役，同时让依附于自己的佃客与衣食客免除政府赋役，这使得逐渐发展起来的世家大族渐成鼎盛之势。晋室南渡后，一些世家大族带着众多的依附人口从北方迁徙到南方。由于土地无法迁徙，这些世家大族一到南方就处处求田问舍，社会上出现了恶性的土地兼并和强力分割国家赋税来源的现象。此外，大批难民也因避北方战乱流亡到南方。为稳定政局，东晋对流民施行暂且不编入正式户籍、不税不役的白籍政策。但随着流民的日益增多，世家大族竞相招徕流民以增强自己的实力，这势必造成世家大族与东晋政府之间的矛盾。为此，东晋政府果断执行将白籍人口编入当地郡县正式户籍，使他们承担赋役以保证国家财政收入的土断政策。土断政策有助于缓解东晋政府的财经紧张状况，但执行中阻力重重，实行并不彻底。

东晋末年，豪强专擅山林河泽，人民生存状态极端恶劣。刘裕掌权后，果断打击世家大族，分土地于贫民，坚决彻底地执行土断政策。南朝宋政权建立后，刘裕废止了一些苛捐杂税，一改奢靡习俗；继任者宋文帝完全继承刘裕的做法，励精图治，使宋政权一度臻于极盛。自齐以降，国家财经状况却并不乐观。

---

① ［唐］房玄龄等：《晋书》卷二十六《食货志》，北京：中华书局，1974年，第791页。

南朝陈天嘉二年（561），陈文帝"以国用不足，奏立煮海盐赋及榷酤之科"①，又用铸大钱的方式对人民进行经济掠夺，最后在"聚敛无厌，士民嗟怨"②的重关市之征中走向了灭亡。

北方十六国时期，值得一提的是前秦苻坚执行重农、减税、禁奢等财经政策带来的社会经济繁荣。史载："关陇清晏，百姓丰乐。……旅行者取给于途，工商贸贩于道。"③ 就北朝而言，北魏实行的均田制值得注意。均田制是在政府重新分配土地的前提下，缓和阶级矛盾、安定社会秩序并以此增加财政收入的经济政策。均田制以及建立在均田制基础上的租调制，在中国历史上沿用了四百年之久，直到唐中期才被两税法④取代。

从文化方面的发展来看，三国两晋南北朝时期值得注意的文化态势是儒家之学在汉末衰落后，法家之学、玄学在三国两晋先后流行，至南朝则又表现为儒学与文学共相兴盛。

西汉时期，汉武帝"罢黜百家，独尊儒术"的文化政策使社会上形成一个庞大的经学知识分子阶层。东汉末年，朝政腐败，由其引发了经学学者、正直官员与朝廷、宦官两派斗争的党锢事件，广大经学知识分子受到迫害。尽管东汉皇权在党锢

---

① [唐] 姚思廉：《陈书》卷三《世祖本纪》，北京：中华书局，1972年，第54页。
② [宋] 司马光：《资治通鉴》卷第一百七十六《陈纪十·长城公下至德二年》，北京：中华书局，1956年，第5480页。
③ [唐] 房玄龄等：《晋书》卷一百十三《苻坚载记》，北京：中华书局，1974年，第2895页。
④ "两税制将租庸调及当时各色名目的苛捐杂税归并、简化为两个税种：一为地税，包括原租庸调中的'租'、地税（常平仓米）、青苗钱等在一起；二为户税。地税按纳税人拥有的田亩数征收，缴纳米粟；户税按资产多少划分户等，以货币征收。分夏、秋两季缴纳，故称两税。"（赵靖主编：《中国经济思想通史》（第二卷），北京：北京大学出版社，1995年，第362页。）

第三章 借鉴与批判：三国两晋至唐代《管子》学术

事件中维护了自己的权威与利益，但作为其政治指导思想的儒家经学却因之受到致命的摧残。

东汉灵帝中平元年（184），以农民为主体、前后延续十余年的黄巾起义摧毁着腐败的东汉王朝，历史进入长期的军阀混战之中。自黄巾起义以来，战乱的频繁和疾疫的流行，导致人口锐减，社会生产力极度下降。

面对这样的衰世，两汉儒家经学对于改善社会现状显得苍白无力。寻求一种富国强民、尽快结束战乱分裂以使社会恢复正常秩序的实用之学，成为此时政治文化的主流。从各统治集团的施政策略来看，法家之学在当地是颇受欢迎的，如曹操术兼名法、唯才是举，诸葛亮威之以法、科教严明。

魏、蜀、吴割据争战四十余年，最后在魏政权基础上建立起来的西晋先后灭掉蜀、吴政权，于太康元年（280）重新统一全国。魏晋时期，社会上流行玄学思潮。魏晋之际，曹魏政权与司马氏集团互相仇杀，名士心存恐惧，于是由具体人事的品评转向抽象的哲理思辨。从思想文化发展的角度看，魏晋玄学既有儒家纲常名教的成分，又吸取了道家的自然无为，并力图把二者统一起来以适应魏晋大变动时代的需要。不过，从政权建设的角度来看，这样的玄学思潮显然是不切实际的。

东晋元熙二年（420），刘裕废东晋恭帝司马德文，自立为帝，国号宋。自此至陈后主祯明三年（589），南方政权先后经历了宋、齐、梁、陈四朝的更替。在整个南朝期间，儒家思想受到来自西土的佛教与本土产生的道教的冲击。尤其是佛教，由于统治者信奉和提倡，大量寺庙破土而建，许多王公贵族、黎民百姓表现出对佛教的狂热与皈依，对儒家正统地位造成一定的威胁，但儒学的思想传统并未因此而中断。"礼法观念与封建制度的根本利益紧密相联，因而在任何一个封建王朝，不论它怎样提倡佛教或道教，也不论它的社会上层人物如何热衷于清谈或玄学，国家总要设立太学、国子学，讨论经义，制订'新礼'。"①

文学的自觉意识在魏晋时期就已出现。到了南朝，伴随着对文学特性认识的加深，这种自觉意识进一步加强。宋文帝立"四学"，将文学与儒学、玄学、史学并立，范晔的《后汉书》则单列《文苑列传》。这说明，文学以其特有的审美价值受到时人青睐。宋武帝刘裕经常诏命并亲自主持文士宴集赋诗，上层统治者中还形成许多以皇室成员为中心的文学团体。人以文显成为一时风尚，世族子弟要想获取社会声誉，以文学创作干谒权贵便成为一条终南捷径。齐梁时的刘勰就是用这种方法将其文学理论巨著《文心雕龙》献于沈约，由此得到赏识并踏上仕途的。

隋代对工商业者不征税，其财政收入以农业税为来源。农业税建立在均田制的基础上，以租、调为主。唐承隋制采用均田制度，前期的财政收入也是源自农业，实施建立在均田制基础上的租庸调制②。调是免役金，即以输绢、输布的方式代替

---

① 侯外庐主编：《中国思想史纲》，上海：上海书店出版社，2004年，第176页。
② "在两税法实行之前，租庸调一直是唐代赋役征派的主要内容。其制：丁男每年纳租粟2石，或稻3斛；岭南诸州则税米，上户1石2斗，次户8斗，下户6斗；边远地区及少数族则半输，下户免输，亦可折纳少量现钱、羊。调视乡土所产，纳绢绝2丈、绵3两或布2丈5尺、麻3斤，亦可折纳钱、米以及其他可以久贮之物。每丁每年服役20天，如不服役，每天输绢3尺或布3尺7寸5分，叫作'庸'，即'输庸代役'。此外，正租有附加税，叫作草税；入官仓有营窖税；又有租脚，以供转输之费。"（张岂之主编：《中国历史》（隋唐辽宋金卷），北京：高等教育出版社，2001年，第77页。）

服役。

均田制的实质，是按年龄分给男丁一定数量的土地，把他们束缚在一小块耕地上，以便于国家收取稳定的赋税。高宗以前，国家政治形势较好，均田制基本上能达到发展经济、增收财政的目的。但由于均田制规定贵族官僚也在国家授田的范围之内，他们依官位等级参与授田，多者百顷，少者数十亩，所以随着官僚机构膨胀，参与授田的官员越来越多，加之皇帝可以任意赏赐土地于属下，并且按均田制的规定，土地可以自由买卖，国家并不严格控制，这就使农民拥有的土地越来越少，以致到后来明显低于均田的标准。此外，封建政府日益繁重的赋税徭役，还迫使农民或流亡他乡，或变卖田产。均田制遭受严重破坏。

唐初统治者以隋亡为鉴，在高祖特别是太宗的细心经营下，出现了"东至于海，南极五岭，皆外户不闭，行旅不赍粮，取给于道路"[1]的盛世景象。在以后二十几年的时间里，唐王朝的社会经济迅速发展，社会秩序较为安定，史称"外户不闭""马牛被野，人行数千里不赍粮，民物蕃息，四夷降附"[2]。这种经济繁荣状态能保障均田制的实行。但自高宗起，唐代选官日渐伪滥，加之西北战事频发，耗费渐广，而均田制此时也已发现问题，所以国家财政压力很大。玄宗即位后，一方面稳定政局，另一方面革除弊政，财经状况有所好转。然而就在这盛世的背

---

[1] [宋] 司马光：《资治通鉴》卷一九三《唐纪九·太宗皇帝贞观四年》，北京：中华书局，1956年，第6085页。

[2] [宋] 欧阳修等：《新唐书》卷五十一《食货志一》，北京：中华书局，1975年，第1344页。

后，唐玄宗却"骄于佚乐而用不知节，大抵用物之数，常过其所入"，及至安禄山反唐，"两京陷没，民物耗弊，天下萧然"①。

安史之乱后，国家控制的土地迅速减少，人口流失严重，均田制名存实亡，国家出现严重财政危机。在这种情况下，唐政府向商贾正式征收商税。这一时期的商税是相当混乱的，先是两税法规定了三十税一的税率，不久又逐节攀升，达到百分之二十以上，继之又对食盐进行官榷，茶叶、酒则时而官榷时而民营。这一时期除凭借"天下之赋，盐利居半"②的榷盐收入大为缓解了国家财政危机外，杨炎主持的两税法起到极为重要的作用。

德宗建中元年（780），宰相杨炎创立了两税法，把之前的租庸调、杂徭以及其他赋敛都纳入两税，形成一种无论主户、客户，丁男、中男，一律皆依现有财产和土地占有划分户等并按户等征税，而家无定居的商人则随所在州县缴纳三十分之一商税的税收制度。两税法的执行，既简化了之前的税收工作，又大大增加了国家税收，国家以财产、土地征税，使之前那些不负担租庸调的官僚贵族也不得不缴纳两税，之前依靠豪强荫庇的那些客户也成为纳税户了。

两税法开始实行的时候，国家税收总额比代宗大历年间增长一倍，充分显示出两税的税收优势。但一种政策是否长久地

---

① ［宋］欧阳修等：《新唐书》卷五十一《食货志一》，北京：中华书局，1975年，第1346、1347页。
② ［宋］欧阳修等：《新唐书》卷五十四《食货志四》，北京：中华书局，1975年，第1378页。

发挥应有效用，是个颇为复杂的问题。初显功效的两税法，不但遭到官吏受贿枉法、执法不公的侵袭，不法官吏还任意提高两税税率。就在两税法实行的第二年，"淮南节度史陈少游请于本道两税钱每千增二百，因诏他州悉如之"。又贞元八年（792），"剑南西川观察使韦皋奏请加税什二，以增给官吏，从之"①。以公平、公正出现的两税法转而成为压榨人民血汗的工具。

一般而言，政府财政支出有皇室支出、军事支出、百官俸禄、城市建设、水陆交通、文化教育、行政经费、赈灾等项目，如果严格按照量入为出的经费使用原则，理论上是可以达到收支平衡的。但大多数王朝是做不到这一点的。造成财政拮据的原因，从支出方面讲主要是前三项无限度或者说无法控制，此外还有众多随机无原则的赏赐、官吏的公款贪污掺杂其中。而从收入方面讲，则是人民税源渐趋枯竭。

隋唐时期需要注意的文化态势有三点：一是儒释道三家共存并彼此消长，二是对儒家经典传注的态度及研究方法有所改变，三是史学大兴。

据《隋书·高祖本纪》，文帝出生于般若寺，又曾被尼姑抚养。这种特殊的经历使他自幼有一种嗜佛情节，而在文帝夺取北周政权时，道士亦曾有助臂之功。所以，佛、道在隋代都受尊崇。

唐高祖深知以武创业、以文守成的重要性，于是在武德二

---

① ［后晋］刘昫等：《旧唐书》卷四十八《食货志上》，北京：中华书局，1975年，第2093页。

年（619）诏令国子学、太学、郡县学等置生员传习儒学经传。尽管崇儒，但高祖、太宗崇儒不斥佛，更不排道。为了抬高自己的宗姓地位，高祖自认为是老聃后嗣，对道教极为尊崇。高祖排定三教次序，以老氏道教为第一，孔氏儒学为第二，释氏佛教为第三，并认为三教虽异，善归一揆。高祖对儒、佛、道三教的提倡，影响了其后的皇位继承人。即以三教同筵讲学来说，自其后的太宗始，几乎成为历代皇廷不可缺少的文化举动。这说明唐朝在文化事业发展方面具有极强的开放性。

唐初把儒学作为统治人民思想的官方学说，但儒学典籍年代久远，文字多有讹谬，于是太宗诏集群儒研讨考订，成《春秋》《诗经》《周易》《礼》《尚书》"五经"定本。此后，因儒学之说业有多门，且章句繁杂、读学不易，又令孔颖达、贾公彦厘正经义。高宗永徽四年（653），《五经正义》向全国颁行，作为上至国子监下至各州县学的固定教材，并成为国家科举考试的文本依据。自此，聚讼纷纭的儒家经义，在大一统的政治统治下实现了自身的统一。"经学一旦成为国家考试的内容，它所带来的影响是十分巨大的。一方面，士子们把《五经正义》奉作金科玉律，经学的传播得到了前所未有的普及；但另一方面，《五经正义》又完全成为士子们跻身仕途的敲门砖，至于其中的义疏是否正确合理，内容是否有实践的价值，他们倒并不在乎，这样一来，经学发展的停滞不前也就在所难免了。特别是前期考试的'贴诵'更是把经典做了形式化的对待。"[①]

---

① 张怀承：《中国学术通史》（隋唐卷），北京：人民出版社，2004年，第185页。

天宝以降，对儒家经典重做诠释的风气由啖助发起。他认为杜预注《左传》、何休注《公羊传》、范宁注《穀梁传》，皆未达于《春秋》大义。赵匡亦认为前人对《春秋》经的注解与经本身的内涵存在距离，其注疏远不能揭示《春秋》经文的微言大义。总之，他们认为，"'三传'没有把握圣人作《春秋》的宗旨，注疏家又没有发挥出'三传'的大意，致使《春秋》大义湮没不彰。……'传已互失经指，注又不尽传意，《春秋》之义几乎泯灭'"①。因而，创建一种不讲家法、不根师说，只以通经为本而兼采三传甚至他说的新的治学模式的思想悄然而生。这种大胆怀疑传统经典注疏、突破传统治学框囿、努力开创新的治学模式的疑经思潮，在其后韩愈、李翱、柳宗元的学术活动中充分体现出来。

唐代史学的兴盛亦是值得关注的文化现象。武德四年（621），令狐德棻面奏李渊："近代已来，多无正史……当今耳目犹接，尚有可凭，如是十数年后，恐事迹湮没，无可纪录。"②次年，李渊下诏撰修。这次修史行动虽因各种原因没有获得实际进展，但修史工作已提到了朝政日程上来。贞观三年（629），太宗设史馆并组成由宰相兼任主持的修史队伍。同年，太宗下令撰修五代史。数年之后，官方撰修完毕《梁书》《陈书》《北齐书》《周书》《隋书》五朝正史，又重新修订了《晋书》，而李延寿私人撰修的《南史》《北史》也经官方审定批准并同时

---

① 张怀承：《中国学术通史》（隋唐卷），北京：人民出版社，2004年，第189—190页。
② ［宋］王钦若等：《册府元龟》卷第五百五十六《国史部·采撰第二》，南京：凤凰出版社，2006年，第6374页。

颁行。这八部史书占整个中华民族二十四史的三分之一，超过了任何一个朝代所编修的正史数量。此外，这一朝代还产生了史评兼编纂方法类的史学理论著作《史通》，第一部记载历代典章制度沿革的通史《通典》，及专门记述本朝典章制度的政书《唐六典》《唐会要》。值得一提的是，自高宗至武宗十六朝的实录、自太宗至宣宗十八朝的国史，也在史馆人员的努力下得以修撰。国史的修撰是此前从未有过的史学现象。

理政与学说评判：
三国两晋南北朝《管子》学术

一、自比管仲：诸葛亮治蜀对《管子》思想的发展运用

诸葛亮（181—234），琅琊阳都人（今山东沂南人），早年因躲避战乱随叔父诸葛玄徙往荆州。后来，他辅佐汉室宗亲刘备建立蜀汉政权，与魏、吴形成三国鼎立之势。

据《三国志》记载，诸葛亮曾把自己比作管仲，可见他对管仲是心存敬慕的。又载诸葛亮曾为后主刘禅抄写《申子》《韩非子》《管子》《六韬》等书，一方面固然如明代杨慎所说，是后主宽厚、胸襟有余而权谋不足，诸葛亮打算让后主阅读这些典籍以弥补自身缺陷，另一方面却未尝不透露出《申》《韩》等书亦是诸葛亮治蜀重要参照的迹象。

农业是衣食之源，任何一个法家都会重视粮食生产。申、韩等法家推崇农业应该给予肯定，但他们坚决排斥商业却又走上了极端。在这方面，《管子》的思想无疑具有前瞻性。一方

面，它认为"粟者，王之本事也，人主之大务"①，非常重视农业生产；另一方面，又认为"无市则民乏"②，从不否定商业的价值。这种农商并重的治国之术是《管子》独具而《申》《韩》所缺的，诸葛亮治蜀显然是遵循了《管子》的为政理念。

诸葛亮曾把益州描述为天府之国，在治蜀时却又不得不发出天下三分、益州犹弊的感叹。史载益州刘璋为抗击五斗米道张鲁而迎刘备入蜀，前后花销数以亿计。之后，二刘争夺成都，战争席卷益州大部，对农业生产造成极大破坏。刘备夺取益州后，蜀与吴、魏之间又战争不断。后来魏方的司马懿在与诸葛亮的对峙中发现，诸葛亮常因缺粮而退兵。此种经济状况下，诸葛亮重视农业生产就具有了特殊的意义。

针对益州初定、人民"饥膏草野"的现实，诸葛亮提出并严格执行了"唯劝农业，无夺其时，唯薄赋敛，无尽民财"③的重农政策。他不但把发展农业视为当下大计，还借鉴《管子》提出的兴修水利以助农的做法，积极利用都江堰的水利资源。诸葛亮还根据益州"民贫国虚"的实际，提出并实施了一项进行丝锦贸易的重商政策。蜀锦的对外贸易既增加了人民的经济收入，又为蜀汉政府开辟了新的财源。这种做法与《管子·轻重甲》中齐以独有之盐与梁、赵等国进行商品交换是完全一致的。蜀国还对盐铁进行官方专卖，任命王连为司盐校尉，"较盐铁之利，利入甚多，有裨国用"④。这实际上是对《管子》轻重

---

① 《管子校注》卷第十五《治国第四十八》，第927页。
② 《管子校注》卷第一《乘马第五》，第89页。
③ [三国]诸葛亮：《诸葛亮集》，长春：时代文艺出版社，1995年，第59页。
④ [晋]陈寿：《三国志》卷四十一《蜀书十一·霍王向张杨费传第十一》，北京：中华书局，1959年，第1009页。

第三章 借鉴与批判：三国两晋至唐代《管子》学术

学说中"官山海"理论的借鉴。

三国纷争时期，烦琐、迷信的儒家经学已经衰落，以诸葛亮为代表的政治家抛弃了谶纬经学的空洞说教，坚决主张以法治国。诸葛亮执政十四年从未有过大赦，他病逝后，蜀国政局日渐衰颓，这里面的原因固然很复杂，但与后主刘禅二十年内先后有过八次大赦不无关系。

诸葛亮治军纪律严明，强调有功必赏、有罪必罚。他统领的十万大军不但作战勇猛，与人民相处也能做到秋毫无犯。建兴六年（228），诸葛亮出兵祁山，命令马谡在前方统领军队。马谡与魏将张郃战于街亭，被张郃击败，致使蜀军进无所据、退还汉中。虽然诸葛亮与马谡感情深笃，但还是依法对其做了处置。在此次街亭之战中，裨将王平表现出色，诸葛亮加拜他为参军，并进爵为讨寇将军，封号亭侯。对于自己用人错误而导致战争失利，诸葛亮自贬三等并接受军纪惩罚。可以说，诸葛亮真正实践了《管子》说的"贵贱皆从法"[①]的法治思想。

诸葛亮曾批评商鞅长于法治之理而短于道德教化，透露出他德政、威刑并用的思想。他治蜀绝不是刻薄寡恩、专独尚法的申、韩所能比，相反，他的做法与《管子》反复强调的"厚爱利足以亲之，明智礼足以教之。上身服以先之，审度量以闲之，乡置师以说道之，然后申之以宪令，劝之以庆赏，振之以刑罚，故百姓皆说为善"[②] 是一脉相承的。

魏、蜀、吴三国相比，蜀国面积最小，人才也最缺乏，因

[①] 《管子校注》卷第十五《任法第四十五》，第906页。
[②] 《管子校注》卷第一《权修第三》，第50页。

而在有限的人力资源中积极发现并荐举贤才就成为诸葛亮治蜀的一大要务。诸葛亮选拔官员注重实际才能。刘备与曹操争汉中，官员杨洪因对战略形势的分析确切无误，被提拔为蜀郡太守。向宠曾为牙门将，跟随刘备伐吴，后刘备军在一次战役中被吴军大败，唯独向宠的军营保存完好、士兵无损，后来诸葛亮向刘禅推荐他任中领军。诸葛亮对被选拔者的道德素养也极为重视。他荐举的官员，如蒋琬、费祎、董允、陈震、姜维、邓芝，皆是忠贞公正、笃志无私可依托之人。因此，"西土咸服诸葛亮能尽时人之器用也"①。

《韩非子》《管子》都崇尚法治，但前者尚法不尚贤，后者在法治之外主张荐举贤才。所以，说诸葛亮实行的法治教化和贤人之治更多地传承了《管子》的思想是比较恰当的。

史载诸葛亮"性长于巧思，损益连弩，木牛流马，皆出其意"②，他对改进武器装备非常重视。在蜀与魏、吴的战斗中，他制作并使用多种先进军事器械，提高了军队的战斗力。例如，针对魏军强悍的骑兵部队，诸葛亮"损益连弩，谓之元戎，以铁为矢，矢长八寸，一弩十矢俱发"③。他利用涪陵郡善射的少数民族组成一支三千人的连弩士，这是一种专掌连弩的特种部队。大量连弩集中使用构成密集火力，是对抗骑兵部队的有力武器。此外，他还有《作斧教》《作匕首教》《作钢铠教》等文字传世。

---

① ［晋］陈寿：《三国志》卷四十一《蜀书十一·霍王向张杨费传第十一》，北京：中华书局，1959年，第1014页。
② ［晋］陈寿：《三国志》卷三十五《蜀书五·诸葛亮传第五》，北京：中华书局，1959年，第927页。
③ 同上书，第928页注。

诸葛亮在军事器械方面的努力充分实践并发展了《管子·兵法》所说的"利适，器之至也"①的军事理论。此外，诸葛亮所作《兵法》还曾引用《管子·制分》"攻坚则瑕者坚，攻瑕则坚者瑕"的兵学言论，得出"不从其瑕而攻之，天下皆强敌"的结论②，更说明了诸葛亮的军事思想与《管子》一书是一脉相承的。

二、"《轻重》篇尤鄙俗"：傅玄评《管子》的《轻重》篇

傅玄（217—278），魏晋时期名臣及文学家、思想家，撰有《傅子》等书，但多散佚，清代严可均有辑本。

傅玄是第一个对《管子》的《轻重》篇进行评说的学者。王应麟《汉书·艺文志考证》引《傅子》曰："《管子》书，过半是后之好事者所加，《轻重》篇尤鄙俗。"③"鄙俗"一词，究竟有着怎样的意义指向？

我们知道，管仲的思想是一种通过变法革新富国强兵的霸术思想，这种思想在《管子》的《内言》篇中有着全面展现。傅玄既然说《轻重》篇"鄙俗"，则《轻重》篇的思想主旨与《内言》篇所论肯定有所差异。如果我们找到它们之间的具体差异，则傅玄说的"鄙俗"一词的含义也就得到解释了。不过，对这种差异的确定可能会带上傅玄个人主观的色彩，即会受到

---

① 《管子校注》卷第六，第326页。
② ［三国］诸葛亮：《诸葛亮集》，长春：时代文艺出版社，1995年，第38页。
③ ［宋］王应麟：《汉〈艺文志〉考证》引《傅子》，《二十五史补编》，上海：开明书店，1937年，第1412页。

其思想倾向的制约。下面我们先简单谈一下傅玄的有关思想主张。

《隋书·经籍志》曾将《傅子》列入杂家，可见傅玄思想之驳杂。但其思想在驳杂之中还是有主导倾向的，那就是以儒为主。此外，傅玄对法家思想也是很重视的。他说："礼、法殊途而同归，赏、刑递用而相济矣。"[1] 傅玄这种亦礼亦法的思想与《管子》很相近。

由于信奉圣人崇仁兴利的治世方法，推崇儒家推己及人的伦理法则，傅玄认为，只有利人，人才能利己；反之，害人，人亦害己。因而在求利的问题上，他主张相互礼让，反对力争。

在如何分民定业的问题上，傅玄继承了《管子·小匡》的四分法。不过，在《管子·小匡》乃至《内言》诸篇中，并没有四民孰贵孰贱的区分，傅玄却说："贵农贱商，此皆事业之要务也。"[2] 明白了傅玄礼让相利与贵农贱商的思想，对我们理解"《轻重》篇尤鄙俗"的判断很有帮助。

《轻重》篇主要是讨论经济问题，但它的出发点不是如何使人民富有，而是如何使国家获得更多的财富。它提出的许多经济政策，如"执其通施以御其司命""官山海""以重射轻，以贱泄平""籍于号令"等，都是利用政府的权力控制经济活动以充实国家财政为目的的。诚然，有的经济政策在实施过程中，如"以重射轻，以贱泄平"，客观上也有打击不法商贾、保护人民利益的一面，但其背后潜藏的敛轻散重以获十倍之利才是它

---

[1] ［晋］傅玄：《傅子》卷一，清光绪二十八年（1902）叶氏观古堂刻本。
[2] ［唐］房玄龄等：《晋书》卷四十七《傅玄列传》，北京：中华书局，1974年，第1319页。

最大的实施动机。

《轻重》篇也有国家利用行政手段强迫豪强地主削毁贫民债券并开仓济贫的记载,但这样的内容只占极小的比例。《轻重》篇的指导思想在《管子·国蓄》中表达得很明白:"人君挟其食,守其用,据有余而制不足,故民无不累于上也。"[①] 国家直接占据财富的优势,故意造成人民不足使他们不得不依附于国家政府,这才是它所有理论的出发点。由此看来,《轻重》篇所倡导的轻重之术与真正的爱民之道是有距离的。《轻重》篇利用人民喜予恶夺的心理寓税于价,利用隐蔽手段使天下乐从;强调利出一孔,强调国家对社会财富的控制,并主张借助号令的缓急造成物价的涨落,以期在物价的涨落中攫取财富。这哪里是《内言》篇中提出的人君要无私、要出言必信的使民之道?

《轻重》篇提出用经济手段倾覆邻国,事实上不过是用诈术诱骗他国形成单一的商品经济,然后利用本国在粮食储备上的优势胁迫他国屈服。这与《管子·中匡》中所言"外存亡国,继绝世,起诸孤"的外交政策是背道而驰的。以《内言》篇主张的为政之道对比《轻重》篇的内在精神,则《轻重》篇之不仁远矣。

由于《内言》篇与《轻重》篇在思想主张上存在显著差异,傅玄将其视为"后之好事者所加"是完全有道理的。所以,"鄙俗"一词体现了傅玄对《轻重》篇强调与民争利、强调用权术驾驭人民并以经济手段颠覆他国的批评态度,是对《轻重》篇为"后之好事者所加"而背离了《内言》篇精神实质做出的

[①] 《管子校注》卷第二十二,第1259页。

总体评判。

三、用钱与废钱：孔琳之等对《管子》轻重学说的诠释与批判

东晋一朝存在钱币不足用的问题，致使商品交易受阻。晋安帝时期，桓玄辅政为太尉，想废止钱币并恢复物物交换的谷帛交易方式，遭到时任西阁祭酒的孔琳之的强力反对。

孔氏认为，钱币是百姓"交易之所资，为用之至要"。钱币代替龟贝成为物品交易的媒介给百姓带来了很大方便，它既可以"通有用之财"，又可以"无毁败之费"，还可以"省运置之苦"，所以历代政权都没有废止钱币的。如果把本来用作衣食的谷帛用作钱币，将使谷帛在一次次的交易中损毁，甚至导致割帛以易财物而使布帛最终成为无用之物的结局。更有甚者，还会出现类似曹魏政权废钱后"巧伪之民，竞蕴湿谷以要利，制薄绢以充资"那样的社会混乱，"魏世制以严刑，弗能禁也。是以司马芝以为用钱非徒丰国，亦所以省刑"[1]。孔琳之的上述认识，是对《管子·国蓄》"人君铸钱立币，民庶之通施"[2]货币理论的形象诠释。

大概自汉末以来，民间存在不用钱币交易的现象。孔琳之认为这是"兵乱积久"的原因，而不是钱币本身没有用处。如果国家下令取消钱币并禁止使用，则"一朝断之，便为弃物，是有钱无粮之民，皆坐而饥困"。最后，他得出"救弊之术，无

---

[1] ［南朝梁］沈约：《宋书》卷五十六《列传第十六谢瞻孔琳之》，北京：中华书局，1974年，第1559页。
[2] 《管子校注》卷第二十二，第1266页。

取于废钱"① 的结论。

尽管孔琳之看到作为交易媒介的货币对于社会生活的正常运转是不可缺少的,但对货币的本质属性的认知显然是模糊的。《管子》认为,无论是珠玉,还是黄金,抑或是刀布,这些各式各样的可用作交易媒介的货币②,它们也有价值尺度的职能,因而并不是无用之物。而孔琳之认为,钱币仅用来流通财物,其本身并没有用。依孔氏的观点,因为钱币无用,所以用来流通财物,而谷帛有用,所以只能还其本来的用途。他的这一认识,违反了货币的本质属性,因而是错误的。

在用钱、废钱的问题上,梁代沈约持废钱论。他认为废钱的目的是使百姓安心于农业生产,使商业活动无法开展,以此让商人迷途知返、弃商就农。他还想把废钱的政策永远执行下去,批评钱币的使用造成民间藏钱不贮粮的恶习,致使遇到天灾时,空有钱币而不能救灾。虽然沈约看到商业活动的发展有与农业争夺劳动力的一面,却没有看到商业亦有互通物品有无而促进农业发展的一面。沈氏认为钱币的存在无助于救灾,更是短浅之见。因为民间能藏钱者都是官僚贵族、富商巨贾,而不是一般的百姓。无论是藏钱也好,贮粮也罢,那些富贵之人在天灾之时,很难如沈约想象的那样一厢情愿地把自己的财粮施舍给贫穷之人以救灾荒。

刘宋时期,沈庆之还提出"听民铸钱"的货币政策。所谓

---

① [南朝梁]沈约:《宋书》卷五十六《列传第十六谢瞻孔琳之》,北京:中华书局,1974年,第1560页。
② "以珠玉为上币,以黄金为中币,以刀布为下币。"(《管子校注》卷第二十二《国蓄第七十三》,第1279页。)

"听民铸钱",就是让私人准备好铸币用的材料,到地方上的铸钱机构自行铸造,官方则收取百分之三十的费用。正如《管子·山权数》指出的,货币铸造权必须由国家完全控制,而第一步就是要垄断铸币的原材料——铜[1]。沈氏的铸钱方案允许私人占有铸币材料,实际上是对《管子》货币理论的否定。沈氏这一空想出来的方案是不切实际的,正如学者指出的:"国家为了获得造币税的收入,必须允许私人在国家的'钱署'中公然铸造不足值的货币。这样,私铸就根本无法制止,因为,不来'钱署'而在私下进行盗铸,可避免30%的纳税。……如果国家限定在'钱署'铸币者必须铸造足值的货币,那么,来铸的人无利可图,甚至会蒙受巨大亏损,势将无人肯来铸钱。"[2]

---

[1] 《管子校注》卷第二十二,第1303页。
[2] 赵靖主编:《中国经济思想通史》(第二卷),北京:北京大学出版社,1995年,第260页。

编纂与思想评说：
唐代《管子》学术（一）

一、纂书济世：魏征等对《管子》文句的辑录[①]

唐代出现了几部通过辑录古籍精要之语或典章旧制而成的著作，魏征等人的《群书治要》、杜佑的《通典》、马总的《意林》是其中的代表。它们或务于政术，或务于经邦，或务于经济，与旨在富国安民的《管子》正相契合。于是，《管子》理所当然地成为编纂者辑录的对象。

《群书治要》中，第三十二卷为《〈管子〉治要》。"治要"，顾名思义，是对典籍精要之语的辑录；而在辑录时，又必须符合以史为鉴、有利于朝政的要求。《〈管子〉治要》的编撰体例是首标篇名，次举辑录内容，并以篇为单位顺序排列，涉及《管子》的《牧民》《形势》《权修》《立君》（即《立政》）等

[①] 本节凡征引魏征等人《群书治要》、杜佑《通典》、马总《意林》的辑录文句，若无特殊说明，分别源自魏征等人《群书治要》《四部丛刊初编》本、杜佑《通典》中华书局1988年本、马总《意林》《四部丛刊初编》本。行文中，不再一一注其出处。

二十篇文章。

细审《〈管子〉治要》,可以看出魏征对《管子》的辑录体现出以下特点。

第一,存大略,舍细节。《〈管子〉治要》辑录的多是概要性的为政原则,对于具细而微的为政措施往往弃而不录。

第二,事理并重。这一编撰特征在《〈管子〉治要》中表现为:既有为政理民的大道理,又有足资借鉴的鲜活史实。

第三,对军事、经济思想的冷落。《管子》中多有军事思想与经济思想的论述,前者散见于《幼官》《七法》《地图》《参患》等篇,后者则集中于《轻重》等十六篇,前后总计二十余篇,然而,《〈管子〉治要》没有对《管子》的军事与经济思想进行辑录。

再看《通典》。杜佑自代宗大历年间至德宗贞元十七年(801)编纂《通典》,前后历时三十余载。全书二百卷,分为九个门类,每门之中又分若干科目,每科之下按朝代顺序记述。

《通典》对《管子》的辑录,主要体现出以下特点。

第一,以类相从。与《群书治要》对《管子》辑录后以篇为单位顺序排列不同,《通典》对《管子》辑录主要是以类相从,即把辑录的内容按性质分别列入六个门类的不同科目之下。

第二,对辑录内容重新整合。由于《通典》的辑录遵循以类相从的原则,同一科目下的内容可能源于《管子》不同的篇章。为了更好地说明历代沿革废置,杜佑对这些源于不同篇章的材料进行了重新整合,以使支离的内容能表达一个完整、明确的意思。

第三,重视经济和军事。《通典》分为九个门类,这九个门类的排列次序事实上反映了杜佑的政治观点。杜佑认为国家的经济措施、选举制度、政府机构在国家建设中最为重要，所以他将《食货》《选举》《职官》三个门类置于前列，而《食货》位于九个门类之首，说明他又把经济视为重中之重。杜佑这种重视经济的观点与《通典》辑录《管子》的实际状况正相符合。

《七法》《九变》《小匡》《霸言》《地图》是《管子》中讲述战略战术较为集中的篇章，《通典》对其多有辑录，说明杜佑对《管子》的军事思想也是重视的。

再来看《意林》。《意林》辑录《管子》精要之语二十二则，涉及十七篇文章。总的说来，《意林》辑录《管子》具有以下几个特点。

第一，重视经济思想。《管子》是一部富国安民的治世宝典，其中的经济思想是很丰富的。《群书治要》本着"览前王得失"的原则，从《管子》中汲取了许多为政之术，却没有辑录《管子》的经济思想，这个缺陷在马总的《意林》中得到了弥补。由于受到篇幅容量的限制，马总不可能多处摘引，所以他共摘引经济类文字三条，然仅此三条，也足以说明他对《管子》经济思想的重视了。

第二，务于简要。马总辑录《管子》确实体现了"取之严，录之精且约"的"务于简要"的特点。例如，它辑录"仓廪实，知礼节；国多财，远者来；衣食足，知荣辱""一年之计，莫若树谷；十年之计，莫若树木；终身之计，莫若树人""堂上远于百里，有事十日而君不知；堂下远于千里，有事一月不知；门庭远于万里，有事期年不闻"，均简洁精练。

第三，有助文章。马总辑录《管子》不仅体现了"务于经济""务于简要"的特点,他还注意辑录那些颇有文采的语句,如:"冬日不盟,非爱水也;夏日不炀,非爱火也,为不适于身。明王不治宫室,非爱小也,为伤于本事而妨于教也。"《意林》中的这些文句,除了语词对偶外,还有一个共同的特点,即为了说明一个治道理论,总是附及自然界或生活中的常识。《意林》仅辑录了二十二则《管子》文句,其中竟出现如此多的颇具文采的短语,足见"有助文章"亦是马总辑录《管子》的一个原则。

同一部《管子》,相同的内容,《群书治要》《通典》《意林》在辑录其治道思想时却显示出差异:《群书治要》只辑录《管子》中的政治理论;《通典》则对其丰富的政治、经济与军事思想,都表现出极大的关切;《意林》虽在辑录其政治理论的同时摘选了经济方面的内容,却遗弃了《管子》的军事思想。以上三书在辑录《管子》治道思想时出现的差异,大概与魏征、杜佑、马总三人的人生经历有关。

魏征被唐太宗提拔任用,官至宰相,道家的思想意识时有流露,具体表现就是主张黄老无为而治。魏征年轻时不为生计所累,五谷钱币之类的经济问题不是其兴趣所在。这样的一种处世态度或许限制了他对《管子》中军事、经济思想的辑录。并且,魏征被誉为诤臣,他所做的多是极言进谏之类,常常从德、礼的层面对太宗加以劝谏,于具体的政务却鲜有涉足。这样的人生阅历可能制约了《群书治要》对《管子》的辑录取向。

杜佑出身于高门望族,以门荫入仕,从县丞做到宰相,熟悉政治上的利弊得失。与魏征不同的是,杜佑所做的都是实际的政务工作,他长期判度支,掌管钱谷盐铁之事。《旧唐书·杜佑传》说他"驭戎应变,即非所长"①,但《通典·兵》中依然辑录了《管子》的军事思想。可见,杜佑是一位既有处理政事实际能力,又具高瞻远瞩理论水平的政治家,因此《通典》对《管子》治道思想的辑录是多方位的。

马总"敦儒学,长于政术"②,曾任地方刺史、都护,实际的政务工作使其认识到五谷钱币的重要性,因而《意林》辑录了《管子》三条经济思想。马总没有辑录《管子》的军事思想,或许与传统儒学"必不得已而去之"则"去兵"③的思想有关。

二、"四维者非管子之言":柳宗元对《管子》四维论的批判

自《管子》提出"礼义廉耻"国之四维的治道思想,多数人对其持肯定态度。唐代柳宗元却对这一观点提出了质疑,写下了《四维论》一文。

柳宗元认为,《管子》四维论的说法不成立。首先,他为廉、耻二词进行正名。柳氏认为,所谓廉,是"不苟得",非《管子》所谓"不蔽恶";所谓耻,是"羞为非",非《管子》所谓"不从枉"。其次,柳氏认为廉、耻从礼、义中来,礼义廉耻并提不符合用语逻辑。"圣人之所以立天下"靠的是仁义,礼

---

① [后晋]刘昫等:《旧唐书》卷一百四十七《杜佑传》,北京:中华书局,1975年,第3982页。
② [后晋]刘昫等:《旧唐书》卷一百五十七《马总传》,北京:中华书局,1975年,第4152页。
③ 杨伯峻:《论语译注》,北京:中华书局,1980年,第126页。

作为对仁义的实践，与仁义组成了"立天下"的二维。即使按《管子》对廉耻的解释，世人"不蔽恶""不从枉"，也是因为蔽恶、从枉有违于义才不去做，所以"廉与耻，义之小节"，不得与礼、义抗而为四维。最后，既然廉、耻从礼、义中来，那么《管子》"一维绝则倾，二维绝则危，三维绝则覆，四维绝则灭"[1]的说法便不成立。如果义没有了，廉、耻就不会再存在，即义之维绝，廉、耻必绝；如果廉、耻存，则义之维必在，不会出现廉、耻没有而义之维犹存的现象。所以，《管子》把礼、义、廉、耻并称四维，只有四维俱绝国家才灭亡的观点是不正确的。

柳宗元否定《管子》四维论是为了证明"四维者非管子之言"。应该说，把四维论的成立与否直接和管仲思想相联系，暗含着柳氏对管仲的推崇。可是，以"圣人之所以立天下"否定四维论，由四维论非出于圣人之意进而认为四维论非"管子之言"，这实际上是将管仲思想与"圣人之所以立"相联系，抑或说，将"圣人之所以立"视为了管仲治道思想的渊源。然则管仲思想是否完全出于"圣人之所以立"呢？《国语·齐语》记载管仲的改革是"修旧法，择其善者而业用之"[2]，可见管仲治国并非完全遵奉先圣遗法。即便是出于"圣人之所以立"，这个"圣人"又指谁呢？管仲之前的周公制礼作乐，是一位"圣人"，然周公强调的是礼，是亲亲、尊尊的血缘宗族与政治等级，并非仁义。管仲之后的孔子是一位"圣人"，他推出仁爱以

---

[1] 《管子校注》卷第一《牧民第一》，第11页。
[2] ［春秋］左丘明：《国语》卷第六，济南：齐鲁书社，2005年，第112页。

第三章 借鉴与批判：三国两晋至唐代《管子》学术

充实礼的内涵，但他所言的义是与利并列的概念，并没有将仁、礼与义等而视之。孟子也是一位"圣人"，他有仁、义、礼、智四端之说，但它们仅指人性善的先天根据；其所言"仁，人心也；义，人路也"虽然将仁、义并举，却是一种"学问之道"而非治国之术①。退一步说，如果"圣人"指代孔孟，以生在后世的人衡量之前的管仲，在推论方法上是说不过去的。

究竟礼、义与廉、耻可不可以并称为四维，大凡引用四维论的人对此并无异议。汉代桓宽《盐铁论·刑德》中说："管子曰：'四维不张，虽皋陶不能为士。'故德教废而诈伪行，礼义坏而奸邪兴，言无仁义也。仁者，爱之效也；义者，事之宜也。故君子爱仁以及物，治近以及远。"② 西晋秦秀《何曾谥议》说："《管子》有言：'礼义廉耻，是谓四维。四维不张，国乃灭亡。'宰相大臣，人之表仪，若生极其情，死又无贬，是则帝室无政刑也。王公贵人，复何畏哉！所谓四维，复何寄乎！"③ 唐代颜真卿《通议大夫守太子宾客东都副留守云骑尉赠尚书左仆射博陵崔孝公宅陋室铭记》亦说："躬践五德，退让于恭俭温良；行张四维，加信于仁义礼智。"④ 宋代欧阳修在《新五代史》中说："'礼义廉耻，国之四维；四维不张，国乃灭亡。'善乎，管生之能言也！礼义，治人之大法；廉耻，立人之大节。盖不廉，则无所不取；不耻，则无所不为。人而如此，则祸乱败亡，亦无所不至，况为大臣而无所不取不为，则天下其有不

---

① 杨伯峻：《孟子译注》，北京：中华书局，1960 年，第 267 页。
② 王利器：《盐铁论校注》，北京：中华书局，1992 年，第 567 页。
③ ［清］严可均：《全上古三代秦汉三国六朝文》，北京：中华书局，1958 年，第 1913 页。
④ ［清］董诰等：《全唐文》，北京：中华书局，1983 年，第 3427—3428 页。

乱、国家其有不亡者乎！"①

其实，按照《管子·牧民》对礼义廉耻内涵的揭示，"礼不逾节，义不自进，廉不蔽恶，耻不从枉"，它们之间为并列关系，是可以并称的。柳宗元从圣人立天下的仁义标准出发，认为"廉与耻，义之小节""不得与义抗而为维"，仅是一种主观裁断。那么，究竟应该怎样认识四维论与管仲思想之间的关系呢？管仲确实曾礼、义并提，据《左传·僖公七年》所载，宁母之会上，管仲说："夫诸侯之会，其德、刑、礼、义，无国不记。"②至于他是否将礼、义作为立国之基，是否有过类似礼义廉耻的说法，史缺有间，不得而知。不过，从《管子》一书的性质，即《管子》是一家之学的角度分析，后人在礼、义的基础上加上廉、耻，提出四维论的治道思想是极有可能的。

对柳宗元关于四维的观点持反对意见的有南宋学者黄震，其《四维论天爵论》说："夫廉与耻，岂特小节？廉纵可属于义，耻则当属于礼，又不当尽指为义之小节也。《管子》之以维言者，盖指为治之防范耳，又非如子厚之所谓。"③

另外，与柳宗元强调礼义廉耻中"义"的重要性不同，明末顾炎武认为四者之中"耻"最重要。他在《廉耻》一文中引用上述欧阳修的话，并说："然而四者之中，耻尤为要。……所以然者，人之不廉而至于悖礼犯义，其原皆生于无耻也。故士

---

① ［宋］欧阳修：《新五代史》卷五十四《杂传第四十二》，北京：中华书局，1974年，第611页。
② 杨伯峻：《春秋左传注》，北京：中华书局，1981年，第318页。
③ ［宋］黄震：《黄氏日抄》卷六十《读文集》。见《钦定四库全书》。

大夫之无耻，是谓国耻。"① 尽管顾氏认为礼义廉耻中"耻"最重要，但他并未将其凌驾于其他三者之上，也没有因此否定四维的提法。不仅如此，清圣祖康熙皇帝还撰文维护《管子》四维论，并针对柳氏的观点做出反驳，他亲作《四维解》一文说，若"论其统体""廉耻即在礼义之中"；若"论其节目""礼义不得不并举廉耻"。如果有人受到"无礼义"之讥，他可能"不以介其意"，若责之"无廉耻"，任何人都会"怒于其色""惧于其中"。为什么呢？因为"廉耻之名视礼义之名为尤切，无廉耻之名视无礼义之名为尤不可居"。最后，康熙帝肯定了《管子》四维论的提法："故言礼义而并言廉耻，可以警动天下而兴起其为善去恶之心，是《管子》之意也。"②

当然，柳宗元的观点也并非没有支持者。清后期的何如璋说："礼义即礼节，乃治国之法度，所包甚广。文但言'不逾节''不从枉'……乃礼义之绪余耳，安得为'四维'乎？……柳子厚《四维论》以'廉耻'二字不能与'礼义'并举，其论甚允。"③ 毕竟，从《管子》学术史的角度看，像柳宗元那样否定礼义廉耻四维论者只是少数。

---

① ［清］顾炎武著、黄汝成集释：《日知录集释》卷十三，上海：上海古籍出版社，2006年，第772页。
② 《圣祖仁皇帝御制文集》第二集卷三十。见文渊阁《四库全书》。
③ ［清］何如璋：《〈管子〉析疑》，上海图书馆藏手稿本。

轻重学说与财经管理：
唐代《管子》学术（二）

一、币制、榷盐与常平、平准：刘晏等对《管子》轻重学说的承继与发展

开元二十二年（734），宰相张九龄与左监门卫录事参军刘秩围绕货币纵铸与货币禁铸的问题展开了一场辩论。

张九龄主张纵民自铸。他接受轻重学说中"黄金刀币，民之通施"的观点，认为"布泉菽粟不可尺寸抄勺而均，乃为钱以通贸易"。同时他认为，"官铸所入无几，而工费多，宜纵民铸"如果国家铸造足值的货币，其成本与钱的价值相近，国家虽然垄断了铸币权却收入无几，这样做不能解决政府财政问题；如果国家铸造不足值的货币，掺杂大量铅铁，虽然财政问题解决了，但它必然助长民间仿效政府掺杂铅铁以盗铸的现象。基于此，张九龄主张国家可以允许民间私铸货币。[①]

刘秩坚决反对张九龄纵民自铸的观点。他认为，在市场货

---

① ［宋］欧阳修等：《新唐书》卷五十四《食货志四》，北京：中华书局，1975年，第1385页。

币量一定的条件下，粮多会导致粮价偏低，偏低伤农；其他商品增多，也会导致它们的价格偏低，偏低又伤贾。既然物品增多了，货币相对不足，而一旦物品减少了，货币又相对过剩，那么国家就应该根据市场的实际情况，散发与回笼货币，使物品与货币保持平衡。这是对轻重学说中"民有余则轻之，故人君敛之以轻。民不足则重之，故人君散之以重"[1] 的理论借鉴。

刘秩又引用《管子·国蓄》中"民富则不可以禄使也，贫则不可以罚威也"[2] 的话，认为要通过禁民铸，对人民的贫富加以控制。他提出五条反对理由，说"法不行，人不理""贫者服役于富室，富室乘而益恣""上无以御下，下将无以事上"等。他的这一观点实是对轻重学说中"塞民之养，隘其利途。故予之在君，夺之在君，贫之在君，富之在君。故民之戴上如日月，亲君若父母"[3] 理论的借鉴。

在禁民铸的基础上，国家通过什么样的手段自铸以解决财政危机呢？刘秩主张把铸钱的材料——铜收归国有。把铜收归国有，禁止百姓拥有铜及铜器，这样铜价自然跌落。私人无铜，盗铸不禁而止；铜价降低，国家就可以大量地铸造足值的货币。采取这种方式，民间盗铸的问题就解决了，国家对货币的垄断地位得到了保证。很明显，这是对《管子》轻重学说的直接借鉴。《管子》在强调国家垄断铸币的同时，更强调"国铜"[4]，即把铜收归国有。在如何实现"国铜"的问题上，《管子》主

---

[1] 《管子校注》卷第二十二《国蓄第七十三》，第1269页。
[2] 同上书，第1264页。
[3] 同上书，第1262—1263页。
[4] 《管子校注》卷第二十二《山权数第七十五》，第1303页。

张从铜的生产入手,"谨封而为禁""有动封山者,罪死而不赦。有犯令者,左足入,左足断,右足入,右足断"①。刘秩主张"禁于人",即禁民拥有铜及铜器。二者的手段不尽相同,但借此以实现铸币垄断的目标却是一致的。然而,刘秩的主张因受到朝臣阻挠,并未得以实施。

此外,左拾遗刘彤又向唐玄宗提出取山泽之利的建议,由于当时条件不成熟,政府只是实行了盐铁征税,并未对盐铁进行垄断经营。肃宗即位后,第五琦担任度支盐铁使,奏请盐铁应由国家统一管理经营,这一建议很快被采纳并付诸实施,此即为榷盐法。榷盐制度的落实,使国家的财政状况发生明显改观,史载"人不益税,而国用以饶"②。

轻重学说与第五琦的榷盐制度都强调对盐业的垄断,但前者只是在农忙时节禁止人民自行煮盐,其他时节没有这样的限制,而后者则与西汉的盐业官营相仿,由政府常年全方位地垄断盐的生产和销售。不仅如此,第五琦还借助国家对盐业的完全垄断,任意抬高盐价以牟取暴利。在未实行榷盐制度的天宝、至德年间,"盐每斗十钱",而至第五琦任盐铁使时,盐每斗升至一百一十钱。第五琦的榷盐法虽然给政府带来了财政收益,但十一倍于原价不仅加重了人民的经济负担,且限制了自身的销路;同时,盐业完全官营又使榷盐机构人员庞杂、效率低下、贪污舞弊严重。这一切都说明国家的榷盐制度有待进一步调整完善。

---

① 《管子校注》卷第二十三《地数第七十七》,第1360页。
② [后晋]刘昫等:《旧唐书》卷四十九《食货志下》,北京:中华书局,1975年,第2116页。

第三章　借鉴与批判：三国两晋至唐代《管子》学术

刘晏（715—780），曹州南华（山东东明）人。他一生为官五十多年，从县令一直做到户部尚书、同中书门下平章事（宰相），曾担任度支、租庸、盐铁、转运使等主要理财职务达二十多年。他的理财工作不仅扭转了唐政权严重的财政危机，还使被战乱破坏了的社会经济得到恢复和发展。刘晏的主要举措有：

第一，对榷盐制度进行改革。其一，把国家对盐的全方位垄断改为官产商销。如何使榷盐既给国家带来财政收入又尽量减少实施中的弊端，是刘晏改革的重点。《管子·海王》中，桓公想对台榭、树木、六畜、人口征税，管子认为明令征税将引起人民的不满，他主张对百姓日常生活所必需的食盐、铁器加价，国家从而可把预征之税隐藏在这些加价之中。这种寓税于价的轻重之术为刘晏所借鉴。刘晏针对榷盐机构人员庞杂、国家开支巨大的现实，改官产官销为官产商销，即盐的生产仍由国家招募亭户（盐民）并统一组织，盐产出后国家把它们出售给商人，让商人直接卖给百姓，政府不再参与售盐活动。由于省去了中间的售盐环节，政府便借机裁掉了部分官员，于是节省了大量的财政开支。那么，国家的收入又从何而来呢？原来，刘晏把预期的财政收入全部转入到由官商售给私商的盐的转售价格中了，这与《管子》寓税于价的做法是前后相继的。政府不直接与百姓接触，避免了矛盾冲突，而榷盐的收入又不会减少，可谓事半功倍。其二，建立常平盐制度。国家把盐转售给商人后，是否存在商人无限制地抬高盐价的现象呢？在距盐场较近、盐商众多的地区，由于商人之间存在商业竞争，是不会出现这种情况的。但在距离产盐区较远的边荒地带，盐商减少，在没有充分竞争的条件下，他们可能会高价售盐以取得垄断利润。针对这一现实，刘晏借鉴了汉代耿寿昌的常平仓制度。他在边远地区设置了盐仓，并设官方售盐机构，这样做是为了与边远地带的盐商展开市场竞争。当盐价居高不下时，官方售盐机构就以稳定的、低廉的价格出售，以此限制私商、稳定市价。刘晏将其称为常平盐①。常平盐没有常平仓制度中敛之以轻的操作程序，但其散之以重的内容却是受到了后者的启发。无论常平仓还是常平盐，究其理论渊源，都是对轻重学说的应用实践。

第二，设置常平仓、平准法。《新唐书·刘晏传》记载："晏又以常平法，丰则贵取，饥则贱与，率诸州米尝储三百万斛。"② 以常平之法储米，可知是常平仓制度。"丰则贵取，饥则贱与"，说明是在轻重学说基础上发展起来的理财制度。史书又载："刘晏因平准法，斡山海，排商贾，制万物低昂，常操天下赢赀，以佐军兴。"③ 由此可知，刘晏还借鉴了桑弘羊的平准法。桑弘羊的平准法只设于京师，京师之外的经济活动则不受平准法的制约。这不仅影响了国家对各地的经济调控，更影响了国家在调控中的财政收入。刘晏则对平准法进行了完善，在各辖区设巡院作为市场管理机构，同时改造原有的驿站，把靠征派徭役传递信息改为重价招募"疾足"（类似于信息员），并增加这些"疾足"传递市场信息的任务。凭借遍布各地的信息网，刘晏能在较短的时间内掌握最新市场动态，指挥各地巡院吞吐货物，在各地区之间调剂供求。这样，就把桑弘羊只限于京师

---

① [宋] 欧阳修等：《新唐书》卷五十四《食货志四》，北京：中华书局，1975年，第1378页。
② [宋] 欧阳修等：《新唐书》卷一百四十九《刘晏传》，北京：中华书局，1975年，第4798页。
③ 同上书，第4806页。

的平准法扩展到了更广阔的空间。以重射轻、以贱泄贵的轻重之术，在刘晏的理财实践中得到完美的体现。

第三，改革以官抑商的经济政策。轻重学说主张国家采用商人的手段谋取利益、充实国库，这便决定了它以官抑商的性质。官商与私商之间这种不易调和的矛盾，在刘晏这里得到尽可能的化解。刘晏认为，灾荒之年，人民缺粮，其他的林、牧、渔、猎、手工制品仍有可能丰裕。国家应利用储备之粮同商人交换农副产品，并经常给予他们优惠。这样，受利益驱动的商人以自己的副产品交易官方的粮食，然后把粮食卖给受灾群众，并收购农民的农副产品，在售粮易副中，商人再一次获得实惠。双重的利益调动起商人的积极性，原来与官方在经济领域存在矛盾的私商，现在居然成了帮助国家救灾的重要助手。

刘晏是继桑弘羊之后出色的理财家。第五琦榷盐法的实施，每年收入仅六十万缗[1]。自刘晏对榷盐制度改革后，至大历末年（779），盐业收入已达到每年六百万缗。并且，其常平盐制度使"官收厚利而人不知贵"[2]，常平仓"率诸州米尝储三百万斛"[3]，而经完善了的平准法更使他能在宏观调控下对全国的市场做出统一部署，平衡了地区经济，避免了资源浪费。刘晏出色的理财实践使唐王朝"虽挐兵数十年，敛不及民而用度足"[4]。

---

[1] 《新唐书·刘晏传》持此说，而《新唐书·食货志四》载为"四十万"。（［宋］欧阳修等：《新唐书》，北京：中华书局，1975年，第4796、1378页。）

[2] ［宋］欧阳修等：《新唐书》卷五十四《食货志四》，北京：中华书局，1975年，第1378页。

[3] ［宋］欧阳修等：《新唐书》卷一百四十九《刘晏传》，北京：中华书局，1975年，第4798页。

[4] 同上书，第4806页。

二、货币功用与"利出一孔":陆贽、白居易对轻重学说的理论阐释

陆贽(754—805),苏州嘉兴(今浙江嘉兴)人。他对货币的认识主要集中于他给唐德宗的奏议《均节赋税恤百姓》之二《请两税以布帛为额不计钱数》。

《管子》认为,货币是民间贸易往来的中介,即"民之通施"。国家不但要垄断货币铸造,还要借助货币达到"以守财物,以御民事,而平天下"①的目的。怎样"执其通施""以御民事"呢?《管子》主张利用国家对货币的垄断权适时地发放与回笼货币,人为造成物之贵贱与货币多少的变化,使人民的贫富生计不得不依赖于政府。陆贽接受了这一观点,且进一步解释说:"先王惧物之贵贱失平,而人之交易难准,又立货泉之法,以节轻重之宜,敛散弛张,必由于是。盖御财之大柄,为国之利权,守之在官,不以任下。"②

《管子》又认为,适时地发放与回笼货币,可以调节市场,使经济运行正常化。通过调节流通领域中的货币量有效地干预社会经济,同样是陆贽货币论的内容。他说:"物贱由乎钱少,少则重,重则加铸而散之使轻;物贵由乎钱多,多则轻,轻则作法而敛之使重。是乃物之贵贱,系于钱之多少;钱之多少,在于官之盈缩""钱可收,固可以敛轻为重;钱不乏,固可以散重为轻。张弛在官,何所不可"。③ 前后对比,陆贽的观点实源

---

① 《管子校注》卷第二十二《国蓄第七十三》,第 1279 页。
② [清]董诰等:《全唐文》,北京:中华书局,1983 年,第 4752 页。
③ 同上书,第 4753 页。

于《管子》。

虽然陆贽对货币的认识在轻重学说的基础上多有阐发,但对国家能否以货币形式征税,他却持有与《管子》不同的态度。他认为谷帛与货币具有不同的性质,货币只能作为国家行使轻重之权、调节社会经济的工具,它不能代替百姓上缴的实物赋税。也就是说,国家不能以货币形式向人民征税,而只能实行实物税。陆贽的这种观点,源于两个方面的考虑。

首先,以货币形式征税会使国家丧失轻重之权。陆贽认为,"所征非所业,所业非所征"的货币税,只能迫使百姓"增价以买其所无,减价以卖其所有,一增一减,耗损已多"。① 如果以实物而不以货币征税,无论赋税之物的价格是涨还是落,都不会对官民双方造成损害,《管子·海王》曾提出以盐、铁加价的方式对人民征税,说明《管子》是主张国家以货币形式征税的。陆贽反对货币税而主张实物税,反映了他对轻重学说货币论认识的局限。货币是商品经济发展到一定阶段的产物,社会经济的货币化程度越高,国家利用货币调节经济的效果就会越好。如果"国家赋税的征收采取实物形式,则意味着一部分社会产品不经过商品交换就直接进入了消费领域,这无疑大大降低了社会经济的商品化、货币化程度,势必减弱国家对货币流通量的调节力度,影响轻重政策作用的发挥"②。

其次,陆贽反对货币税也是有其历史背景的。随着唐朝商品经济的发展,流通领域对货币的需求量也越来越大。而德宗

---

① [清]董诰等:《全唐文》,北京:中华书局,1983年,第4752页。
② 赵靖主编:《中国经济思想通史》(第二卷),北京:北京大学出版社,1995年,第383页。

时由于两税法的实施，社会上出现了钱荒，即由于流通领域中货币相对不足而引起的一种金融危机。在货币增值的情况下，以货币计税无疑是迫使人民卖掉比以前更多的财物才能完成货币税上缴任务。这显然会加重人民的纳税负担。

白居易对《管子》轻重学说也颇有研究。如前所述，强调货币对社会经济的调节作用是轻重学说的一个重要内容，白居易认可《管子》的这一观点。他在《策林一·十八》"辨水旱之灾，明存救之术"中说，农民收成的丰歉，有赖于是否风调雨顺。丰年有余，而灾年不足。为了调剂丰年与灾年的农粮，国家铸造货币，在丰年购买粮食，在灾年出售粮食。购买粮食时，价格稍高，使农民受益；出售粮食时，价格偏低，以此赈济灾民。这是对管仲轻重学说的运用。但管仲轻重学说并非唯货币论，它在强调货币调节作用的同时，对被称为"民之司命"的"五谷粟米"也极为重视。它曾提出"谷独贵独贱"论，对此，学者巫宝三解释说："我们认为《轻重》篇的'谷独贵独贱'论，主要是就谷物的独特性（'民之司命'）和封建国家特别重视谷物而言的。《国蓄》篇说谷物是万物之主，就是说它具有独特的使用价值。谷物纵然与其他各物以及货币具有一定比价，但谷物可以用聚藏政策来提出它与其他各物的比价，而其他各物则不具有此特性。"[①] 由于谷物的这种独特性，它在相对意义上就具有了货币的调节作用。与《管子》把货币和谷米作为调节社会经济的两个手段一致，白居易在《策林二·二十》"平百货之价，陈敛散之法请禁销钱为器"中亦说："夫钱刀重

[①] 巫宝三：《管子经济思想研究》，北京：中国社会科学出版社，1989年，第340页。

则谷帛轻，谷帛轻则农桑困，故散钱以敛之，则下无弃谷遗帛矣；谷帛贵则财物贱，财物贱则工商劳，故散谷以收之，则下无废财弃物矣。敛散得其节，轻重便于时，则百货之价自平，四人之利咸遂。"① 他将"散钱以敛之""散谷以收之"相对并提，实际是承认"钱""谷"二者均具有调节社会经济的作用。很明显，这是对《管子》思想理论的承继。

白居易对《管子》的研究还表现在他对轻重学说"利出一孔论"的独特阐释。《管子·国蓄》说："利出于一孔者，其国无敌。出二孔者，其兵不诎。出三孔者，不可以举兵。出四孔者，其国必亡。先王知其然，故塞民之养，隘其利途。"② 白居易在《策林二·二十二》"不夺人利，议盐铁与榷酤诫厚敛及杂税"中也提出"利出一孔论"，说："利出一孔者王，利出二孔者强，利出三孔者弱。此明君立国子人者，贵本业而贱末利也。"③ 虽然白居易借鉴了《管子》的表述方式，其"利出一孔论"的实际内涵却与轻重学说不同。他盛赞唐尧、夏禹、汉文帝"薄农桑之税，除关市之征，弃山海之饶，散盐铁之利"的财政制度，批评秦始皇、汉武帝、隋炀帝"入太半之赋，征逆折之租，建榷酤之法，出舟车之算"的横征暴敛，认为"善为国者"应该在"欲节而用省"的基础上，"不求非农桑之产，不重非衣食之货，不用计数之吏，不蓄聚敛之臣"④。也就是说，

---

① ［清］董诰等：《全唐文》，北京：中华书局，1983年，第6824页。
② 《管子校注》卷第二十二，第1262页。
③ ［清］董诰等：《全唐文》，北京：中华书局，1983年，第6826页。
④ 同上。

"利出一孔"应在"贵本业而贱末利"[①]的基础上只求农桑之税,而兴盐铁之利、行榷酤之法则是理财者所应贱视的。白居易对"利出一孔"的阐释与轻重学说主张打击富商大贾以充实财政的做法是不同的,甚至与传统的重本抑末思想也大相径庭。设想,如果白居易的"利出一孔论"付诸理财实践,岂不是农民的纳税负担更加沉重而工商业者可以逍遥于赋税之外,以至贫者愈贫、富者愈富吗?然而在白居易看来,这种情况是不会出现的。因为货币具有调节经济的作用,所谓"君操其一,以节其三","一"指货币,"三"指农、工、商,只要"国家行挟铜之律,执铸器之禁,使器无用铜",完全掌握"采铜铸钱"之权,适时地"权节重轻",是完全能使"三者和钧"[②]的。

同陆贽一样,白居易也反对以货币形式征税,主张恢复"计谷帛为租庸"的制度。陆贽、白居易均反对赋税征钱,这自然是两税制实施以来人们反对税制改革的体现,然而也反映了他们对已过时的租庸调制度的怀旧情绪。

---

① [清]董诰等:《全唐文》,北京:中华书局,1983年,第6826页。
② 同上书,第6824页。

第四章
以《管子》说管仲：宋元《管子》学术

　　管仲的思想是《管子》成书的理论基础，但就《管子》一书而言，究竟可以将哪些文句、哪些篇章视为管仲思想的直接表述，是一个难以辨清的难题。认为《管子》的思想就是管仲的思想，或以《管子》来说管仲，是不可取的。这一时期的《管子》学术偏偏在这一问题上停滞并纠缠。评论《管子》，常常把结论归结到管仲身上；谈及管仲，又常常搬出《管子》来做证明。苏轼以《管子》中的军旅编制问题来诠释管仲之霸道，南宋范竣认为管仲强国安民之术体现于《管子》，元代吴海认为管仲心私、识浅、功羞，并说《管子》"开后世无穷之祸"，均是混淆管仲与《管子》、识其同而未辨其异的表现。吴海所论，略显偏激。但从侧面看，肯定与否定同在，褒扬与针砭不离，正是学术史问题之争趋于真实的表现。

财经与文化：发生的时代背景

从财经方面看，北宋建立之初，国家不存在财政拮据的问题。宋仁宗时期，财政支出日繁，作为主要财政来源的田赋收入却逐年递减，这种现象的发生与当时朝廷的政策导向有关。早在宋太祖初得天下时，为了争取官僚地主的支持，朝廷便对土地兼并采取了不抵制政策，由此导致大片良田被他们攫取占有。这些人不仅占据着大片土地，还想方设法隐瞒欺报、逃避地租，引起赋税大量流失。从宋真宗天禧五年（1021）到宋仁宗皇祐年间的短短三十年时间里，纳税土地从500多万顷减少到200多万顷。当然，从历史发展的角度看，宋代商品经济极为繁荣。伴随商品经济的发展，工商税收入逐年递增，并成为赋税主要来源，这也是田赋所占比率日减的重要原因。

宋太祖、太宗时，天下尚能恭俭简易。自真宗至仁宗，世风渐颓。南宋立国，苟且、华靡之风未见有多大收敛，随着宋金对峙局面的形成，这种不良的士风继续扩散、蔓延。孝宗乾道三年（1167），朝廷不得不下诏"戒士大夫因循苟且诞谩奔竞之弊"[①]，

[①] 《宋史全文》卷二十四下。见《钦定四库全书》。

由此可见当时社会风气之堕落。在这种情况下，统治者只好想方设法在官榷的盐、茶、酒上加大对人民的盘剥力度，在工商税上竭泽而渔，在田赋收入上明征暗夺。农民除了缴纳正常的地税和户税外，又被迫缴纳官府巧立名目的各种附加税。此外，统治者还利用会子的发行，通过通货膨胀鱼肉人民，这种季世征敛之法加速了南宋政权的灭亡。

在保护社会生产力、发展社会经济方面，元代统治者经历了一个思想转变的过程。元代的国家财政，自始至终不太乐观。尽管《元史·食货志》对世祖、成宗时的赋税、理财颇有褒辞，但元之治世远非汉之文景、唐之贞观。这从世祖在位时仍然攻战不已，以致频招理财之臣商讨急于富国的举措可以看出。成宗大德四年（1300），中书省上奏："比年公帑所费，动辄巨万，岁入之数，不支半岁，自余皆借及钞本。"[1] 此后，元廷的财政每岁愈下。于是，统治者不得不以搜刮百姓为职事。总之，元廷是在财政困窘的艰难岁月中走完其百余年历程的。

从文化方面来说，两宋时期，源于科举变革、系于官方抑扬而导致的不同学术兴衰更迭，构成这一时段较可注意的文化发展态势。

庆历三年（1043），范仲淹上疏《答手诏条陈十事》，意在改变科举专以诗赋、墨义取士的旧制而重视德行与策论，虽然庆历新政仅一年多就失败了，但范仲淹的科考改革却使人们对儒家典籍的认知态度发生改变，并促成学习方法上由重章句训诂、守家法师法向疑传疑经、轻传注重义理的转变。正是科考

---

[1] ［明］宋濂：《元史》卷二十《成宗三》，北京：中华书局，1976年，第426页。

导向的改变，刺激了当时固守经传的沉闷的治学传统，使之开始朝与现实相联系的务实、自由的学术生态转向。人们对待儒家原典不再恪守统一的标准，往往凭个人的理解阐述论说，或大胆怀疑儒家经传、撰著新义，或继承儒家内圣外王的传统救时行道，或汲纳佛、道二家思想来建构自己心中的儒学理论体系，以致出现"学术不一，一人一义，十人十义"[①]的现象。可以说，传统儒学在宋代出现了许多新的变化。这种具有新式特征的儒学被人称为新儒学。

熙宁二年（1069），王安石在神宗支持下进行变法。熙宁八年（1075），《三经新义》经奏告神宗后颁行天下，成为科举考试的人才录用凭依。王安石新学出现后，汉唐章句训诂之学在经学中的统治地位遂即终结。王氏新学以出入百家、唯合理是求的文化会通精神，不仅于儒家经义多有发明，还大大提高了传统儒学的理论思维水平。甚至在王安石新政失败以后，其变法的反对者也不得不承认《三经新义》对儒家经典诠释精深、多得前人之未得。值得一提的是，《三经新义》成为北宋中后期科考的定本。

除直接产生于王安石科举变法的新学，由范仲淹"精贡举（即严密贡举制度）"改革开其端，在疑经疑传、自作经义之风中还孕育产生了蜀学与理学，其中理学与新学的彼此消长，尤其体现出官方抑扬对于学术兴衰更迭的重要影响。

宋代理学融儒释道三家精义于一体，其创始人为周敦颐，

[①] ［元］马端临：《文献通考》卷三十一《选举四》，北京：中华书局，1986年，第293页。

经过张载、程颢、程颐的发展，至南宋朱熹形成完整的理论体系。在新学流行的北宋中后期，理学的传播受到官方遏制。宁宗庆元年间，韩侂胄"设伪学之目，以网括汝愚、朱熹门下知名人士……三年，刘三杰入对，言前日伪党，今变而为逆党"①。可知，理学在当时被朝廷视为伪学，理学家也被朝廷视为伪党甚至是逆党，理学及理学家在韩侂胄掌权下的命运可想而知，本来在科举中占有一席之地的理学如今却被清除出了科举阵地。宁宗开禧二年（1206）韩侂胄主持的北伐金朝的战争失利，韩侂胄也被杀。自此，理学及理学家又活跃起来。与此相应的是，习于理学的士人在科举中占据了绝对优势。在理宗的推崇与支持下，特别是理学成为场屋（科举时代试士的场所）时尚、研习理学成为获取科第功名的一条捷径时，理学便借助官方的庇护迅速兴盛起来。

而元代建立后，科举制迟迟未得到恢复。自忽必烈继蒙古大汗位的中统元年（1260）之后的五十多年间，科举制度一直未得到施行，直到元仁宗延祐二年（1315）才第一次开科取士。自此至顺帝至正二十六年（1366）的五十一年间，除六年中断外，共开科十六次，在蒙古、色目、汉人、南人中取士一千二百人左右，并且无论是考试还是录取，都存在不同等考量的情况。例如，在一千二百人中，汉人中举者不足一半，以汉人人口之多而言，汉人晋身概率之低可想而知。

如果从蒙古灭金（1234）算起，到元代第一次开科取士，

---

① ［元］脱脱等：《宋史》卷四百七十四《奸臣四》，北京：中华书局，1977年，第13773页。

科举制度停滞长达八十年之久,这在中国科举历史上是停废时间最长的一次。在这段时间内,元廷选人用人的对象主要集中于贵族外戚、有功勋的旧臣、有军功的武将和其他一些非常规所取之士。造成这一现象的原因是多方面的:就最高统治者而言,尚武力竞击、重实用黜浮华是其传统,他们向来对自隋唐以来以词赋取士的制度表示否定。与通过科举选拔官员相比,元代统治者更注重由吏入官的诠选途径。在他们看来,官与吏二者没有多大的区别,由吏入官、官由吏生、吏为官备是元代常制。凡此,均是科举在元代倍受阻遏的原因。对于大多数汉族知识分子来说,虽然渴望早日恢复科举制度,但事实上他们对于科举之弊也有清醒认识,特别自宋以降,汉人在与西夏、辽、金的战事中频频失利,最后北宋灭亡而南宋偏居一隅,更引起了他们对传统科举的质疑。于是,一些接近蒙古最高统治者的汉人自觉举起反对科举的大旗。这对科举八十年不兴也是一种无形的助推力量。

第四章 以《管子》说管仲：宋元《管子》学术

对管仲与《管子》的评判：
宋元《管子》学术（一）

一、刻本出现与军旅诠释：《管子》官方地位提升及苏轼《管仲论》

科举制源于汉代的察举。察举，就是考察人才之后予以荐举任官。汉代的察举可分为诏举特科与岁举常科。诏举特科用来选拔非常之才，常见的是贤良方正，一般采用"皇帝下诏指定策试科目、地方长官举荐应试者、皇帝提出策问、举子对策回答然后区别评定等第的书面考试方式""这种策问和对策的考试形式一直被沿袭下来，在汉隋间策试秀孝、唐宋时制科策试、明清时殿试对策中长期延用"[1]。而岁举常科有孝廉科、秀才科，由于秀才科重实际才能，代表着察举制的发展方向，因而此种考试一直延续到隋唐时代，而后被进士科取代。隋唐至宋，以进士科考试为主要形式的科举制开始形成并逐渐完善。而就当时的制科与进士科而言，进士及第不能立即授官，而制科登第

---

[1] 刘海峰、李兵：《中国科举史》，北京：东方出版社，2004年，第11、19页。

119

可直接入仕，所以，一些进士及第者也有应制科者。从这一角度而言，制科的地位及难度似比进士更高一些。

在唐代，《管子》没有得到官方认可，但在科举的改革与完善中，有人提出将其列入应试者必读书目的建议。到了北宋，《管子》终于被列入科举考试的采题范围，成为制科应试的内容之一。宋代的制科考试在太祖乾德二年（964）就已实行，当时有贤良方正能直言极谏、经学优深可为师法、详闲吏理达教化三科；真宗景德年间（1004—1007）增三科，不久废止。仁宗天圣七年（1029）又恢复制科且增至十科。据有关文献记载，《管子》被列入制科采题大概是在仁宗时。

苏轼、苏辙于《管子》均有研究。在这里，我们对苏轼关于《管子》的研究中的一些见解论次如下。

据《左传》记载，齐桓公返回齐国登上齐侯之位是在鲁庄公九年。鲁庄公十五年，即管仲相齐的第七年，齐国就称霸诸侯。因此，探讨齐桓公如何在管仲的辅佐下成就春秋霸业，成为后世学者如荀卿、韩非、司马迁等关注的话题。苏轼曾阅读《管子》并作有《管仲论》，该文对齐桓称霸成因的探析颇有特色。

《管仲论》说："吾尝读《周官》《司马法》，得军旅什伍之数。其后读管夷吾书，又得《管子》所以变周之制。盖王者之兵，出于不得已，而非以求胜敌也。故其为法，要以不可败而已。至于桓文，非决胜无以定霸，故其法在必胜。繁而曲者，所以为不可败也。简而直者，所以为必胜也。"[1] 苏轼认为，王

[1] [宋]苏轼：《苏轼文集》卷三《论》，北京：中华书局，1986年，第87页。

者之兵与霸者之兵性质不同。前者具有"出于不得已"的自卫性质,后者具有"决胜""以定霸"的进攻性质。在军旅编制上,前者"繁而曲""故其为法,要以不可败而已";后者"简而直""故其法在必胜"。

"凡制军,万有二千五百人为军。……二千有五百人为师,师帅皆中大夫。五百人为旅,旅帅皆下大夫。百人为卒,卒长皆上士。二十五人为两,两司马皆中士。五人为伍,伍皆有长。"① 其军旅编制图示如下:

$$1\ 军\ 12\ 500\ 人 = \begin{array}{c} 1\ 师\ 2\ 500\ 人 \\ \times \\ 5\ 师 \end{array} = \begin{array}{c} 1\ 旅\ 500\ 人 \\ \times \\ 25\ 旅 \end{array} = \begin{array}{c} 1\ 卒\ 100\ 人 \\ \times \\ 125\ 卒 \end{array} = \begin{array}{c} 1\ 两\ 25\ 人 \\ \times \\ 500\ 两 \end{array} = \begin{array}{c} 1\ 伍\ 5\ 人 \\ \times \\ 2\ 500\ 伍 \end{array}$$

但管仲治兵显然是另一类型的用兵之法。下面我们看《管子·小匡》是如何记载这种军旅编制的:"管子乃制五家为轨,轨为之长。十轨为里,里有司。四里为连,连为之长。十连为乡,乡有良人。以为军令。是故五家为轨,五人为伍,轨长率之。十轨为里,故五十人为小戎,里有司率之。四里为连,故二百为卒,连长率之。十连为乡,故二千人为旅,乡良人率之。五乡一师,故万人一军,五乡之师率之。"② 其军旅编制图示如下:

$$1\ 军\ 10\ 000\ 人 = \begin{array}{c} 1\ 旅\ 2\ 000\ 人 \\ \times \\ 5\ 旅 \end{array} = \begin{array}{c} 1\ 卒\ 200\ 人 \\ \times \\ 50\ 卒 \end{array} = \begin{array}{c} 1\ 小戎\ 50\ 人 \\ \times \\ 200\ 小戎 \end{array} = \begin{array}{c} 1\ 伍\ 5\ 人 \\ \times \\ 2\ 000\ 伍 \end{array}$$

苏轼认为这种军旅编制的特点是"截然而易晓""如贯

---

① [清]阮元校刻:《十三经注疏》卷二十八《周礼注疏》,北京:中华书局,1980年,第830页。
② 《管子校注》卷第八,第413页。

绳，如画棋局，疏畅洞达，虽有智者无所施其巧"。① 对比"繁而曲""简而直"的两种编制，可以看出内部人数的差异。在苏轼看来，管仲正是凭借这种"简略速胜之兵""以岁月服天下"的。

值得注意的是，苏轼把这种"简而直""以之决战，则庶乎其不可败，而有所必胜"的军旅编制，认作是管仲"所以变周之制"的结果，说明在苏轼看来，管仲是深谙兵法的，而其所以"变周之制"则完全是出自称霸诸侯的需要。这实际上就把管仲佐桓公称霸诸侯的主要凭依手段揭示了出来，把军旅编制即军事思想归结为齐桓称霸的内在成因。这既是立足于霸者之兵的军事思想高度对齐桓称霸做出的新定位，也是对《管子》霸者之书、《小匡》篇军旅编制霸道性质的全新诠释。

二、荒政解说与三代立场：吕祖谦、叶适对《管子》的解读

吕祖谦（1137—1181）是南宋主张经世致用的浙东学派——婺学的代表人物。在其著作《大事记解题》卷十二中，他详述了汉武帝的盐铁官营政策，之后以《管子》的《海王》《轻重甲》《轻重乙》有关文字为参照，提出"盐铁之议自管仲始"②的观点。尽管吕祖谦不考虑管仲思想与《管子》思想之间的渊源关系，断然以《管子》的《轻重》篇解说管仲盐铁政策这一做法有欠妥当，但他对《管子》"官山海"政策与汉武

---

① ［宋］苏轼：《苏轼文集》卷三《论》，北京：中华书局，1986年，第87—88页。
② ［宋］吕祖谦：《大事记解题》卷十二。见《钦定四库全书》。

帝置榷盐铁的比较却颇有见地。他认为，管仲对盐铁的管理采取了取税于民的方式，国家偶尔借口农事不许人民聚众煮盐而实施官榷只是权宜之计，并不是长久地施行。而汉武帝置榷盐铁则是与民争利，"尽榷以给征伐之用"。对比前面关于武帝盐铁官营与《管子》"官山海"异同的分析，吕氏的观点无疑具有重要参考价值。

但这并不表明吕氏对《管子》盐铁政策抱有好感，实际上他对《轻重》篇所宣扬的轻重敛散之术并没有太高的评价。轻重敛散之术的起源问题，前人多未涉及。吕祖谦认为它是古代荒政的支流，这在轻重学说起源论上具有开拓性意义。《轻重》篇确有关于荒政的记述，如《轻重丁》中桓公以齐东之粟赈济齐西之民，又体现了重视储蓄的思想。从这些记载推测，轻重学说是带有古代荒政遗留的。当然，类似的内容在整个《轻重》篇仅几现，我们不能以偏概全，将二者混同。轻重学说虽重视粮食储蓄，但其目的不是赈济灾荒。国家凭借丰厚的储蓄控制人民的口粮，在故意造成供给不足中达到对人民的控制、驾驭，这才是其真正的目的。它与古代荒政强调储蓄粮食以备凶荒截然不同。因而，吕祖谦认为"荒政，一变为敛散轻重，先王之制因坏"① 是有道理的。

傅玄曾认为《轻重》篇鄙俗，惜未对"鄙俗"二字加以解释。吕祖谦不仅指出轻重敛散之术源自荒政，还做出"《管子》《轻重》一篇，无虑百千言，不过君民互相攘夺，收其权于君

---

① ［元］马端临：《文献通考》卷二十六《国用四》引吕祖谦说，北京：中华书局，1986年，第255页。

上,已非君道"的诠释。这不仅有助于揭示"鄙俗"的含义,同时也标志着学者们对《轻重》篇认识的加深。

叶适(1150—1223)是南宋永嘉学派的代表人物,其《习学记言序目》第四十五卷对《管子》一书进行了解读。

唐代韩愈为了复兴儒学、对抗佛老,提出自尧舜以来一脉相承的道统。宋代理学家对韩愈的道统进行改造,在孔、孟之间加入曾子、子思,并以"二程"作为圣人之道的接续者。叶适对这样的道统论显然是持批判态度的。这不仅表现在他不同意理学家以接续圣人统纪自命而排斥其他学派,还表现在他对理学家构造的由古至今绵延不绝的道统传承的否定。叶适说,道始于尧,次舜,次禹,次皋陶,次汤,次伊尹,次文王,次周公,次孔子。但孔子之时礼崩乐坏,道已分散而不可复。子思、孟轲之时,他们对道的理解失于偏颇;及至后世,更是陷于困惑乃至谬误。叶适认为,所谓的道统只限于尧舜至周公、孔子之间,后世学者已不能传承唐虞三代之道。

不过,对受到孔子倍加赞誉的管仲,叶适却充满钦慕之情。叶适援引《左传·鲁僖公七年》齐国德礼外交一事,试图证明管仲对唐虞三代之道的传承。叶适认为在周室衰颓之际,管仲九合诸侯、尊王室攘夷狄,与三代的王道没有什么区别。

在叶适看来,《管子》之所以取名为"管子",是因为记载了"齐桓、管仲相互谋议之辞",这部分内容主要体现于"三匡"(即《大匡》《中匡》和《小匡》)之中。从管仲传承唐虞三代之道的角度看,"三匡"记叙之事,不仅"复重杂乱",而且"浮传妄说"。其中,关于制乡、属之分(即定全国为二十一个乡,分别又包括商、工、士、农之乡)的说法"纵横参乱,

第四章 以《管子》说管仲：宋元《管子》学术

尤不近理"①，已不是对管仲治齐的原始记录了。依这样的标准对《管子》"三匡"进行评判，说明叶适对《管子》中管仲实施内政改革的部分彻底否定了，而否认《管子》记载的内政改革的史料性，实际上就把管仲功业得以实现的物质基础无形中消除了。这样，管仲佐齐桓公建立的"尊王攘夷"之功，便不得不只依赖于叶氏所谓的唐虞三代的理想王道。事实上，也唯有《管子》的这一思想才得到叶适认可，也就是叶适所说的"独言其能厚施薄报，隐武行文，存亡继绝，则不得而异"的论点。然而，在当时礼乐渐衰、纲纪松弛的历史条件下，完全依赖周孔之道而没有强大的军事、经济基础做保障，是很难完成"尊王攘夷"重任的。身为功利主义者的叶适只看到管仲最后的功业，却忽视了其取得功业的物质基础。于是，以唐虞三代理想王道解读《管子》，便成为叶适《管子》研究的一大特色。

叶氏认为，《管子》一书尤其谬妄者，莫过于《轻重》篇；《轻重》篇谬妄之甚，莫过于盐铁政策。他根据《周官》"官自造盐食用""不榷卖"以及《左传》齐景公时齐国盐榷的记载，推测管仲之时并无盐铁禁榷之事。因此，他对后世言盐铁之利莫不遵从管仲而使其"蒙垢万世"的现象极为不满。

虽然《管子》一书多受到叶适批判，但对于其中的周孔之道，他还是加以肯定的。如《管子·戒》中管仲说："今夫人患劳，而上使不时。人患饥，而上重敛焉。人患死，而上急刑焉。如此而又近有色而远有德，虽鸿鹄之有翼，济大水之有舟楫也，其将若君何！"②叶适评论说："则未知其为管仲之言欤？……虽

---

① ［宋］叶适：《习学记言序目》，北京：中华书局，1977年，第668—669页。
② 《管子校注》卷第十，第513页。

设言之也，亦近之矣。故孔子曰：'节用而爱人，使民以时。'"①以此与上述所论相对比，我们更清晰地看到叶适在解读《管子》时鲜明的三代立场。

三、其书可用与四维不可缓：范浚、杨冠卿等对《管子》的解读

范浚（1102—1150），浙江兰溪人，著有《香溪集》二十二卷。《香溪集》有《读〈管子〉》一文，对《管子》、管仲均有论及。

范浚认为，管仲辅佐桓公"九合一正""威攘夷狄"，其功之大，可与稷植五谷、契之教化相比，因为东周之存有赖于齐侯，齐侯之成功则有赖于管仲。有人说："仲不能王其君，而区区佐以霸道。故孔子称其小器。"这种观点是不正确的。齐侯为霸，则周室不覆，尚可存活；若齐侯舍霸称王，必以周王室的覆灭为前提。管仲是不希望周王室灭亡的，且设法劝导齐侯尊奉周天子。既然如此，管仲又怎能让齐侯称王呢？葵丘之会，管仲力谏齐侯践行君臣之礼，说明管仲始终劝其君尊周。至于孔子称管仲"小器"，乃是"薄仲之三归反坫，以为不先自治"而已。如果孔子真是从功业的角度讥其"不能王其君"，怎么会有"民到于今受其赐"这样的赞语呢？②

在《读〈管子〉》一文中，范浚还对《管子》大加赞赏。他认为，管仲"强国安民"的思想正体现在《管子》一书中，

---

① ［宋］叶适：《习学记言序目》，北京：中华书局，1977年，第671页。
② ［宋］范浚：《香溪集》卷五《杂著》。见《钦定四库全书》。

"人君苟即其书，择可用用之，犹足以致一正九合之盛。秦汉而下，未闻有致君若仲之相齐者"。范浚生活于宋室南渡前后，民族矛盾、朝廷内部矛盾激烈尖锐。作为一名洞悉时变的爱国志士，他褒扬管仲、肯定《管子》一书的治世价值，正体现出其在特殊的时代风会下，于学术研究中深寓现实关怀的治学倾向。

杨冠卿（1138—?），江陵（今属四川）人，曾为九江戎司掾，其《客亭类稿》有《礼义廉耻》一文。

该文认为，《管子》一书"无甚高难行之说"，《牧民》首篇关于四维的论述，是管仲治齐之要，"齐之所以强，桓公之所以霸，皆管仲斯言维持效也"。显然，他把四维论看作是管仲的施政纲要。针对柳宗元《四维论》提出的"四维者，吾见其有二维。未见其所以为四也""四维者非管子之言"[①] 的论断，他从理政时效的角度辨析并否定了柳宗元所持礼义廉耻不可并立的观点，重新申明了四维论说的正确性。

值得注意的是，杨冠卿以《管子》所倡的四维治世审视当下，表达了对时风世俗强烈不满的情绪。在他看来，"近世之士"不讲礼义廉耻者十有八九，他们"见利则逐，见便则夺，判于礼义而汨丧廉耻"，这与贾谊批评汉初"廉耻不立"的社会状况相比，又远过之而无不及。当下的情势，是"政如痿人之疾，骎骎乎日沦于膏肓而莫之振起"。许多人不但不厉行礼义廉耻，反"以唐人二维之论为口实，而谓'夫四维之言非管子之言'，不足以训"而自我放纵、毫无管制。失去道德与制度的约

---

① ［唐］柳宗元：《柳河东集》卷三《论》，上海：上海人民出版社，1974年，第49页。

束,国家则无力统"御群臣""人皆怀德勠力,国家巩固有金城之势"的美好愿景将遥不可及。所以杨冠卿认为:"四维之厉在今日,诚不可朝夕缓也。"① 很明显,杨冠卿作《礼义廉耻》的直接目的,是想厘正人们对《管子》四维论的错误认识,揭穿社会上假借柳宗元言论以逃避四维教化的丑陋现实,并号召整个社会厉行四维以匡正时弊。

黄震(1213—1280),浙江慈溪人,他对《管子》的研究见于其随笔札记《黄氏日抄》。

在黄震看来,管仲尊王攘夷之功远不是后人所能创建的,但与叶适认为在管仲身上体现了唐虞三代之道不同,他认为管仲"救世之功"靠的是"假仁义"②。他说,自春秋至战国,世风渐衰,已不复有三代王道之举。管仲致诸侯以尊周,完全是出于功利之心,而其所以成就功名,只不过假借王道大义,非出于王道之真心。黄震尊崇孟子,对于位列道统且颇受孟子批评的尚功利、假仁义的管仲,当然贬而斥之。

当时佛、道猖獗,世人沉溺其中不自知,一些学者又托儒学之名售佛老之实,这令以捍卫周孔之道自任的黄震不满。于是,他对自春秋以来与周孔之道乖违的诸子学说大加贬斥。他将先秦诸子分为两类,一类是得志成就功名者,如管仲、晏婴、苏秦、张仪、申不害、韩非;一类是不得志而为横议者,如老聃、庄周、列御寇、邹衍。他认为,前者祸及一时,后者祸及万世。黄震此论,虽缘于对佛、道的批判,其对管仲的态度却

---

① [宋]杨冠卿:《客亭类稿》卷八。见《钦定四库全书》。
② [宋]黄震:《黄氏日抄》卷五十三《读杂史三》。见《钦定四库全书》。

第四章　以《管子》说管仲：宋元《管子》学术

显而易见。他认为，得志于当世而又取得功名的管仲，不同于那些不得志于当世而纵横议论的老、庄之流，前者为文多"责实之政"，后者为文尚"清虚"贵"诬诞"。因而，针对《管子》中出现的某些颇觉怪异的篇章，如《心术》《内业》《侈靡》《宙合》，黄震或言其"影附道家以为高"，或言其"刻斲隐语以为怪"，直接表达了对这些篇章思想的否定性态度①。

黄震认为，《管子》中能体现"管子之情"的是《牧民》《大匡》及《轻重》诸篇。三者相比，尤以《牧民》近之。"仓廪实则知礼节，衣食足则知荣辱。礼义廉耻，国之四维。四维不张，国乃灭亡"是《牧民》篇的精神要旨，而《牧民》是"管子正经之纲"②。

对于《轻重》篇，黄震反复强调其多术，这一特点与"以权术成伯业"的管仲正相契合。管仲权术在《轻重》篇中有隐约体现，这便是：第一，转虚为赢，善于足民（通过调整余缺，使缺者亦足）。第二，量低与昂，善于权民物之宜（通过调剂物价，使商品供求合理）。第三，推其术以戕邻国。第四，寓税于盐铁。不过，上述权术思想早已湮没在《轻重》篇"琐屑""以成其私"，以至于"盐计食口，针刀耒耜每加分以尽其利""颠倒一世，如弄婴儿于掌股之上"③的附会言说中了。由此而言，《轻重》篇之多术是远甚于管仲权术的。相较《牧民》《大匡》，对《轻重》篇的评价更多体现了黄震在道统思想支配下《管子》权谋诈术的否定性态度。

---

① ［宋］黄震：《黄氏日抄》卷五十五《读诸子一》。见《钦定四库全书》。
② 同上。
③ 同上。

四、霸道当读与其术则诬：刘因、吴海对《管子》的诠释与批判

元代刘因的《叙学》是一篇"陈读书为学之次叙"的文章，在言及诸子书必读书目时提到《管子》，认为"《管子》一书，霸者之略，虽非王道，亦当读也"①。从《管子》学术史的角度看，把《管子》书和桓管霸业相联系，并不是一个具有创见性的论点，因为早在西汉刘安的《淮南子·要略》中就已提出："桓公忧中国之患，若夷狄之乱，欲以存亡继绝，崇天子之位，广文、武之业，故管子之书生焉。"② 至于认为《管子》"非王道"，历史上虽有人表示过类似的观点，但像刘因这样明确提出，且以王、霸对举对《管子》一书做出定位的却不多见。虽寥寥十余字，难成体系，但在《管子》研究比较冷清的元代，刘因之论依然值得重视。他持论较为稳妥，不激不励，此种治学风格是同为研究《管子》学术的元末明初的吴海无法相比的。

吴海是福建闽县人，活动于元末明初，《明史》将其列入"隐逸"类，四库馆臣视其为元人。

吴海治学，仅把官方规定的经学类书籍及官修史书作为学问正宗。在他看来，杨墨佛老之类，是"六经"之贼；管商申韩之类，是治道之贼；遗事外传之类，是史书之贼；芜词蔓说之类，是文章之贼。对于这些无补于"六经"、治道、史氏、文章的典籍，他希望"上之人有王者作，将悉取其书而禁绝之"。只有这样，才能使读书人学正而道明，书籍方可有益于世。为了

---

① [元] 刘因：《静修续集》卷三《叙学》。见《钦定四库全书》。
② 何宁：《淮南子集释》卷二十一，北京：中华书局，1998年，第1460页。

维护理想中的圣贤之道，吴氏设计出极端的文化专制政策，竟然想除去禁书以绝其根本，利用政权的高压手段强令民间不刊、不售，场屋、民间不得征引，并妄想借此禁锢童蒙以纯其心志。

在这样一种学术偏见的侵袭下，《管子》一书，甚至那些对《管子》有过褒扬的学者便遭历了一次灭顶性打击。

首先，吴氏对管仲及《管子》发表评论。他认为，管仲相桓公所行之事虽正，但其心则私，其功则羞，其识则浅，其不仁远矣；《管子》一书明法设利，无正君导民之术，若辑而刊之，则开后世无穷之患。其次，他认为历史上杨忱、苏轼、张嵲对管仲的评论皆不足道。依吴氏，管仲所行仅为"搂诸侯以相伐，擅其势而窃其利"的霸术，与"正君道民"的王者之术相去甚远，杨忱将"王霸混之"是不正确的。管仲"不仁亦甚"，故苏轼"犹以为仁"的论断亦不确。张嵲曾赞《管子》为天下奇文，对管仲功业也颇为激赏，并认为《心术》《白心》《内业》是管仲功业之本。由于吴氏不认可管仲与《管子》，所以他反对张嵲之说，认为《心术》等篇仅是"心术之微"的表现，并不光大澄明，这与管仲之私、之狭正相对应。而实际情形又是怎样呢？杨忱王霸并论，意在指出二者具有相同之处，霸术是春秋周室式微之际王道的特殊表现。如果以此认为杨忱混淆王霸，似乎不确。苏轼以仁称许管仲，恐怕是受孔子影响而尊管仲事功，吴氏故作"何哉"的反问，实属无稽。张嵲以《心术》等篇论管仲功业自是不确，但赞赏其文，却无可追咎，若以"区区无足道"全然否定，显然不是客观的评论。总之，吴海以近乎虚无的思想对管仲、《管子》及前人论断进行集中抨击，这在《管子》学术史上是罕见的。

轻重学说与财经管理：
宋元《管子》学术（二）

一、广置常平仓与榷盐通商：李觏对轻重学说的诠释与完善

李觏（1009—1059），建昌南城（今江西南城）人，其《平土书》《富国策》专门讨论社会经济问题，这在封建士大夫的学术著作中极为罕见。

李觏认为，礼义产生于人们为满足生存欲望而进行的社会经济活动。为了满足饥渴的内在需求、躲避寒暑的外在环境，人们殖百谷、为炊饮、为衣服、为宫室、为器皿。当人们在一系列经济活动基础上生存下来的时候，很自然地产生夫妇、父子、长幼、君臣、师友等社会关系，与此相联系的礼义等社会规范与伦理道德也应运而生。这实际上承认，礼义不仅表现为社会纲纪伦常，也包括最基本的物质生存条件。由此而论，礼与经济利益是紧密结合的，义与利二者是统一的，重视发展经济、肯定对物质利益的获取，实际上是礼义本身的内在要求。李觏的这种义利统一观与《管子》"仓廪实则知礼节，衣食足则知荣辱"的思想正相符合。李觏又把对经济利益的追求与治国

联系起来，认为既然一个国家的运作管理离不开经济财富，统治者就应该以富国为首要任务。这种治国必本于财用的观点，与《管子》所言"富上而足下，此圣王之至事也"① 如出一辙。

"利出于一孔"是轻重学说的内容之一，指国家借助政权力量掌握经济活动的主导权，使政府成为经济利益的最大受益者。《管子》认为，国家在经济活动中最主要的对手是商贾，它将商贾与国家争利称之"一国而二君二王"②。按轻重学说的观点："利出于一孔者，其国无敌。出二孔者，其兵不诎。出三孔者，不可以举兵。出四孔者，其国必亡。"③ 由于"利出于一孔"的重点是打击商贾，所以《管子》经常借桓公之口，下发"吾欲杀正商贾之利"④"寡人欲杀商贾之民"⑤ 的政令。

李觏肯定《管子》的轻重之术，说："天下生物，而不自用，用之者人；人之有财，而不自治，治之者君。"⑥ 这实际上是对轻重学说"利出于一孔"思想的另一种表述方式。李觏认为国家在理财中最主要的障碍是商贾，国家不抑制商贾，商贾就会操轻重之权进而引起经济活动的混乱。因此，他主张国家掌控轻重之权，以官方直接参与经济活动的方式抑制兼并，使富商巨贾无法牟取暴利。

战国李悝认为"籴甚贵伤民，甚贱伤农"⑦，主张国家在谷

---

① 《管子校注》卷第十六《小问第五十一》，第960页。
② 《管子校注》卷第二十三《轻重甲第八十》，第1425页。
③ 《管子校注》卷第二十二《国蓄第七十三》，第1262页。
④ 《管子校注》卷第二十四《轻重乙第八十一》，第1465页。
⑤ 《管子校注》卷第二十四《轻重丁第八十三》，第1495页。
⑥ ［宋］李觏：《盱江集》卷八《国用第十一》。见《钦定四库全书》。
⑦ ［汉］班固：《汉书》卷二十四上《食货志第四上》，北京：中华书局，1962年，第1124页。

物的管理上实行平籴。李觏以自己对轻重学说的理解，对传统的平籴观做出了修正。

如上所述，轻重学说主张国家在理财活动中要把商贾作为主要的控制目标，这一观点随着商品经济的发展，越来越显示出它的理论价值。在商品经济初始阶段，农民自给自足，他们偶尔将少量粮食带到市场上，以之交换其他物品。在这种情况下，谷贱伤农、谷贵伤民的说法是正确的。随着社会发展和经济繁荣，不但市场上出现了许多囤积居奇的富商巨贾，而且农民与市场的联系、对市场的依赖也加强了，农民既是粮食的卖者，又可能是买者，于是出现了"农不常粜，有时而籴也；末不常籴，有时而粜"①的现象，这时，谷贱伤农、贵则伤末的说法便站不住脚了。李觏认为，农民为了上交赋税、偿还高利贷、购买家庭生活用品，有时必须出卖自己的部分口粮；而操纵市场的富商巨贾有可能趁机压低粮价，花较少的钱购得较多的粮食。当农民青黄不接、家中没有存粮的时候，只能被迫去市场上购买，而操纵市场的富商巨贾有可能趁机抬高粮价，出售较少的粮食来赚取较多的收入。其结果是，农民无论什么时候都成为被剥削的对象，即"贱则伤农，贵亦伤农。贱则利末（指商人），贵亦利末"②。针对上述现实，李觏提出"通轻重之权"③，具体办法是，在"利出于一孔"的基础上实施常平仓制度④。其目的有二：一是打击富商，抑制他们对农民的敲诈勒

---

① ［宋］李觏：《盱江集》卷十六《富国策第六》。见《钦定四库全书》。
② 同上。
③ 同上。
④ 李觏在原文中称之为"平籴"，但它显然不是李悝的平籴法，而是汉代常平仓制度。因为李悝平籴法之"籴甚贵伤民，甚贱伤农"的理论正是他所批判的。

索；二是在保护农民利益的同时，国家把原先富商巨贾获得的经济利益转入自己手中。

常平仓是西汉耿寿昌汲纳了敛之以轻、散之以重的轻重理论创设的一项理财制度，受当时经济发展水平、人口等因素的制约，常平仓数量少、规模亦小。当时，常平仓是一种新事物，执法甚严，能够达到预期的理财效果。但时至北宋，少数几个规模不大的常平仓已满足不了国家理财的需要，更无力调整被富商巨贾操纵的市场，再加之执法人员徇私舞弊，一向在国家经济活动中起到重要作用的常平仓便几乎形同虚设了。为此，李觏提出三条改善建议：一是扩大常平仓规模，二是把常平仓设置到偏远的城镇，三是交由廉能之士掌管，并认为能做到以上三点，则常平仓既可利国又能便民，且能长期发挥作用。

如前所述，轻重学说主张垄断盐铁等重要生活物资，视商贾为国家理财活动的主要障碍，特别强调利用国家政权的力量，把原本商贾的既得利益转移到国家手中。轻重学说在西汉的理财实践中，垄断、抑商的特性表现得很明显。但随着社会经济发展，单纯凭借政府力量调节经济活动有点力不从心，国家对一些物资完全垄断，即实行官产官销，不仅造成官员冗赘、国家开支巨大，而且官方产销若出现问题还会造成产品粗劣、人民购买不便。这一切说明轻重学说需要与时俱进，需要根据社会形势不断地做出调整与完善。唐朝刘晏在理财实践中，部分地改以官抑商为以商助官，就是基于形势变化对轻重学说做出的调整。与刘晏相同，李觏也认识到完全由国家经营工商业已不能适应社会形势的发展，因而他主张国家在对重要物资进行部分垄断的前提下改官销为商销。

当时，国家对盐业的榷卖状况并不乐观，是什么原因导致食盐滞销呢？李觏认为这是"奸谋"介入的结果。他说，一些经营盐业的官吏窃取官盐私自贩卖，为使官盐数量平衡，便在官盐中掺以杂物，以致原本纯净的公盐竟有一半杂质，由此导致"公盐贵而污，私盐贱而洁"。结果，不但原本政府榷盐得到的收入有一部分被奸吏贪污，还造成官盐大量滞销。针对这一现象，李觏提出通商的建议，具体办法是国家卖盐给商人，以收取关市之税的方式获取盐业垄断的应得收入。众多商人代替官府直接与民众交易，国家不仅节省了官方售盐人员的开支，杜绝了售盐中官员舞弊的现象，还解决了榷盐滞销的问题。[①] 由此看出，改盐业官销为盐业通商，表面上看削弱了国家对盐业的垄断，但由于调动起商人积极性，使其也加入国家对盐业的经营队伍，反而更利于国家对经济活动的调节，更利于国家财政收入的获取。以商助官的理财策略，是对轻重学说"官山海"理论的进一步完善。

二、赈灾、反官榷与权商贾：范仲淹、欧阳修对轻重学说的承继与完善

轻重学说是封建国家自己经营商业、采用商人经商之术获取经济利益以充实国家财政的经济理论。其特性有三：一是垄断，政府控制货币铸造权和盐铁等基本生活物资的所有权；二是抑商，国家以官商的形式进入商业领域，与富商巨贾展开竞争，把原本富商巨贾获得的经济利益转移到国家手中；三是强

---

① ［宋］李觏：《旴江集》卷十六《富国策第九》。见《钦定四库全书》。

制，硬性颁布某些政令，以保证国家在经济活动中的有利地位。在汉代，以桑弘羊为代表的理财家将轻重学说完全付诸理财实践，他们对轻重学说是一种顺向的接受，即只有肯定而无否定。至唐代，轻重学说受到学者质疑，继而被理财家继承发展，如张九龄在货币问题上主张纵民自铸，陆贽、白居易反对以货币形式征税，而刘晏则改以官抑商为以商助官。这一切说明，随着商品经济的发展，人们对轻重学说的认识逐渐加深了，而轻重学说也需要随着社会形势的发展不断完善自身的理论体系。于是到了宋代，轻重学说研究表现出理论实践与理论完善并存的趋势。

在轻重学说的三个特性中，垄断是最主要的，因为抑商、强制只有建立在垄断的基础上才能得以实现。刘晏虽有以商助官的理财实践，李觏又有通商的理财理论，但他们都认可政府对盐业的国有性质，也就是说，他们对轻重学说的垄断性都持肯定态度。但范仲淹、欧阳修所持观点，却略有不同。

范仲淹（989—1052），苏州吴县（今吴中区）人。与李觏的某些观念相仿，他也把经济与政治相联系，认为"先王食货之政，霸王之略"①，他主张革除天下弊政，改变国家现有的经济现状。

在为政期间，范仲淹有过对轻重学说的实践运用。他在灾区虚出榜文，诈称米价至高不下，利用商人追逐利益的心理，诱使灾区之外的商贩将谷米运至灾区，使米粮一时间大量堆积，其价格也在物多则贱的市场规律中回落到平常的状态。这种掌

---

① ［宋］范仲淹：《范仲淹全集》，成都：四川大学出版社，2007年，第262页。

握市场流通规律、运用价格机制以赈济灾民的做法,是对轻重学说中"斗国相泄"[①]理论的巧妙运用。

《管子》认为,五谷是民之司命,因而对本国的谷物总是极力守御,即储存于国内,不使外泄于他国;同时,为加强粮食储备,还设法使他国的谷物流入自己国内。《管子》认为控制、掌握了天下谷物,就能在经济上处于支配地位,进而在政治上战胜他国。这在轻重学说中被称为"斗国相泄"。要实现"斗国相泄",必须重视价格机制的作用。《管子·轻重乙》说:"天下下我高,天下轻我重,天下多我寡,然后可以朝天下。"[②]商品总是从低价格的国家流向高价格的国家,使本国商品的价格高于他国,就可以守住本国的商品不使外流,并吸引他国的商品不断输入。由此可知,范仲淹的赈灾之法实源自轻重学说。

《管子》的《轻重》篇中又有以工代赈的救荒之法。灾荒之年,政府雇佣贫民修建宫室台榭,借此支付他们一定的生活费用。这不是故意为了追求享乐,而是调节国家经济的一种方式。范仲淹对《管子》的以工代赈之法显然是认可的。

一方面,范仲淹认可《管子》轻重学说,并将其付诸理财实践;另一方面,他对轻重学说的垄断特性又极为不满,认为国家应该放弃对一些重要物资的所有权,改官商经营为完全私商经营。国家对盐业等资源从生产到销售完全垄断,不仅有碍于商品流通,而且影响社会安定,以致人民多有犯法者,国家的实际收入也并不见得多么丰厚。因此,他要求朝廷罢榷盐茶,

---

① 《管子校注》卷第二十一《乘马数第六十九》,第1233页。
② 《管子校注》卷第二十四,第1453—1454页。

将经营权归还人民。范仲淹认为，国家放弃垄断仅对商贾征税，不但无损于政府财政收入，且能减轻农民纳税负担，促进农业生产。

在国家是否应放弃某些物资的垄断、完全通商的问题上，欧阳修提出的"权商贾"理论更具特色。

"权商贾"一词是欧阳修在《通进司上书》中提出的理财"三术"之一。什么叫"权商贾"呢？简单地说，就是要求"国家在商业活动中放弃专利政策，按照与商分利的原则，以利诱商，使之为我所用"[1]。商贾受利欲驱使，经常钻国家政策的漏洞与国争利，而政府又很难对其完全制止。有鉴于此，国家不如与其共利。与其共利，能加速商品流通，因而获利并不减少。欧阳修认为，这是"取少而致多之术"[2]。怎样"与商共之"呢？欧阳修看到大商与贩夫小贾之间的合作关系，进而想到国家与大商之间也应在经济问题上进行合作。他把国家与大商之间的关系比作批发商与零售商。批发商拥有大量商品资源，他把货物直接卖给零售商，同时转让一部分利益给他们，从一次性交易来看，批发商获取的收益要比直接进入消费市场少得多，但由于批发使商品流通速度加快，交易次数增多，又省去了在消费市场上坐卖的开支，最终所得反而比自卖自销多得多。如果国家也像批发商那样把垄断的商品批发给大商，不再参与零售业务，而让大商自行销售，不就可以像批发商那样获得更多的经济收益吗？这就是欧阳修的"权商贾"理论。

---

[1] 赵靖主编：《中国经济思想通史》（第三卷），北京：北京大学出版社，1997年，第142页。
[2] ［宋］欧阳修：《文忠集》卷四十五《居士集四十五》。见《钦定四库全书》。

欧阳修的"权商贾"与李觏的"通商"有一致之处，他们在肯定国家对某些物资部分垄断的基础上，努力论证改官销为商销的优越性，均可看作唐刘晏以商助官的理论发展，都可视为新形势下轻重学说的进一步完善。

三、均输、青苗与市易：王安石对轻重学说的承继与发展

王安石（1021—1086），抚州临川（今江西抚州）人。宋神宗熙宁二年（1069），被提升为参知政事的王安石辅佐神宗厉行变法，前后达十六年。神宗去世，在一向反对变法的保守派阻挠下，新法被迫废止。王安石主持的"熙宁变法"，包括政治、经济、军事、教育等多项内容，核心则是对国家财经政策的改革。

王安石在为政与理财、义与利的关系上，持有二者相统一的观点。他谈理财，既重视改善国家财政状况，又重视组织社会生产、增加社会财富；既重理国财，又重理民财。

王安石理国财，推崇《管子》理财之术。王安石理民财，重视农业生产并提出许多具体措施，其青苗法，就是让农民在青黄不接时"足以待凶荒之患……使农人有以赴时趋事"[1]；其农田水利法，更是鼓励各地兴修水利，开垦荒地，并劝种桑、榆等林业。就轻重学说而言，它讲的是如何理国财，并未涉及理民财。关于如何理民财，《管子》其他篇章有详细论述。王安

---

[1] ［元］脱脱等：《宋史》卷一百七十六《食货上四》，北京：中华书局，1977 年，第 4279—4280 页。

第四章　以《管子》说管仲：宋元《管子》学术

石把理国财与理民财联系起来，认为后者是前者的基础，要想使国家富有，先要让人民学会生财之道；人民生产发展了，社会财富才会增加，国家才可能获得较多的赋税，即是说，"政立则所以富之，富之，然后赋贡可足"①。这种民富为国富之基础、民富国富相统一的观点，在《管子·立政》中同样有所表述。总之，王安石的理财论，与《管子》经济思想声息相通。而就其对轻重学说的实践与发展来看，主要体现为他于变法改革中设置的均输法、青苗法和市易法。

如前文所述，西汉桑弘羊曾创置均输法。王安石的均输法与桑之均输有相同之处，都具备"通天下之货，制为轻重敛散之术，使输者既便，而有无得以懋迁"②的表现特征。但就王安石创置均输的目的、运作程序、具体理论的运用来说，又与前者不尽相同。

北宋朝廷为了满足京城皇亲贵戚、官员军士的正常开支，每年都向各地人民征购生活及军需物资。负责这一任务的发运使，往往不考虑预收物资在当地的余缺、有无，一有诏令，便急征暴敛；而地方政府不了解京城的仓储情况，只知将征收的财物如期上缴。结果，远方物资运到京师，不但浪费巨大人力，还常常半价而售。鉴于此，王安石颁行了均输法。

王安石主张，政府给予发运使五百万缗钱、三百万石米作为蓄买之资，根据京城对各种物资的实际需求，本着"徙贵就贱，用近易远"的原则进行征收、购买，避免过去"内外不相

---

① ［宋］王安石：《周官新义》卷一《天官一》。见《钦定四库全书》。
② ［元］脱脱等：《宋史》卷一百八十六《食货下八》，北京：中华书局，1977年，第4556页。

知、盈虚不相补"的现象。发运使也可以在某物品的丰收与价格低廉之地储存该物品，然后根据各地的实际情况，平衡余缺、调剂有无，做到国家对京城征收物品的统一管理。

桑弘羊与王安石设置均输法的区别在于：前者是建立在国家对盐铁、贡输品直接占有的基础上的，后者则需要国家以买方的身份进行征购；前者由于国家直接占有，富商巨贾难以介入，后者颁行的原因之一恰是打击富商巨贾；前者是对轻重学说以贱泄贵的单独运用，后者则是对轻重学说以重射轻、以贱泄贵的综合运用；前者体现出轻重学说的垄断性与强制性，后者主要体现为轻重学说的抑商特征。

再看青苗法，其实施的原因之一，是北宋中叶各地常平仓、广惠仓①理财功用削弱，即为利不博，于是，王安石在常平、广惠的基础上加以改革，形成了青苗法。不过，青苗法的运行机制与常平仓不同，它更类似于民间的借贷业务，其中政府是贷主，民户是借主。青苗法的运作机制是：以各路常平仓、广惠仓的钱谷为借贷之资，并规定每逢青黄不接，民户可自愿向官府请贷，时间是夏种与秋种之前，并随夏秋二税一起偿还二分的贷息，至于偿还时以现钱或按价折成粮米则"皆从其便"。青苗法有明显的抑商性质，其颁行的目的有二：一是为民理财；二是为国理财，增加财政收入。

王安石的市易法，直接借鉴了桑弘羊的平准法。市易与平准具有相同的抑商性质，它们都是对轻重学说以重射轻、以贱

---

① 广惠仓是后周太祖郭威时创建的一种惠民方式，"以杂配钱分数折粟贮之，岁歉，减价出以惠民。"与常平仓相类。（［元］脱脱等：《宋史》卷一百七十六《食货上四》，北京：中华书局，1962年，第4275页。）

泄贵的理论实践。不过,作为产生于商品经济已具规模的北宋时期的理财手段,市易法具有更多的商业贸易色彩。它有一套极为复杂的运作程序,赵靖主编的《中国经济思想通史》这样描述:"在京师开封设立市易务,内藏库拨款一百万贯现钱为资本。市易务设监官二人,提举官和勾当官各一人。京师各行铺户的牙人,均得申请为市易务的行人和牙人。外地行商运销货物到京卖不出去,愿入官者,许至务中投卖,由行人、牙人与客商共同平议物价,由市易务先支官钱购买。在京各行商贩,可以用金银或地产抵押,向市易务赊购货物进行售卖,半年付清者认息一分,一年付清者认息二分。客商所卖货物非行人所需,而实际上又是可以收储转卖的,可由市易务收买并随时价出售;如若客商所卖货物折合成市易务其他物品,亦听其便。官府所需物资,如核计较向外地采购为便宜时,也可由市易务在京就地采买。"① 由此看出,市易务是国家直接进入商业贸易领域,平衡市场、打击富商大贾,并借此获取丰厚利润的官办商业机构。市易法完全体现了轻重学说的宗旨。

从王安石对轻重学说的实践来看,他并没有明确提出像李觏、欧阳修那样通商、权商贾的理论;相反,轻重学说垄断、抑商、强制的三个特性却在其理财活动中得以强化。这是否说明王安石理财不注重以商助官呢?诚然,王安石是不同意借巨商大贾的力量助其理财的,他们是王安石理财的主要障碍,是其理财着重打击的对象。但王安石又确实重视借助中小商贩的

---

① 赵靖主编:《中国经济思想通史》(第三卷),北京:北京大学出版社,1997年,第178—179页。

力量，关于这一点，观其市易法可知。抑制巨商大贾而方便中小商贩，是市易法的显著特征。

王安石是桑弘羊、刘晏之后重要的理财家。为政期间，他以富国强兵为目标，积极推行新法，取得了令人瞩目的政绩。北宋的财政自真宗时出现拮据，至仁宗时入不敷出。面对辽、西夏的侵略，宋朝廷又妥协退让，每年向辽、西夏缴纳大量的银、绢。至神宗即位，朝廷不得不将理财作为第一要务。在国家财政陷入困境的时候，王安石的理财活动便具有了政治、经济双重意义。在新法的推行下，不但北宋政府的财政收入大有增加，也减轻了农民的差役和纳税负担，出现了熙宁、元丰之间的繁荣局面。这一切，与王安石对《管子》轻重学说的理论实践有密切关系。

四、桩配法与对官榷、常平、外贸的改革：阿合马、卢世荣对轻重学说的承继与发展

阿合马（？—1282），元世祖忽必烈的大臣，自元中统三年（1262）主管国家财政，前后达二十年。元世祖上台后，在盐业销售方面曾实施商运商销法，同时又采用了桩配法。对此，阿合马始终是坚定的执行者。

桩配法，是国家按户籍分配盐额并按盐额征收价款的盐业管理方式，是由国家将盐运往各地直接卖给百姓，具有官运官销的性质。桩配的理论基础是轻重学说的寓税于价，不过，它与寓税于价又不完全相同。桩配要求政府在把盐卖给民户之前，先定好盐价，并对获得的盐税做好预算，然后将盐税分配到户。这暗示着每一民户以多高的价格买多少数量的盐是政府规定了

的，民户没有自主权，唯其如此，国家的盐税才有保障。而轻重学说的寓税于价并不要求政府为了得到既定的盐税而按户籍分配盐额，百姓买不买官盐、买多少官盐由自己决定，政府预算的盐价和盐额不具备硬性摊派性质，可见桩配理论虽出自轻重学说的寓税于价，但二者又有区别。

然而，桩配法在实行过程中遇到了困难。山西解池是元代食盐的主要生产地，由于官府垄断解盐，价格一直偏高。当时，太原民间产一种土盐（即下文的"小盐"），本来只在很小的范围内流通，因为官方的解盐价格偏高，诱使生产土盐的商贩跑到解盐销售区以低价大肆贩卖土盐。如上所述，元代的桩配法是具有强制摊派性质的，但解盐销售区的百姓抑制不住土盐低价的诱惑，纷纷放弃解盐而争相购买土盐，以致造成解盐大量积压。土盐对解盐市场的争夺导致盐税锐减，阿合马却不禁令小商贩出售土盐，而是通过抬高解盐价格的方式保证盐业收入。价格偏高的解盐市场已经缩小了，再一次抬高价格，岂不引起百姓更大的排斥而愈加积压难售？但对阿合马来说，他却完全不需要担心，因为他看重的是国家的盐税征收能否如期完成，至于解盐能不能卖出去、卖多少，换句话说，国家盐税是不是通过销售解盐取得并不重要，因为不管解盐销售区的百姓买不买解盐，也不管买多少，最终都要按照新的规定纳足一年的盐税。实际上，这已成为一种以桩配之名行直接赋敛之实的暴力剥夺手段。于是，它可能出现以下几种情况：一是百姓在按户籍纳足盐税的前提下，自由地购买廉价的土盐；二是百姓被迫购买高价的解盐完成盐税，再买低价的土盐，尽管表面上看是不明智的举动，却有可能卸下不买解盐而同样需要纳足盐税带来的更大负担。从理论上讲,阿合马的这一盐业政策已不是寓税于价了,给它一个"税而不价"的称呼倒更合适。对于百姓来说,究竟采取哪一种办法更经济实惠,要看解盐价格、纳税多少及土盐价格三者的比价。当然,对于元朝统治者来说,无论百姓采用哪一种办法,政府都可以获得预期的税收。

寓税于价的重要特征是"见予之形,不见夺之理"[①],认为国家凭借对某项产品的垄断加价出售,可以得到预期的赋税收入。由于把税收暗寓于价格之中,人民对纳税之苦并没有太多感知。但寓税于价在实际执行过程中,往往会遇到很多麻烦,因为它"忽视了销售量对收入的影响。国家对商品可以任意加价,但百姓可以少买甚至不买,因此,加价到一定程度,国家的财政收入就不能有预期的增加;加价愈多,财政收入会因商品积压滞销而愈难增加"[②]。寓税于价的这一缺陷早在汉武帝实施榷铁时就已暴露,为防止百姓由于少买或不买影响到国家税收,桑弘羊采取了硬性摊派的办法,元代盐业桩配法正与此一脉相承。时至阿合马,他在桩配的基础上,不仅将寓税于价变本加厉,即进一步抬高价格,且毫无顾忌地将税而不价也作为国家获取财政的途径。这样,让百姓拥有购买土盐或官盐的自主权表面上看不利于国家税收,但"无问僧、道、军、匠等户,钧出其赋"的高压政策,却保证了国家稳定的财政收入。一方面,对寓税于价变本加厉说明阿合马是轻重学说的坚决执行者;另一方面,寓税于价公开之后的税而不价,虽有配合、促进寓

[①] 《管子校注》卷第二十二《国蓄第七十三》,第1259页。
[②] 赵靖主编:《中国经济思想史》(第三卷),北京:北京大学出版社,1997年,第418页。

税于价顺利执行的意图，因而某种程度上是对寓税于价的发展，但在本质上是对轻重学说的扭曲变形，因为寓税于价是一种隐蔽的间接税，税而不价却变成一种毫无遮掩的直接税了。

阿合马不仅主张禁止私人对盐、钞及药材的经营贸易，对于其他物资如石绒、铁、铜等也持有类似主张。这里值得一提的是鬻锡留银法。

"自元朝起，中国改用白银为价值尺度，并且逐渐发展到用白银为流通手段。"[1] 由于这个原因，元代统治者对白银的开采进行了垄断。国家雇佣工人开采白银，然后用采矿的副产品支付工人的劳务费用，以保证采一分银国家有一分银的收入。这与轻重学说"与民量其重，计其赢，民得其七，君得其三"[2] 的铁矿开采相比较，无论从理论上还是从实际收益上，都是一个大的完善和进步。

卢世荣（？—1285），大名（今属河北）人。阿合马被杀后，经时任总制院使的桑哥推荐，卢世荣得到元世祖赏识，被任命为中书右丞，主持财政工作。但卢世荣的理财生涯很短，从世祖至元二十一年（1284）十一月上任，到次年二月被世祖诛杀，前后仅三个多月。

元世祖平定江南统一中国后，对很多行业进行监控、垄断。卢世荣上任后，放弃了一些国家涉足的行业，同时又将一些原本由富豪之家经营的行业划归国家所有。这里面值得一提的是他对竹业、渔业、酒业的调整。

---

[1] 彭信威：《中国货币史》，上海：上海人民出版社，1958年，第378页。
[2] 《管子校注》卷第二十四《轻重乙第八十一》，第1448页。"七"原为"十"，据文义改。

当时，元朝政府对南方的竹业控制很严，由于管理不善，出现了竹货不能及时流通以致影响人民生活的现象。纳税捕鱼，是渔民谋生的唯一手段，但元代统治者却将渔业垄断，致使渔民生活遭受侵扰。针对前者，卢世荣建议罢除竹业管理机构，只对竹业售卖者收税；针对后者，卢世荣建议任民自由捕捞，只对人民征收杂税。

卢世荣出任中书右丞之前，国家没有实施酒榷，酒的生产、销售由富豪之家把持。由于富豪一味逐利，致使酒价高味薄。卢世荣上任后，首先禁止京师私酿，并"以官钞五万锭立榷酤法"。紧接着，他对私人酒业进行分析估算，发现其他地方偷漏酒税现象十分严重，于是向世祖奏议，责成各路禁罢后增加酒税二十倍，有违者重罪。

《管子》说："为人君而不能谨守其山林菹泽草莱，不可以立为天下王。"① 轻重学说主张"利出于一孔"，主张国家尽可能地对物产资源进行垄断控制以获取厚利。但随着商品经济的发展，特别是到了元朝这样一个商业繁荣的时代，国家已没有足够的力量插手太多的生产贸易，只能抓大放小，即垄断那些最有利可图的行业，而将那些过于分散、获利甚少的行业还之于民。卢世荣适时地对国家专卖业和民间私营业进行调整改革，无疑是对轻重学说的灵活运用和发展。

轻重学说认为谷米是人民的命根子，主张国家借助货币铸造权对其调剂控制；它又强调国家对盐业、铁业进行垄断，以此获取巨额利润。前者在历代政府的理财实践中发展出常平仓

---

① 《管子校注》卷第二十三《轻重甲第八十》，第1426页。

制度，后者在历代政府的理财实践中发展出常平盐等制度。元代也设有常平仓，但因财政紧张，国家无力对谷米进行储备调剂，经常是仓在而米不在。如何让常平仓真正发挥它的作用？卢世荣对此进行了统筹规划。

为解决常平仓仓无储米的问题，卢世荣提出三步走策略。一是夺回权势之家对铁业的专权，由国家对产铁、铸器统一组织，实施铁业完全官营。二是积极运营常平盐。元代自太宗起，实施盐引①行盐法。卢世荣时期，每引盐四百斤，按照规定，盐商须向国家缴纳元钞十五两，其中暗含的盐课（即盐税）是很低的，但官商相互勾结，导致贫者多不得食。于是，卢世荣建议实施商运商销与常平盐并行的盐业制度，即国家从原本售给盐商的三百万引食盐中拿出一百万引发放给诸路官府，让他们设立常平盐，待商贩抬高盐价时，以平价卖给百姓。利用常平盐制度，国家既稳定了盐价，让人民吃上廉价的食盐，又打击制止了商贩的不法行为，规范了市场。同时，在售盐的过程中，国家也能得到相当的收入。三是鉴于常平仓缺少运营资金而有仓无米的情况，卢世荣主张以榷铁、常平盐的收入佐助常平仓，使其发挥正常功用。虽然卢世荣关于榷铁、常平盐、常平仓的有关论说并不新鲜，但将国家榷铁、常平盐的收入用作加强常平仓运营的费用，在之前的历史上是没有先例的，反映了他对国家理财活动的综合调控能力。

---

① "引"有两种含义：一是支销盐货的凭证。商人纳税或按规定交纳实物后，得到盐引。商人在运销食盐的过程中，"引"与盐不能分离，有"引"说明来自官盐，运销合法，无"引"则为私盐，要受到法律制裁。二是计量单位。一张盐引可以支销食盐四百斤。盐引行盐法是商运商销，商人获得盐引后，就可以将盐运到本盐司的行盐地发售。

元代的海外贸易一度沿袭宋制，卢世荣上任后，即刻进行改革。1284 年，国家在杭州、泉州设置市舶都转运司，并出船、出钱，选用商人出海贸易，按照官七商三的比例分割贸易所得的利润，同时规定私人不准自主贸易。可以看出，卢世荣把原来的商人作为贸易主体、国家监督改为了国家雇佣商人进行贸易，其原因大致有二：一是增收国家财政，二是有利于海外贸易管理。这与轻重学说的国家垄断思想完全一致，但二者有本质区别，轻重学说的对外贸易思想虽有获利的目的，但主要还是为了能从政治上控制、支配他国；卢世荣主张国家垄断海外贸易，其目的仅在于增加国家财政收入。

第五章
评点中的思想研究：明代《管子》学术

  明代出现了众多的古籍评点之作。有学者认为，评点"注重对文本的结构、意象、遣词造句等属于文学形式方面的分析"。这样的判断不太准确。因为评点分为两类，一类是辞章评点，它侧重于文本文学表现的分析；另一类是事理评点，它侧重于文本思想的分析，侧重于对某篇章、某段落、某文句所叙之事、所言之理进行品味、评论。事理评点是本章讨论的对象。通过对《管子》评点著作中事理评点的梳理，可知明代学者对《管子》思想做出了多角度、多层面的阐发。除事理评点外，杨慎、王世贞在其著作中颂扬管仲及其功业，对《管子》霸术思想深信不疑，反映出明末国势渐颓、民族矛盾不断上升之际，士人黜空疏之学、尚实利之业的民族意识与爱国情怀。

财经与文化：发生的时代背景

明太祖朱元璋即位后，推行旨在发展生产、与民休养生息的社会政策。他多次告诫各州县官员，兵戈方息，人民需要安顿，任何的过制之取都是对民力的破坏。在朱元璋看来，善政在于养民，而养民在于宽赋。他的这种认识，促使明廷颁布了一些有利于经济恢复、社会安定的为政措施，如解放农婢、奖励垦荒、大兴屯田、兴修水利、轻徭减赋、放宽对工商业者的控制等。这种正确的施政方针，使明前期"经济得到恢复和发展，垦田数量不断增加，到洪武二十六年（1393），全国耕地包括官田、民田，旧额新垦，共达850余万顷，比元末增长4倍。户口也显著增加，洪武二十六年，有1 605万余户，6 054万余口。到永乐时，'宇内富庶，赋入盈羡，米粟自输京师数百万石外，府县仓廪蓄积甚丰，至红腐不可食'"[1]。

自英宗以后，宦官专权，吏治腐败，明代开始由盛而衰。与此同时，朝廷财政也渐趋紊乱。首先，从皇室费用上看，宫廷铺张浪费严重。其次，军队屯田渐被官僚地主侵占，来自军

---

[1] 孙文学：《中国财政思想史》，上海：上海交通大学出版社，2008年，第370页。

粮方面的财政需求逐渐增多。随着对外战事日增,农民起义、矿工商人斗争此起彼伏,供军队开支的边饷、剿饷也相应逐日攀升。然而,在财政支出日益吃紧的同时,财政收入的来源通道却又部分被堵塞。朱姓各藩王及一批皇亲国戚以分封、赏赐、奏请等名义侵占了大量土地,官僚地主也大肆兼并,"明初登记的垦田八亿五千万亩,到弘治十五年(1502),降至四亿二千万亩,减少了整整一半"①,致使税源大为减少。而且,随着各种杂税的增多,以及赋税不均现象日益严重,逋欠税粮、逃亡、里甲包赔等一系列恶性循环事件频繁发生,同样造成农业生产的破坏和赋税收入的减少。

　　穆宗去世后,神宗继位,时任内阁首辅、亦为神宗老师的张居正进行了试图扭转乾坤的改革,但张氏人亡政息,改革化为泡影。此后,神宗晏居深宫,纵欲玩乐,挥霍民财。不仅皇帝腐化,下级官吏也贪污成风、货贿成习。再看军队方面,一些将领或虚报兵士数目以取厚饷,或不从军簿上及时勾除战死将士名单以贪死人之饷,或是军队奏朝请饷,却被有关部门倒扣十之二三以为私用,诸如此类,难以尽言。面对枯竭的财政,统治者除了对人民竭泽而渔、敲骨吸髓外别无他路,这预示着明朝的末日已经到了。

　　再看明代的文化发展情况。明代科举始于洪武三年(1370),洪武十七年(1384)走上正轨,一种乡、会试以朱熹"四书章句"为文章撰写依据、以程朱理学为经义发挥准绳、以

---

① 项怀诚:《中国财政通史》明代卷,北京:中国财政经济出版社,2006年,第15页。

"略仿宋经义,然代古人语气为之,体用排偶"① 为行文规范的科举时文基本定型。这种科举制义的硬性规定,至少从两个方面影响了明代的文化走向:一是程朱理学成为官方学术,成为举国上下信奉的道德哲学;二是八股制义成为天下士子争先研习以为晋身之阶的学问。由前一个走向又衍生出心学及心学的流行,由后一个走向又衍生出古文评点的兴盛。

早在朱元璋登基前后,聚集在他周围的一些儒臣就开始研究治国之道,并涉及典章制度内容。朱元璋晚年,时任中书庶吉士的解缙上疏太祖,建议将上自唐虞三代的经书,下至周敦颐、张载、程颢、程颐、朱熹的理学著述进行编纂,以便皇帝检阅。永乐年间,汇编诸书而成《五经大全》《四书大全》《性理大全》三部理学巨著二百六十卷并颁行天下。由于它们主要是程朱理学学者解释"六经"和阐述性理思想的著作,所以其本质是程朱学派的著作汇集。可以说,前有以程朱理学为核心的科举制义的规定,后有以程朱理学为主体的三部《大全》颁行天下,使得程朱理学名副其实地成为明朝统治文化的核心,思想界顿时出现理学独尊、余皆哑然的沉寂局面。

明代中叶以后,阶级矛盾日益激化,明廷陷入社会动荡的统治衰落期。以朱熹为代表的程朱理学不仅没有随时代发展而产生学术上的创新,它所宣扬的作为万物最高权威、万物最终根源、能够让社会各安其分的外部之理,也没有在维持社会秩序、平息社会动乱方面发挥应有的作用。于是,理学的信仰队

---

① [清]张廷玉等:《明史》卷七十《选举二》,北京:中华书局,1974 年,第 1693 页。

伍开始出现内部分化。广东学者陈献章早年崇尚程朱理学,三十岁左右开始反思自己的治学之路。他在寻求心、理合一上下了许多功夫,提出"静中养出端倪"①,即通过心的静养使善端呈露的思想。这一思想把朱熹格物穷理的向外寻求变为了向内寻求,为王阳明心学之说开了先河。稍后的王阳明虽以程朱理学跻身仕途,但他对当时读书人只知沉溺于理学以为沽名钓誉之阶却无补于世道安危的现象极为不满。他发挥南宋陆九渊心即理的学说,提出"心外无物,心外无事,心外无理,心外无义,心外无善"②的命题,认为人心不仅是人身的主宰,也是天地万物的主宰,不但心与道德层面的良知是同等范畴,与程朱理学所说的性、理也是同一回事。良知虽是一种天赋道德,但常被人欲遮蔽,所以要做一番"致"的功夫,用道德克服非道德即致良知。他还提出知行合一说,认为人的知和行都产生于心,这一说法有着积极的意义。王阳明的心学在晚明极为流行,这不仅是因为他的学说较程朱理学更易把握,也是因为他将心、性、理、良知视为同一个东西,对人的自我意识、自我价值做出了高度肯定,从而保证了心学拥有广大的受众。

八股制义作为科举考试的一种形式,源自北宋王安石变法推行的经义取士。为了取悦考官,举子们在制作经义时,常在散体文章中使用排偶语句,且越到后来,这种倾向越明显。至明代,八股制义渐趋定型,形成一套具有固定程式与行文特征的为文范式。

---

① [清] 黄宗羲:《明儒学案》卷五《崇仁学案二》。见《钦定四库全书》。
② [清] 黄宗羲:《明儒学案》卷十《姚江学案》。见《钦定四库全书》。

就明代的八股制义来说，它的为文取向并不是一成不变的。对此，清代方苞认为，自洪武至弘治年间，八股文作者恪守传注精义，体会古人语气，一切中规中矩；至正德嘉靖年间，八股文融入古文与史书之法，思想由隐而显；至隆庆、万历年间，将各种文法融为一体，为文讲究灵动多变；到天启、崇祯年间，则穷尽心思，务为奇特，囊括万物，雕琢情思。正如方苞所言，打破八股文创作的各种规矩，固然表现为举子们在八股制义中融入古文之法理，但以古文为时文的学术背景，却是当时子史评点之风大肆流行，子史评点之作兴盛迭出的重要表现。顾炎武《日知录》"科场禁约"说，万历年间的八股制义"附诸子以立帜"[①]，说明当时以对古文法理的梳理揭示为内容的诸子评点类书籍，已对明代科举产生影响，它们正改变着明代八股文创作的祖宗成法。

此外，八股制义的创作转向，还与当时程朱理学的统治地位出现动摇，官方思想禁锢开始松动有关。这说明明代最高统治者对自己所立的程朱理学逐渐失去了信心，他们也希望在科举制义中看到有其他思想融入的时文佳作。于是，一方面，为应对八股制义，旨在为举子提供写作参考的古文评点在明代渐趋兴起；另一方面，理学因缺乏活力而停滞，致使上层统治者对以程朱理学为核心的科举制义产生厌倦而崇尚新学，这又刺激了理学之外的以资科举制义的古文评点的大量涌现。二者形成合力，共同推动着古文评点在明代走向繁盛。

---

① [清]顾炎武著、黄汝成集释：《日知录集释》，上海：上海古籍出版社，2006年，第1059页。

第五章　评点中的思想研究：明代《管子》学术

霸业之书，广大精微：
明代《管子》学术（一）

一、"吾儒经济之学"：赵用贤、凌登嘉对《管子》思想渊源及经世谋略的诠释

赵用贤（1535—1596），江苏常熟人，学者，藏书家。明万历十年（1582），赵用贤将《管子》《韩非子》二书一并刊刻，时称《管韩合刻》。在其《〈管子〉书序》中，他以《周礼》为参照，以管仲为切入点，对《管子》思想的渊源与承变做了诠释。

管仲是早期法家的一位代表人物，其法治观念与李悝、商鞅、韩非为代表的后期法家有很大区别。由于后人把《管子》与管仲思想相等同，而《管子》一些篇章又与商、韩的主张极为相近，于是在许多人眼里，管仲成为商、韩一类的法家。但赵用贤对《管子》、管仲思想的理解显然有自己独特的思考。

赵氏说，周公承后稷、公刘仁厚之风，在西周初建之时担负起法制建设的重任。不过，周公的"法制"是礼之法而非后世法治之法。自东周始，王室衰微，天下格局大变，此时若再

兢兢于周公之法，必然时有所限、术有所穷。管仲清楚地看到这一点，于是在《管子》中就出现一方面继承周公之法之善者、一方面又变周公之法以应时需的现象，概而言之，在于隐令（把要做的事情隐蔽起来）、寄政（把军令寄寓在内政里）、安国富民。赵氏认为，第一，《管子》的军旅编制源于《周礼·夏官·大司马》而有所变革，正如苏轼所述。第二，《周礼·秋官·大司寇》曾提出让诉讼双方各自缴纳箭矢和铜作保证金，然后再办理案件以防止人民任意诉讼和诬告的思想。赵氏认为，这一思想被管仲发展为用器物赎罪的"因罚备器用"的思想。第三，《周礼·地官司徒第二·乡大夫》提出"使民兴贤""使民兴能"以"长之""治之"，即推选本乡贤能之人做朝廷官员和地方长官的思想[1]。赵氏认为，这一"兴贤""故典"被管仲发展为《管子·小匡》中的三选制度。第四，《周礼》有"大府""玉府""内府""外府""泉府""职内""职岁""职币"等官，他们均掌财币。在赵氏看来，这些职掌财币的部门就是周公所设的圜府，而管仲的国家禁铜、铸币、鱼盐之利、铁税的思想正源于此。其他如《管子·轻重甲》设法让齐国权贵及附庸诸侯"分并财""散积聚"的"三准"策略，《管子·山至数》针对五种不同地势灵活解决粮食问题的"五势"思想，皆师法《周礼·地官司徒第二·泉府》所言"凡国之财用取具焉"[2]之意。这样，赵氏就把管仲之法与周公之法完全对接起

---

[1] 钱玄、钱兴奇、王华宝、谢秉洪注释：《周礼》，长沙：岳麓书社，2001年，第109—110页。
[2] 杨天宇：《周礼译注》，上海：上海古籍出版社，2004年，第219页。

来。至于管仲之法与周公之法最大的不同，赵氏认为，在于周公之法"要以率民于善"，管仲之法"师其意，不袭其故，一更之为截然夷易，而作民于战"。总之，管仲之法虽有别于周公之法，但如果认为管仲之法完全脱离了周公立法之意，二者相互对立，则是错误的。

以管仲、周公二人相比较为切入点论述《管子》思想，宋代苏轼早有尝试，因而赵氏的这一方法并不新鲜。但赵氏研究的内容却远比苏氏广泛得多，特别是他提出的"王者之法莫备于周公，而善变周公之法者，莫精于管子"，周公为"王道之终"、管仲为"霸道之始"，在《管子》学术史乃至整个思想史上都是精当之论。他提出，不能将管仲与商鞅相提并论，严厉批驳把管仲与商鞅共同看作功利主义源头的思想，既是对南宋高似孙诋管仲"坏三代之法，其一出于管仲"[1]言论的驳斥，也是我们正确分析《管子》《商君书》思想的重要借鉴。

明万历二十年（1592），凌登嘉的《〈管子〉治略窾言》[2]刊行。由其叙言可知，凌氏对管仲与《管子》的解读，受到明代朝政紊乱、每况愈下的衰世影响。换句话说，凌氏通过对管仲与《管子》的解读，深深寄予了自己以管仲之精神、《管子》之智慧拯救现实颓弊的政治情怀，这是管仲与《管子》在特定历史条件下经世价值的显现。

凌登嘉认为，以往的学者在对管仲经世谋略的理解上存在

---

[1] ［宋］高似孙：《子略》。见《丛书集成初编》第19册，第28页。
[2] 本节凡征引凌登嘉《〈管子〉治略窾言》的点评文字，若无特殊说明，均源自凌登嘉《〈管子〉治略窾言》明万历刻本。行文中，不再一一注其出处。

误区。有些人动辄以霸术概括管仲思想，言语之间不无鄙夷之意；他们以刻薄阴暗的商鞅、韩非和竭泽而渔的桑弘羊比附管仲，认为《管子》仅是一部谈论国家如何获利、如何以法术统治人民的著作。事实上，管仲的思想与商韩之说、桑孔之术绝对不能等而视之、同而用之。司马迁肯定管仲的霸者之才，但对其是否可为王者之佐提出质疑。凌氏显然不同意司马迁的观点，他认为，作为管仲思想的集中体现，《管子》一书"精用之则王，杂用之则伯"。桓公止于霸，不是管仲之才不足以佐桓及于王，而是"桓公仅用其杂"所致。言外之意，管仲的经世谋略可王可霸，用之以王或用之以霸，全在于当政者的取舍。今日天下不宁，烽火燃于边境，朝廷一方面以无兵将为患，另一方面又以无钱财为忧，此种境况的形成，完全是治术拙劣所致。既然如此，《管子》的经世谋略便应在今日得到当政者的重视，并恰当运用。凌氏认为，管仲的治国谋略表现在五个方面：一是通过"抑末禁侈"使民富国富；二是通过作内政而寄军令扩充军队，增强战斗力；三是建法立治，赏罚严明，使朝纲有条不紊；四是善因时变，掌握民心向背；五是实施廉耻礼义的教化，形成好的社会风尚。以上政略果能施行，则"内可固守，外可应敌，平则致养，疾则焉辟"。这样，无兵、乏财的朝政窘境何患不理？凌氏进而认为，那些鄙薄管仲治国经略的人，其实是"不善祖其术"所致！

在子书评点盛行的明代，像凌登嘉这样对《管子》思想谋略作品评的学者不在少数。凌氏与他们最大的不同，在于超越了文学意味的品的层面，强化了义理深度的评的性质。

二、"夷吾之忠臣":朱长春《〈管子〉榷》[①]

朱长春(1565?—?),浙江乌程(今浙江吴兴)人。他早年研读《管子》,多有不解,中年皈依道教后,遂用道教理论解读,写成《〈管子〉榷》二十四卷。

朱长春解读《管子》采用了三种方式:一是通,二是评,三是演。

通,侧重训释章句,挖掘文章固有的意旨,同时对尹注之误做出纠正。朱氏认为,《管子》之难解仅次于《庄子》,《庄子》洸洋而《管子》幽诡。尹知章的注解支离肤浅,微言难揭而道趣不入。于是,朱氏对《管子》幽晦之文往往做出"通"解。如《管子·形势》中"道往者其人莫来,道来者其人莫往",意在指出道为人心所向,并强调道对人心的凝聚作用。朱氏在其后"通"解道:"失道寡助,得道多助,故道往人往,道来人来。"很好地把握住了原文的思想精髓。

评,侧重论析事理,品第文辞,理顺学术脉络。《管子·幼官》按五行、五方、四季的顺序,分别配图论述对应的月令、方物、政治及军事纲领。对此,朱氏在《〈管子〉榷·幼官》篇首评解道:"五图五方五令,按德运行,理摄本治,身之精条为国之绪。《夏正》之演,《吕揽》之宗……其说要会于法天法道,清静因应。故《管子》列于道家,或有本论。"此评语不但对《管子·幼官》大旨做出说明,对其思想源头与后继影响也

[①] 本节凡征引朱长春《〈管子〉榷》的评点文字,若无特殊说明,均来自朱长春《〈管子〉榷》明万历四十年(1612)刻本。行文中,不再一一注其出处。

进行了简略梳理,很具学术价值。

演,侧重揭示《管子》思想对前代的承继和对后代政事的影响,并附以自己的褒贬,是对《管子》文章义理的延伸。《管子·形势》说:"生栋覆屋,怨怒不及。弱子下瓦,慈母操箠。天道之极,远者自亲;人事之起,近亲造怨。"朱氏对此"演"解道:"覆屋不怨,下瓦操箠,说在《庄子》虚舟之游。无心之谓天,有心之谓人。天则远自亲,人则亲造怨。帝王之临宇何心哉?杀无杀,利无利,若四时迭运于前。当之者荣落,而我无为,一天而已。故百姓皆云我自然。"从揭发文意,谈到了帝王无为而治。

朱氏早年受儒学影响很深,他三十岁中进士,积极活跃于晚明政坛。但由于主张与朝政不合,他因冒然上疏而遭到罢黜;加之家境多变又中年无子,仕途多蹇,便毅然隐居山林潜心修道。朱长春之前,许多学者从儒学角度解读《管子》。至朱长春,开始以道家思想解读管仲,且认为道家思想是管仲成就其功业的基础。于是,以道释《管子》成为朱氏《管子》研究的一大特色。如《管子·心术上》是一篇有关认识论的文章,它侧重于谈论如何发挥心的功能、怎样修心,同时兼及君主治国之术,朱氏却从心、道、天地无为的角度进行演解。

朱长春在《〈管子〉榷》中通过通、评、演三种诠释方式对《管子》一书进行详细的榷解,多数观点思想深刻、新颖独特。明末凌汝亨刻《管子》,纂辑赵用贤、朱长春、张榜三人对《管子》的评语,并单独评价朱氏《〈管子〉榷》说:"赵氏订本称精覈矣,然而挂漏处往往捉襟见肘。我湖大复朱先生《〈管子〉榷》,成则翻然若起管氏于九京,而鼓棹其舌锋可谓玄风大畅，非直为夷吾之忠臣，且堪为定宇之益友矣。"① 这样的评论并不为过。

三、"言皆实用，事可施行"：梅士享对《管子》的诠释②

梅士享，直隶宣城（今安徽宣城）人，生活于明万历前后，著有《〈管子〉删评》《诠叙〈管子〉成书》，前者刻于万历四十三年（1615），后者刻于天启五年（1625）。据梅氏自称，他最初想撰著《诠次〈管子〉全书》，然"力不能刻"，于是"先刻《删评》"，且将自己预先写好的《诠次〈管子〉全书》的序文，另"拣刻四条"凡例，一并贯以《〈管子〉删评》卷首，"以见大意"③。十年后，他刊刻《诠叙〈管子〉成书》，除书名、序言、凡例略有改动外，内容较前者更加丰富。

梅氏充分汲取历代学者的研究成果，对《管子》一书的思想内容做出了相对全面且准确的概括。首先，我们看梅氏对《管子》一书的定位："《管子》一书……言皆实用，事可施行""《管子》，经济之书也。""言皆实用，事可施行""经济之书"，意在指出《管子》绝非坐而论道者之著述可比。这与刘向"务富国强兵，道约言要"④的论述相呼应，原原本本地恢复了《管

---

① 《管子·凡例》，1937 年宋哲元影明万历间凌汝亨刻本。
② 本节凡征引梅士享《〈管子〉删评》的评释文字，若无特殊说明，均来自梅士享《〈管子〉删评》明万历四十三年（1615）刻本。凡征引梅士享《诠叙〈管子〉成书》的评释文字，若无特殊说明，均来自梅士享《诠叙〈管子〉成书》明天启五年（1625）刻本。行文中，不再一一注其出处。
③ ［明］梅士享：《〈管子〉删评·凡例》。
④ ［汉］刘向：《〈管子〉叙录》，《管子》宋刊本，见《四部丛刊初编》。

子》旨在经世济民的思想真貌。其次,我们看他对《管子》思想内涵的具体分析。梅氏指出:"《汉书·艺文志》列《管子》于道家,与伊尹、太公之书同叙。隋、唐《志》列《管子》于法家,与商鞅、韩非之书同叙。《志》曰:儒家者流,助人君,顺阴阳,明教化者也。道家者流,亦君人南面之术。至法家,专欲以刑致治。今观《管子》书,顺阴阳、明教化多矣,任术处间亦有之,纯任刑则非其类。"[1] 在这里,梅氏指出《管子》一书兼具儒、道、法三种思想,并对其儒家思想居于主导、道家思想"间亦有之"、内含法家思想却非"纯任刑"的思想特征做出分析。之后,他进一步指出:"《管子》书,幽赞天时,显相地利,奥阐心术,粗制兵刑,善因者山海,善准者法令。广大精微,无所不备。"[2] 这便又把《管子》内涵的兵家思想、经济思想一一指出,并以匠心独具的"广大精微,无所不备"八个字对《管子》丰富深邃的思想内涵做出精准确切的概括。在《管子》思想内容及特征的研究方面,梅氏明显超越前人。

四、"夫伯也者,攘夫夷者也":杨慎、王世贞对《管子》的研究

杨慎(1488—1559),四川新都人,其《二伯论》作为史论,不但对传统的五霸说提出质疑,还特别提出"霸"者的实质在于"攘夷"的思想观点。

杨氏认为,自古儒者多言五霸,事实上这种说法不正确。

---

[1] [明]梅士享:《〈管子〉删评·凡例》。
[2] [明]梅士享:《诠叙〈管子〉成书·凡例》之《刻例》。

"伯"的称誉是有其特殊社会背景的,是特定春秋时期"四夷"交侵的产物:"夫伯,何为者也?中国陵,四夷竞,有能联诸侯、同会盟,以役社稷,以固维城,是之取尔。"杨氏特别强调当时包括周王室在内的中原各国屡受"四夷"侵扰的社会现实,认为正是这样的历史情境,才使"伯"的出现成为可能;换言之,只有攘"四夷"、卫华夏,才可称之为"伯"。若仅是诸侯国之间争城掠地以胜负相论,是不可以以"伯"相称的。正是在这个意义上,杨氏认为能称为"伯"者,仅齐桓、晋文而已:"由此其选者,桓其首也,伯之雄也。文其继也,桓之匹也。未有三此者也。"①

杨慎认为五霸的说法始自战国,是"战国之士所以鼓噪其君"的结果。杨慎还特别指出,秦缪公、宋襄公、楚庄王之所以被后人毫无理由地抬高以至与齐桓、晋文并称为霸,实源自孟子的"激辞"、左丘明的"诬辞"、公羊高的"偏辞"②。杨氏说,孟、左、公羊之论皆不可信、不可依。

杨慎《二伯论》独重管仲攘夷的事略,并将攘夷作为管仲事功及思想的主要内容,直接影响了崇祯年间杨锵对管仲的评论③。

---

① [明]杨慎:《升庵集》卷五《二伯论上》。见《钦定四库全书》。
② [明]杨慎:《升庵集》卷五《二伯论下》。见《钦定四库全书》。
③ 杨锵《管仲》一文,主要是阐述"霸"字之义:"夫霸者,伯也。方伯连帅之长,藩臣之名也""商命文王为西伯,专征伐,岂文王亦杂伯乎""诸儒辨王伯纯驳之微""狃于评伯之文,昧于伯字之义……陋亦甚矣"。文章对管仲率师南向伐楚,以周昭王南征不复质问楚国并责其上贡周室一事,做了详尽、深入的分析论述,并认为管仲南向伐楚是"其心刻刻在王室"的表现。由此可知,杨氏所理解的管仲佐齐桓公称霸,主要是就管仲攘四夷以尊王室而言,而不是从后人所理解的诸侯胜负之战的意义上立论。

王世贞（1526—1590），江苏太仓人。他对管仲所做的历史评说，往往视角独特。前人对管仲功业的评论，多是就事论事，即关注其尊王室、霸诸侯、攘"四夷"事件本身，而少有在与他人功业的比较中论述其历史地位的。王世贞则采用比较方法对管仲进行评论，这在历史上大概是第一次。

上古之时，洪水横流，泛滥天下。禹受帝舜之命，治水以定九州。他居外十三年，过家门而不入，终于治服了滔天洪水。然而，大禹治水的成功，是否潜藏着有无大禹就会生灵涂炭、人民陷入生存绝境的命题呢？王世贞认为，事实并不是这样，因为天下之广、土地之沃、水之就下，人依然可以躲到安全的地方。而在管仲时代，"四夷"交侵，北有"山戎跳梁燕蓟之末垂"，南有"楚蚕食江汉诸姬"，又"窃中国之衣冠而谈礼乐"。当时的天下形势，是周室及中原诸侯即将遭遇"四夷"变华的威胁，这是一种无处躲藏、除奋而迎击之外别无选择的危难境遇。正是由于不同的历史情境，才决定了管仲抵御"夷狄"的功业，是胜过大禹治水的。

王世贞不仅将管仲与大禹相比，还通过分析管仲与姜太公的功业突出管仲为业之艰难，借以表明管仲功业之伟大。王氏说，多数人认为管仲无法与太公相比，其实这种说法是错误的，因为如果从"为管仲难，为太公易"的角度分析，管仲并非不能与太公相俦，事实上甚或胜之。太公辅佐的君主是周文王，文王是一位圣人，当时三分之二的天下已归心于周，仅剩的三分之一也因商纣王残酷暴虐而叛心将起，这个时候即使没有太公，仅是率领"闵散之辈"亦足以夺取天下。而管仲呢？他辅佐的齐桓公是一位"中材"之主，出仕之后又位居齐国高、国二卿之下，在桓公不比文王贤、己位不比太公显的情况下，他统率各路诸侯，出兵征伐的狄、楚，"此非有过人之材不能也"。太公之术皆"阴谋秘术"，后人早已因"其异于道而斥之"，且太公又是通过战争帮助武王取得天下的，哪里比得上九合诸侯不以兵车的管仲呢？"故孔子津津焉推仁于管仲，而太公之不及"①，其管仲胜于太公之意溢于言表。

  王氏说，自己未读《管子》之前，对管仲的了解多是通过《左传》获得的，认为管仲的事功"大要佐桓公以正"，其南下伐楚、拒绝郑太子不合礼义的要求、辞却周天子准许自己以上卿之礼觐见的恩赐，可称得上"彬彬乎，德言君子也"。待到读《管子》一书，他才知道管仲的思想与《左传》所载是有区别的："《管子》一书，自定兵制、兴鱼盐诸大策外，往往择卑而易行，博小以图大，转败以为绩，巧取而不匮。愚其君，遂愚其民，以愚天下之诸侯。使翕然用于吾术而不敢背。"三个"愚"字，说明《管子》是一部权术之作，是"战国之策士术，史傅会而增益之者"。至晚年，他又对这些权术思想信而不疑②，认为这是"管子善因时"③的表现。这就等于承认《管子》权术源自管仲思想，于是管仲思想遂有了崇德礼与尚权术二重的品格。

  不过，王世贞对管仲的权术没有任何贬义；相反，他极力赞扬"善因时"的管仲以权术"攘夷"称霸，同时又对自孟子

---

① ［明］王世贞：《弇州四部稿》卷一百十《太公》。见《钦定四库全书》。
② 明万历十年（1582）赵用贤刊《管韩合刻》，并请王世贞作序，则王氏晚年读《管子》，或许在这个时候。
③ ［明］王世贞：《弇州四部稿》卷一百十二《读〈管子〉》。见《钦定四库全书》。

以至两宋诸儒空言性理而无任何事功进行了强烈的批评，说："濂闽之徒，日谆谆以正心诚意之说告其君，至于用略焉，万一不幸而君任之，井吾田、车吾兵，不逾时而社稷饱敌矣。于乎，今安得起仲而将相其才，使之南治岛、北却敌，徐而置。濂洛诸儒于庠序间，雅步高论，藻饰其所不足邪。"①

明王朝虽然推翻了元政权，但并没有继承元代多民族大一统的统治格局，而仅是在元的一部分疆域内建立起一统的王朝。自洪武、永乐之后，明王朝对边境少数民族政权的威慑力迅速下降，在收缩边境、重兵屯边之后，一系列的边境冲突频繁发生。瓦剌、鞑靼兴起造成北方边境不安，倭患成灾导致南方边境不宁。土木堡丧师，英宗被俘；庚戌之变，明王朝畏敌坐守京城，任鞑靼军在城外烧杀掳掠。这一切均说明，边境少数民族政权对中原的侵扰与威胁，直接影响明王朝的政治安定。就当时的国家政局来说，明王朝是急需历史上管仲那样的"攘驱四夷"的将相之才的。于是，王氏通过这种批评来黜空疏之学、尚实业之功、借之讴歌管仲就不难理解了。

杨慎、王世贞两位学者在对《管子》的研究中，不约而同地表现出对管仲"攘夷"功业的赞颂，这绝不是偶然的事件。

对明人而言，元明鼎革易代的意义不只是政权的简单更迭，更是汉人夺回中原统治权的表现。明朝建立后，立即向天下发布檄文，称"我中国之民，天必命中国之人以安之"②，鲜明地表现出对入主中原的蒙古少数民族政权极端鄙视、戒备与排斥

---

① ［明］王世贞：《弇州四部稿》卷一百十二《读〈管子〉》。见《钦定四库全书》。
② ［明］宋濂：《谕中原檄》，程敏政辑《皇明文衡》卷一，明嘉靖刻本。见《四部丛刊初编》。

的复杂心理。于是，在明王朝拥有皇朝统治、天下名正言顺的时代心理笼罩下，当明后期汉人政权重又被"四夷"欺凌践踏时，一些知识分子难免重温历史上抗击"四夷"的人和事，借之再次强调"攘夷狄、卫华夏"的民族情感和"贱夷狄、尊华夏"的正统观念。当时，明王朝在边境问题上始终没有形成压倒性的气势和实力，以致明廷节节败退的事件频频发生。这其中的原因自然是多方面的，但人才缺乏却是一个不言自喻的事实。从这个意义上讲，那些整日空谈性理不务实学的众多学者是有不容辞咎的责任的。而王世贞《读〈管子〉》一文，正是要通过对管仲与《管子》的再认识并结合晚明的社会现实，来表达自己倡实学、黜空谈的爱国心志。

轻重学说与财经管理：
明代《管子》学术（二）

一、"以人君而争商贾之利，可丑之甚也"：丘浚对轻重学说的批判及发展

丘浚（1420—1495），广东琼州（今属海南）人，累官至文渊阁大学士，是明代中期著名的思想家。他对《管子》的研究主要集中于其专论治国平天下之事的《大学衍义补》。

丘浚认可现有的社会秩序，并把社会按现有的秩序运作称为"义"。合于义，意味着人人按照各自在社会中的等级身份获取相应的财富；否则，就是不义。于是，他说的"义"便成了维护封建统治的工具。

丘浚极力维护富人的利益，认为富人的财产不可侵犯，否定轻重学说打击富商大贾以充裕国家财政的积极意义，其安富论为此说提供了充足理由。也正是在这种强烈的安富思想指导下，他把国家利用商人之法行使轻重敛散之权而剥夺商贾之利，看成是极不体面的事情。

丘浚在理财制国用问题上的心理矛盾具有历史代表性，自

西汉盐铁会议上贤良文学反对桑弘羊实施平准、均输，到北宋司马光反对王安石实施青苗、市易，中间夹杂形形色色的知理财为必务却又讳言理财的各种人的言论，均可看作这种矛盾心理的表现。他们被传统儒家教条束缚着，常常耽于义利之辩不能自拔，故虽多有"以经济自负"的空想，却鲜有在治国理财方面提供真知灼见者。

对于社会经济管理，丘浚主张自为论，主张国家不干涉人民的生产、贸易等经济活动，听任民间自主自为。对于市、籴二事，他认为政府不需要介入其中做平准、均输、常平的工作，即便商贾囤积居奇，造成民间物资缺乏，其价格也不会太贵，因而不需要与商贾争夺市场、平抑物价。我们知道，作为封建政府的理财之术，轻重学说具有垄断、抑商、强制三个特性。丘氏强调社会经济生活中的自为论，实际上是在安富论之外从另一角度反对轻重学说。

轻重学说认为，货币或商品供求的变化会引起二者轻重的消长，统治者应审时度势，敛之以轻、散之以重。这样做有两个目的：一是获取重利以充实国家财政；二是使市场上万物的价格保持相对稳定，使普通民众受益而商贾难谋大利。

丘氏对轻重学说主张国家掌控五谷价格的做法表示认同。在具体的实施方法上，他改五谷与万物"为敌"① 为直接敛散货币法。丘氏建议自下而上建立米价定期汇报制度，然后政府根据各地米价的波动，移低就高，在各地之间他所说的"通融转

---

① 《管子·国蓄》说："凡五谷者，万物之主也。谷贵则万物必贱，谷贱则万物必贵。两者为敌，则不俱平。"（《管子校注》卷第二十二，第1272页。）

移"，即依其轻重而及时敛散。值得注意的是，他所说的"通融转移"的对象不限于米谷，根据其"务必使钱常不至于多余，谷常不至于不给"的表述，除米谷外，钱亦在其内。然而，依然他在逐级上报的基础上通过通融转移以平抑米价的主张，现实有可能是因上报时间太长不能及时反映物价的真实情况，他的米价常平思想成了一纸空谈。

丘氏一方面反对以轻重学说为国理财，另一方面又主张政府运用轻重敛散之术平抑米价；一方面强调经济生活中的自为论，另一方面又赞同政府对经济生活的干预。这反映了他的思想存在矛盾。

二、纲盐法的实施：袁世振的盐业官榷思想及其实践

袁世振（？—1631），湖北蕲州（今湖北蕲春）人。万历四十五年（1617），时任山东司郎中的袁世振因针对两淮盐业弊政提出《盐法十议》，受到户部尚书李汝华赏识，被擢升为山东按察司副使，同年被派往两淮改革盐政。袁氏创制的纲盐法对拯救晚明盐业发挥了重要作用。

洪武三年（1370），明代开始实行开中食盐法。由于此法既解决了边境军饷问题，又解决了食盐运销问题，因而在全国得到迅速推广。

按开中法，商人首先将边境急需的粮草运于指定仓所，并领取边镇开中仓场填发的仓钞和边镇巡抚填发的勘合等证明材料。然后，商人到指定产盐区凭仓钞和勘合换取盐引、执照、榜派场帖等文书，并到盐场凭盐引、执照、榜派场贴等文书支

取食盐，然后携盐引和食盐去指定区域贩卖。由于开中食盐可获厚利，在由纳粮、纳银到兑换盐引，再由盐场支盐到行销贩卖一系列环节中，很容易出现营私舞弊现象。

当然，开中法在实施过程中出现的最大问题，是淮盐壅滞、盐商破产。针对这种现象，袁世振推出纲盐法。纲盐法推行的直接目的，是迅速疏通历年壅滞的淮盐，同时又不影响国家每年新的盐课收入。纲盐法的具体实施是：第一，确定商人窝本并载入纲册，即确定盐商数量并对他们的行盐权利予以认可。以淮南为例，官方通过查阅淮南红字簿，把那些纳过余盐银的商人编为纲册，规定自今"刊定以后，即留与众商，永永百年，据为窝本""其册上无名者"，不得"钻入而与之争骛"。第二，将纳过余盐银而尚未掣盐的商人"挨资顺序"分为十纲，每年令其中的一纲行积盐、九纲行新盐。由于当时的积盐约有二百万引，为保证每纲商人均负起行销积盐的义务，规定每纲商人每年必须行积盐二十万引，并按纲册顺序逐年往后推衍。对于新盐来说，根据全国及淮南盐业的统筹安排，其余九纲商人只须每年行四十八万引即可。第三，取消浮引、套搭等额外行盐任务。

纲盐法不仅有助于晚明财政危机的缓解，对于清代的盐业官榷也产生了很大影响。

三、"天下皆私盐"与"天下皆官盐"：李雯的盐业改革思想

李雯（1608—1647），松江府华亭（今上海松江）人，其《蓼斋集》卷四十五有《盐策》一文，系统阐述了他的盐业改

革观点。

文章提出，可以满足国家之用的东西有两个：一个是盐铁之利，一个是菽粟资粮。就用途之博、获利之多来说，无过于盐业。对于国家来说，理想的治世当然是免税于民；若做不到，则"以法笼之（指盐）而佐国家之经费"。然而当下的国家盐业状况却令人担忧：本来，朝廷可以从榷盐中获取大笔财政收入，但现在这笔财富却荡然不见踪迹，明代的盐业官榷存在哪些不足？其出路在哪里？

李雯对历代盐法进行分析估量，认为"盐策之兴，始于齐，衍于汉，盛于唐，杂于宋，极于元"。管仲寓税于盐价的方法，自汉以后被广泛推广。明太祖也仿宋、元旧制实施开中法，这不是盐法不良所致，而是明太祖高皇帝让利于民的仁政表现。可是，时间一久，开中法弊端丛生，以至于所涉官吏无不投机取利，商人获利越来越艰难。此后，国家又行钞法。行之既久，又出现煮盐灶户逃亡现象，造成官方盐场被权贵豪强掌控的"官盐""私夺"和官方没收奸商盐场的"私盐""官行"的混乱局面。鉴于国家盐业管理中官、商互相争夺私利的现象，李氏设计了一个把盐场交于商贾并以赋田方式征收盐税的盐业管理方案：将海滨盐地以万亩或数顷为单位交给商贾，并赋予商贾自行煮盐的权利。

李雯认为这一盐法有以下优势：第一，省却了官办盐业以"无名之费"对商贾的层层克扣，变以前盐税的"入于多门"为"入于朝廷"。第二，对商贾盐税的征收看起来很重，其实是将以前商贾交于"贪吏"的那部分追回了。第三，新的盐法一旦实施，"天下皆官盐"。

从盐业的发展历史看，自《管子》提出"官山海"，一直到西汉武帝时期的盐业政策，是官制、官收、官运、官销的完全官榷形式。此后，经唐刘晏的盐业改革，到宋代的引钞盐制，再到元代的行盐法、和籴法、食盐法和常平盐法，最后到明代的开中法、纲盐法，盐业完全官榷的形式逐渐被官商合作的混合经营方式所取代。不过，由于国家严格控制着盐的生产和由盐民到盐商之间的食盐流通环节，所以不管是完全官榷还是官商合作，盐业形式上的变化，并不改变政府主导下盐业官榷的实质。按李雯的设计，国家把盐的生产、储存、运输、销售完全交给盐商，政府仅是以类似赋田的方式对盐商征税，这实际上已经不是传统意义上的盐业官榷了。李雯设计的盐业方案能否取得传统盐业官榷的财政实效，是一个有待验证的问题。他说这种改革看上去是"天下皆私盐"，实际上却是"天下皆官盐"，即依然是盐业官榷。如果这一说法符合国家榷卖的精神实质，那么国家以赋田方式管理的粮食征收也应该隶属于榷卖系列了，而这显然是不正确的。我们在前面说过，国家榷卖具备三个特征：垄断、抑商和强制，按李雯的设计，此时的盐业将不再具备国家垄断的性质，抑商、强制的特征也逐渐模糊了。所以，李雯的盐业改革设计，在其本质上是对传统盐业榷卖的否定与消解。

第六章
学术转向与救国：清代《管子》学术

《管子》这部两千年前的古代典籍，因管仲这一历史人物、因管仲霸业及呈现出的光辉形象，而被赋予了以之治国则国富兵强，以之救国则国家兴旺的特殊文化内涵。清代《管子》学术不仅展现出由重考据向重思想过渡的迹象，而且也展现出士人学子自觉肩负起救国救民的政治使命，努力挖掘、诠释《管子》治国、救国之术的文化景观。

财经与文化：发生的时代背景

清朝初期，为迅速恢复生产力、尽快缓解社会矛盾，统治者实施了减免赋役、停止圈地、招募流亡、奖励垦荒、兴修水利等一系列经济政策，国内局势渐趋稳定。当时，朝廷财政收入以田赋丁税、盐课为主。田赋，是土地所有者（自耕农、小土地主、地主）每年按亩向政府交纳的税额。丁税，是自十六岁至六十岁男子按贫富程度不同缴纳的以钱银代役的款项。康熙五十一年（1712），清廷开始实行"滋生人丁，永不加赋"[1]政策。但官吏营私舞弊，把一些差役丁银也分摊到农民头上，使"永不加赋"成为一句空话，人民负担没有实质性的改变。康熙五十五年（1716），清廷实行地丁合一的政策，即把丁银全部摊入地亩中征收。由于人口会流动甚至逃亡，土地却固定不变，所以地丁合一比丁税合理得多。这一政策实施的结果是清代人口在此后的五十年里猛增了数倍。

清代中前期，朝廷对财政支出把关较严，在皇室费用和政

---

[1] ［清］赵尔巽等：《清史稿》卷一二〇《食货一》，北京：中华书局，1977年，第3479页。

费使用上都比较节俭。嘉庆、道光以降，鸦片的涌入使数亿两白银外流，导致银价升高，而人民交税时却要将手中的铜钱换成白银，这加重了他们的经济负担。鸦片战争后，清廷失去关税自主权，再加上数次巨额战争赔款，使清廷财政倍感拮据；外国商品的侵入造成国内市场紊乱，不断冲击着清政府的税源，这更让清廷财政吃紧；令人无法想象的是，统治阶级内部腐化堕落的趋势却有增无减。

总的来说，清代后期，战争、赔款、税源减少、侈靡享乐带给清廷的财政压力是巨大的，而清廷除了加重对劳动人民的盘剥外别无他路，这必然加重、恶化清廷与劳动人民之间的矛盾。可以说，清政府是在国内、国外双重打击下苟延残喘以致走向覆亡的。

清代的文化态势较可注意的有以下两点：一是乾嘉时期汉学继朱子理学成为治学风尚，二是经世治用思潮在清后期勃然兴起。

清初统治者对以儒家思想为核心的汉文化颇有了解。他们看到，要巩固自己的政权，一方面要实行有利于自己民族的政策，另一方面又必须大力提倡汉文化，促成以汉文化统治汉民族的事实。因而，他们继承了明代官方统治思想——朱子理学，并将之作为自己王朝的思想统治工具。

独尊朱子的局面至雍正特别是乾隆时期发生变化。乾隆帝虽自幼受理学熏染，并盛赞宋儒周、程、朱子之书有功后学，但一些精研理学的大臣如方苞、李绂、晏斯盛等言行不一、欺世盗名、假公济私、党同伐异，令乾隆帝异常恼火，以致将他们怒斥为"假道学者流"①。同时，由于乾隆帝自己对理学钻研渐趋深入，他逐渐认识到了朱熹等人思想学问的不足。在乾隆二十一年（1756）至六十年（1795）的三十二次经筵讲学上，乾隆帝直言不讳地对朱子学提出质疑竟有十七次。②伴随清廷对经史研究的逐渐重视，以及乾隆帝本人思想的微妙变化，再加之大型丛书的编纂，众多读书人的治学风尚开始由理学研究转向以经史考据为特征的汉学研究。

受汉民族影响，清代统治者十分重视图书文化建设。乾隆一朝，随着国力臻于极盛，清廷开始组织编纂《四库全书》。《四库全书》自乾隆三十八年（1773）二月开馆编纂至四十六年（1781）十二月文渊阁藏本缮竣，前后历经九年。为保证编纂质量，清廷召集了如戴震、陆锡熊、纪昀、周永年、邵晋涵、朱筠、姚鼐、翁方纲、程晋芳、任大椿、王念孙、刘墉等一大批学术俊杰。所有书籍，都经过纂修官仔细整理、校阅、辨伪、考评，并撰写提要、编纂目录。面对两千年的历史故籍，他们在一起相互切磋交流，俨然成为清代汉学考据研究的集散地。

清廷一边不惜人力、财力编纂大型图书、昌明文治，一边又禁止结社、讲学并发布禁书令，大肆烧书、毁书实施文化专制。乾隆亲自制定《四库全书》著录标准，把全部书籍分为应刊、应抄、应存、应删四种类别，并借各地献书之际，对那些

---

① 《清实录·高宗纯皇帝实录》卷一八九"乾隆八年四月癸丑"，中华书局影印史馆大红绫本，1985年。
② 陈祖武、朱彤窗：《乾嘉学派研究》，石家庄：河北人民出版社，2005年，第6—15页。

不利于清廷统治的书籍寓禁于征。从乾隆三十九年（1774）至四十七年（1782），各地所献之书被清廷销毁者竟达三千种，计六七万册；而《四库全书》收书总数也不过三千五百零三种，合计七万九千三百三十七卷。不仅如此，清廷自康熙以来还大兴文字狱，至乾隆犹烈。

在清廷文治与暴政并重的亦怀亦威的阴阳政策下，众多知识分子被剥夺了言论自由，他们或对统治者歌功颂德、点缀升平，或钻进故纸堆中，在对经史书籍的训诂考据中寻求安身立命之所。一部分知识分子继承清初顾炎武"读九经自考文始，考文自知音始"[1]的治学方法，对以经书为核心旁及史书、子书的古代典籍进行文字、音韵、训诂、校勘、辑佚、辨伪、史地、典制、天算等多方面的研究，逐渐形成以吴派惠栋、皖派戴震为中心，包括江声、王鸣盛、钱大昕、凌廷堪、段玉裁、王念孙、王引之、焦循、阮元等众多学者在内的清代考据派。至此，高居庙堂的朱子理学形同枯槁，"家家许、郑，人人贾、马，东汉学灿然如日中天"[2]的局面形成了。

道光、咸丰以降，虽有不少知识分子仍埋头故纸堆从事烦琐的考据研究，但乾嘉汉学已是盛极渐衰。鸦片战争前后，清廷内有农民起义、外有西方列强入侵，沉重的家国之忧促使不少士人走出书斋，将目光投向疮痍满目的社会现实。自此，一种以经世致用为主要特征的文化思潮渐行渐起。

自魏源提出"师夷长技以制夷"，士大夫对这一借鉴西学、

---

[1] ［清］顾炎武：《亭林文集》卷四《答李子德书》，北京：中华书局，1983年，第73页。
[2] 梁启超：《清代学术概论》，上海：上海古籍出版社，1998年，第74页。

洋器实现民族自强的主张多有赞同。冯桂芬认为，中国不如西方的地方不仅仅是战争之器，除了军旅之外，"人无弃材不如夷，地无遗利不如夷，君民不隔不如夷，名实必符不如夷"①。所以，中国要想和西人抗衡，要想"始则师而法之，继则比而齐之，终则驾而上之"，就必须对西方的算学、重学、光学、化学、舆地等知识进行系统学习，"兼综条贯，轮船、火器之外，正非一端"②。冯桂芬的这一主张，是建立在中国传统纲常伦理不动摇而仅改变形下之器，即他说的"以中国之伦常名教为原本，辅以诸国富强之术"③的基础上的。这一思想成为洋务派官员推行中体西用文化政策的滥觞。

当然，如果从最高统治者的角度言，经世致用的文化思潮也是当时清廷所极力提倡、大肆鼓吹的。道光皇帝便一再强调，"士不通经，不足致用；经之学，不在寻章摘句，要为其有用也""通经致用，有治人而后有治功。课绩考勤，有实心而后有实政"④。可见，当中国社会急剧衰落、内忧外患危机四伏的时候，无论在学术领域，还是在思想领域抑或在政治领域，讲求经世致用均是时人的一种共识。

---

① ［清］冯桂芬：《校邠庐抗议》下卷《制洋器议》，清光绪丁酉岁（1897）聚丰坊校刻本。
② ［清］冯桂芬：《校邠庐抗议》下卷《采西学议》，清光绪丁酉岁（1897）聚丰坊校刻本。
③ 同上。
④ 《清实录·宣宗成皇帝实录》卷三五一"道光二十一年辛丑夏四月乙巳"，中华书局影印史馆大红绫本，1986年。

第六章　学术转向与救国：清代《管子》学术

由考据而义理：清代《管子》学术（一）

一、治学"用于天下"：郭嵩焘《〈管子〉评注》[①]

郭嵩焘（1818—1891），湖南湘阴人，后人纂录其对《管子》的札记成《〈管子〉评注》，集中体现了他对《管子》的研究。

在郭嵩焘看来，古代的经典文献莫不以经世治民为归。为学者之于经典，一定要以窥察其中精深的道理、洞悉人世之变、明见道德人伦、通晓具体事务作为学习内容，以期提高自己行与思的能力，时刻准备为天下所用。可以说，治学有益于天下成为郭嵩焘《〈管子〉评注》的研究特色。

在郭氏《〈管子〉评注》中，部分条例只有文句疏通，而纯粹文本校勘与文字训诂的内容不见了，文句疏通不再依附于校勘、训诂。这一完全脱离文字校勘和字词训释的文句疏通方式，正是《〈管子〉评注》所特有的。文句疏通由依附、辅助

[①] 本节凡征引郭嵩焘《〈管子〉评注》的评注性文字，若无特殊说明，均出自《郭嵩焘全集》岳麓书社2012年版。行文中，不再一一注其出处。

文本校诂进而成为文本校诂一个独立的研究内容，实际上预示了以校诂为重点的考据学已经开始向以义理阐发为重点的转变。正是伴随独立于校诂之外的文句疏通的出现，整段、整篇甚至整部著作的思想疏通才有可能出现，进而文本中所蕴含的博大的思想内涵及其经世治用之道才有可能被阐发、被汲取、被转化、被应用。因而，看似不起眼的独立文句疏通的出现，在由《管子》考据学向《管子》义理学转变的过程中，实则具有不可忽视的桥梁地位与标向意义。

然而，更值得我们进一步去说明、去挖掘的是，郭氏在《〈管子〉评注》中事实上已经在实践明人伦、通事务、以治世为归、为天下所用的学术思想。值得注意是，郭氏还借义理阐发的机会，深寓末世颓败之感。郭嵩焘身处的清代咸丰、同治、光绪三朝，不仅发生了政权颠覆性的太平天国起义，外国资本主义势力亦加紧了对中国的入侵与掠夺，内外交困，使清王朝已呈衰朽之相。此情此景让郭氏深感忧虑，于是，他借对《管子》义理的阐发表达了对末世颓败的无限感慨。比如他在读到《管子·八观》"法虚立而害疏远，令一布而不听者存，贱爵禄而毋功者富，然则众必轻令而上位危"[①] 时说道："叔季之世，法虽具而权臣窃之以行私，有司玩而弄之以招贿，大臣近习多所宽假，而法皆有所不行，唯疏远者蒙其害而已。令出而相与视若无事，而亦不复督其行，爵禄之贱，人皆可以攘得之，而偏滥于无功，而吝于有功。若此者，亡国之征也。读此三语，俯仰今古，为之慨然。""叔季之世""读此三语，俯仰今古，

---

① 《管子校注》卷第五，第270页。

为之慨然"十余字,表明郭氏是在抒发炽热的家国之忧。这样的文字虽掺杂在以校勘、训诂为主要内容的《〈管子〉评注》中,却早已不是校勘、训诂所能牢笼。

在《〈管子〉评注》中,类似上述的义理阐发是多方面的,举凡为政、军事、修身、志趣等均有涉及。所有这些,奠定了在由《管子》考据学向《管子》义理学转变过程中郭嵩焘所具有的重要学术地位,《〈管子〉评注》则成为这一转变的代表性著作之一。

二、借编纂做新的解读:杨沂孙《〈管子〉今编》[①]

杨沂孙(1812或1813—1881),江苏常熟人,清代书法家,著有《〈管子〉今编》。所谓"今编",是指杨氏从《管子》一书中选取五十三篇文章,重新进行分卷,从而形成与原本《管子》不同的编排面貌。这本书的入选文章皆为节选,虽有校诂、疏通,但作者主要还是将思想阐发作为研究的重点。

依杨氏,《〈管子〉今编》共分七卷,第一卷的思想内容均具有管仲立国、成霸的"原始要终"的特征,它们构成管仲治术的根本纲领或基本原则。第二卷均从自黄帝至姜太公再至管仲之间承传有序的黄老心术立论,具有"督形正名""允垂为谟"的思想特征。第三卷强调以法治国,具有共同的严明法令、不赦不议的思想特征。第四卷体现了管仲的兵法思想,其中《太公兵法》的遗留部分又是"孙吴言兵"之源。第五卷是管

[①] 本节凡征引杨沂孙《〈管子〉今编》的眉批性文字,若无特殊说明,均来自杨沂孙《〈管子〉今编》南京图书馆藏手稿。行文中,不再一一注其出处。

仲治齐的详纲细目。第六卷从民众和政府财富收入的角度切入，侧重于国家在经济生活中如何取得利权的主题。第七卷侧重于管仲辅桓公隐武行文、尊王攘夷的记载。杨氏喜欢把思想探赜与史实征引结合起来诠释《管子》，遂使《〈管子〉今编》呈现出历史的厚重感。

《〈管子〉今编》中，如张良、韩信、霍光、王莽、光武帝、王允、诸葛亮、司马徽、武三思、宋太祖、王安石、司马光等二十余位历史人物先后出现，在一个个人物背后，是一段段与义理阐发相对应的史实，有理有据，史论结合，别开生面。有时候，杨沂孙还把《管子》所述与历史上某些学者的思想观念进行对接，在彼此互解中达到特有的阐发效果。如针对《管子·内业》中的"思之，思之，又重思之。思之而不通，鬼神将通之。非鬼神之力也，精气之极也"①，杨氏诠释说："程子用力之久豁然贯通之旨也。"针对"天主正，地主平，人主安静"，杨氏诠释说："宋人主静之学。"又针对"内静外敬，能反其性，性将大定"，杨氏诠释说："内静外敬，宋五子之宗派，而管子乃先云之。"这样的阐释，尽管还处于简单类比阶段，但在之前的《管子》研究中尚未出现，与之后张佩纶、何如璋引他书文句以释《管子》也有不同，因而值得一提。

清代杨氏之前，唯一对《管子》的《轻重》篇做思想阐发的是乾隆、咸丰年间的宋翔凤，但宋氏研究《管子》，重点在于校勘文本、训释文字，对《轻重》篇的诠释只是偶尔为之。至《〈管子〉今编》，杨氏不仅自觉地以"为取利权操之上，出于

---

① 《管子校注》卷第十六，第943页。

一孔，是用富强"① 撮述《管子·国蓄》《管子·海王》等篇关于轻重的大意，还围绕轻重之术发表自己的评论见解。

有时，杨氏诠释《管子》惜墨如金，如他认为其中的《管子·弟子职》是"乡学规"，《白心》是"至敬之学"，《立政》中的"谯敬而勿复，一再则宥，三则不赦"是"情法兼用，恩威并用"，《内业》中的"凡食之道，大充伤而形不臧，大摄骨枯而血沍"一段文字是"摄生要诀"，《权修》中的"地之生财有时，民之用力有倦，而人君之欲无穷。以有时与有倦养无穷之君，而度量不生于其间，则上下相疾也"一段文字是"量入为出"的财政原则，字字精准、一语破的，丝毫不影响其思想阐发的准确性与深刻性。

---

① ［清］杨沂孙：《〈管子〉今编·序目》。

见救国之志：清代《管子》学术（二）

一、"安有管子之才出"：宋枬《读〈管子〉寄言》①

宋枬，重庆永川人，约清咸丰、同治、光绪年间在世，光绪十年（1884）撰《读〈管子〉寄言》。

宋枬认为，"物不得其平则鸣"，实际上是物不得其平借他物以鸣。借他物以鸣是一物把自己的不平通过寄于他物的方式表现出来。依此而论，人不平以鸣绝非寄于言或寄于"文辞"②一种，而是可能具有多种寄托方式。

那么，人为什么要将其不平寄于物呢？宋枬说："人之生也，如蜉蝣之寄耳。蜉蝣有羽而衣裳，则以楚楚称之。人之寄于天壤也，无功业以显于世，无文章以传于后，随生随灭，视蜉蝣不若也。假蜉蝣无衣裳，有衣裳而不楚楚，虫有蜉蝣，直不啻蜉蝣之无蜉蝣也。何寄焉？蜉蝣之有衣裳，蜉蝣之寄也。"③

---

① 本节凡征引宋枬《读〈管子〉寄言》的文字，若无特殊说明，均来自宋枬《读〈管子〉寄言》清光绪十年（1884）刻本。行文中，不再一一注其出处。
② 韩愈在《送孟东野序》中写道："人声之精者为言，文辞之于言，又其精也。"
③ ［清］宋枬：《读〈管子〉寄言·自叙》。

第六章　学术转向与救国：清代《管子》学术

蜉蝣生命短暂，在其从生至死的整个过程中很有可能默默地自生自灭，以致人们不知世间有此生灵。但令人意想不到的是，蜉蝣把自己生命中最美的一面向世界做了展示，不但向世间宣告了它的存在，还赢得了人们的赞美，从而证明了自身存在的价值。这一切，在宋枏看来，正是蜉蝣将其一生寄于"楚楚"衣裳的结果："蜉蝣之有衣裳，蜉蝣之寄也。"人，也应该像蜉蝣那样有所寄，若没有"功业""文章"等可寄之物，仅是随自然运化"随生随灭"，实在是"视蜉蝣不若也"。

宋枏所在的咸丰、同治、光绪三朝，正是西方列强愈趋疯狂地蚕食大清王朝的年代。作为一个功业心极强的士大夫，他迫切希望把体现自己人生价值的不平之鸣寄托在经邦安国的伟业之中。但他又觉得，这样的不平之鸣或许仅能作为理想存在而现实中不可能实现。宋枏说，自己有一些辞赋文章似可聊寄不平，但他担心"凌杂"不堪无补于"斯世之阙"。在这种情况下，究竟应该如何借物以鸣呢？

在宋枏认为的三种寄物方式中，他虽羡慕阮孚、嵇康、陶渊明，却明确表示不愿意效仿。谢安、陶侃虽也同样采取"取携"的方式，但由于这个"取携"之物是借以完成他们经国安邦之功业的道具，因而与阮、嵇、陶三人有着本质的区别。宋枏提到"正吾寄言之作所由仿"，表明他要采用寄言的方式追随那些已建立经国安邦之伟业的人。

由于《管子》一书旨在经世济民，故宋枏阐释《管子》、补充《管子》，当然也就具有了同样的性质。

古来以寄言鸣不平，多是相对独立的创作活动，其呈现形式多是一个无复依傍的语言作品。宋枏《读〈管子〉寄言》却不同，他借物以鸣，说得直白一点，就是借《管子》以鸣。《管子》是管仲的寄言，故宋枏便采取了"寄《管子》之言，而吾言为寄生之言"[1]的独特寄言方式，即非独创性。换句话说，宋枏的一切寄言都依傍于《管子》，没有《管子》之言，便没有他的寄言。

宋枏的"寄生"之言有两种表现形态：一种是对《管子》中稍嫌隐晦的思想做出诠释；另一种是通过对比凸显《管子》的某一思想，不仅对《管子》思想进行评论，而且在思想阐发中与史实相互印证，以借《管子》抒发自己的政见等。可以说，宋枏借寄言追随那些建功立业的善鸣者以期有补于当下，主要是采用了后一种表现形态。可以说，借《管子》寄言以抒发自己经国安邦的政见，是宋枏《读〈管子〉寄言》的撰述初衷，这样的寄言多处可见。

除了直抒为政之见，宋枏还在寄言中不时地援引史实，以史为鉴，其中的政治讽谏不言自喻。如他对《管子·权修》"商贾朝则货财上流"至"兵士之死节不可得也"一节的寄言："去谗、远色、贱货，为治国根本。古今宫帏之变，杀骨肉、乱宗庙、轻锋镝、毁忠良、无不败于女色者，其祸岂可胜言哉？六军驻足，二子殒身，千古而下，言之慨然。"王朝方兴，统治者多能爱惜民力、勤俭治国；数代之后，则往往忘记祖宗遗训，大兴宫廷苑囿，侈靡成风。统治者为满足自己日益荒淫无度的享乐，无所不用其极地搜刮民脂民膏，江山社稷从此朝不保夕。宋氏在《管子》之义的基础上"详以警之"，一方面铺排增饰，

---

[1] ［清］宋枏：《读〈管子〉寄言·自叙》。

另一方面加强语言惊警的力度,同时附以宋徽宗、宋钦宗二朝的败落作为史鉴,于是《管子》思想不但借之得以升华,且被宋氏生发成可使统治者引以为戒的鲜活的政治教训。

《管子》有《七法》篇,重点围绕"治民有器,为兵有数,胜敌国有理,正天下有分"①的战争主题展开,这与宋氏"定礼制乐"的儒家思想形成冲突。尽管宋氏在《七法》寄言中,对其战争走向小有微辞,但不意味着他对这一类思想完全否定。相反,对于《管子》中精彩的兵家思想,他仍旧多有阐发。

宋栩是一介儒生,他倾力于阐释《管子》兵家思想,却不能像将士那样真正驰骋于疆场,正像他阐发为政之道却无缘执政一样。这是否意味着他制军的寄言仅是空谈泛论而毫无价值可言呢?不是的。因为在宋氏看来,实际制军应以对军事理论的掌握为前提,即应先得之于"纸上",再实践于"马上"。这样看来,宋氏对于《管子》兵家思想的寄言,绝不限于军事思想的阐释,更有一份"读书经世"成为"真儒"、先"纸上"后"马上"以制军的用世之意深寓其中。这与他寄言以寓经国安邦之志是一致的。宋栩借《管子》以寄言,显然站在了以儒家为主体的意识背景之下。

我们发现,虽然宋氏肯定儒家思想,但他更倾向儒家理论本身具有的政治实践内容与经邦安国的功能。换句话说,儒家思想的完美体现者——圣人,必须是一位能牧民、能治世的人。可以看出,他对儒家思想的理解已不是坐而论道者所能框囿。

清代晚期,西方列强通过文化、经济、军事侵略,妄图将

---

① 《管子校注》卷第二,第106页。

中国变为其殖民地。对于一个受儒家文化影响较深的封建士大夫来说，这一切比杨朱、墨翟之言对人们思想的扭曲、人心的蛊惑更为可怕。因为，这已经不是简单的思想是非问题，而是关系中华民族可能被西方列强吞噬，进而亡国、亡天下的种族消亡问题。在这种现实情境下，很多士大夫都会把挽救民族危亡的希望寄托在中国历史上类似管仲那样的"尊王攘夷"的英雄人物身上。他们认为，只要管仲式的英雄复出，便能实现驱逐列强、重建儒家治世盛景的愿望。宋枏当然也不例外。

由此看来，宋枏选择《管子》寄言，意在借助"尊王攘夷"的管仲这一英雄形象，借助对其思想的阐发以潜移默化当朝执政者，并盼望他们自觉担负起历史赋予的时代重任，重建"天下一家，中国一人，四夷宾服，重泽来朝"的大清盛世。

二、"管子预防猾夏之渐"：张佩纶《〈管子〉学》

张佩纶（1848—1902），直隶丰润（今河北唐山丰润区）人。光绪十年（1884），清廷委任张佩纶筹办福建海疆事宜。由于福建水师在与法国舰艇交战的马江战役中失利，张佩纶被革职戍边三年。在戍边期间，他开始撰著《〈管子〉学》，十年始成。

张氏之前，在对《管子》的校诂中，文义疏通是一种常见的辅助性校诂手段，表现为以浅显易懂的文辞释义原始文本难读难解的文句，通过对上下文语境和释义性文辞语义的推敲，借以验证字词训诂的结果。张氏《〈管子〉学》则转变为征引《管子》之外的相关文句加以诠释疏通，于是文义疏通这一手段开始变得与文字训释愈行愈远而与思想阐发渐行渐近。

第六章 学术转向与救国：清代《管子》学术

同时，张氏还有意识地将征引的文句与《管子》做比较，指出《管子》思想的优长，为时人的政治研究和学术研究提供一些参考。他在征引文句以疏通文义的同时，常常指出《管子》某文句之于其他文本的源头性质。如张氏认为《老子》第五十四章出自《管子·牧民》"以家为乡，乡不可为也"① 一段，认为《商君书·修权》出自《管子》之《立政》《法法》《明法》，认为《邓析子·无厚》出自《管子·版法》"喜无以赏，怒无以杀"② 一段。实际上，张氏这一做法的学术意义不止于指出《管子》与他书思想上的前后承继关系，还反映出张氏对《管子》一书所可能具有的道家思想、法家思想、名家思想等百家杂糅性质的关注。除了在文义疏通的同时暗示《管子》的这一属性，张氏还以《管子·枢言》为个案，对其百家杂糅的性质做出说明。张氏仔细分析《管子·枢言》全文，发现其中某些言论与以《大学》《老子》《尚书·周书·洪范》《孙子》《尹文子》《墨子》等为代表的各家学说相接近，从而认定《管子·枢言》融汇了儒、道、阴阳、法、兵、名、墨七家思想精义。如他说"帝王者审所先所后，先民与地则得矣，先贵与骄则失矣（帝王把人民、土地放在首位，则能得天下；自以为高贵，骄奢淫逸，则会失天下）"一段是"儒家之枢言"，"爱人甚而不能利也，憎人甚而不能害也，故先王贵当、贵周（过分喜欢一个人，不能给对方带去利益；过分憎恨一个人，对方也不会因此受到伤害。所以，先王重视适当、周密）"一段是"道

---

① 《管子校注》卷第一，第16页。
② 《管子校注》卷第二，第125页。

193

家之枢言","凡万物阴阳两生而参视,先王因其参而慎所入所出(万物都因为阴阳相生而成为第三个事物,先王根据这三种现象,慎重地掌握事物的正反两面)"一段是"阴阳家之枢言","人故相憎也,人之心悍,故为之法(人与人之间相互憎恨,是因为人心本来就是凶悍的,所以需要用法来调节与管理)"一段是"法家之枢言","量之不以多少,称之不以轻重,度之不以短长(用兵贵有奇术,要摆脱正常的思维与判断。所以,多少、轻重、短长不可用于度量、权衡)"一段是"兵家之枢言","名正则治,名倚则乱,无名则死,故先王贵名(名与物相符,则国治;名与物不相符,则国乱。有物而无名,则国亡。所以,先王重视为物赋名)"一段是"名家之枢言","为人臣者,非有功劳于国也,家富而国贫(在国家贫穷的情况下,臣子没有功劳,家境却富裕,这是不可以的)"一段是"墨家之枢言"。[①] 这为论证《管子》容百家学说提供了典型的例证。

如上所言,《管子》中出现了各家各派的学术思想,这意味着似法家言者可归之法家、似道家言者可归之道家、似儒家言者可归之儒家,但法家之中并非仅有《韩非子》、道家之中并非仅有《老子》、儒家之中也并非仅有《孟子》,因而,归之法家并不代表与《韩非子》同、归之道家并不代表与《老子》同,儒家亦然。事实上,任何一个思想流派都存在许多代表人物,尽管我们可以把多个代表人物同称为某家某派,可仔细分辨,他们之间还是存在思想主张上的不同、学术观点上的差异。

[①] [清]张佩纶:《〈管子〉学》,台湾商务印书馆影印手稿,1976年,第535—563页。

第六章 学术转向与救国：清代《管子》学术

任何一种思想观点都有其萌芽、发展与形成的过程，对它们进行源与流的梳理，有利于在动态发展中对其进行全面综合的把握。张氏借助这种方式对某些学术问题进行了重新思考，如他对《管子·立政》中"寝兵之说""兼爱之说""全生之说""私议自贵之说"的历史梳理。他认为，兼爱学说源于"清庙之守"，创始于尹佚，传播于史角，大盛于宋襄公时代，其后经墨子加工润色而成。此间，兼爱学说四处传播，人们所持的态度不同，其带来的结果就不同。管仲以否定的态度对待兼爱学说，成就了齐桓公的霸业；宋襄公热衷于宣扬兼爱学说，结果在战争中失败。张氏没有对"兼爱"一词的内涵做专门解释，而是从历史角度描述兼爱学说的动态发展，并将其理论与历史实践相结合，最后归结于"择术审"的政治命题。由"孟子辟墨，断为无君；管子辟墨，断为无国"的评述，可知张氏对兼爱学说持批判态度。联系当时清廷对西方列强一味地屈辱求和、苟全性命，其中当带有"慎交涉，筹武备，谋保属邦以卫中国"[1]的政治用意。

张佩纶对《管子》思想义理的辨析，多数没有构成前后统一的主题，加之文字简短，在一定程度上阻碍了他对某一思想做出系统深入论述的可能性。不过，张氏在《管子》之《海王》和《轻重甲》中对管仲轻重之法的几次阐释，由于论题相对集中，颇能代表张氏《管子》义理研究所能达到的高度。

《史记·齐太公世家》和《汉书·地理志》记载管仲的治

---

[1] 劳乃宣《有清通议大夫四五品京堂前翰林院侍讲学士张君墓表》，周骏富辑《清代传记丛刊》之《碑传集补（一）》，台北：明文书局，1985年。

国方略时,都曾提到轻重之法,细察之,二者都将实施轻重之法的目的理解为富国。张佩纶认可这种理解,通过分析田氏反管仲之法并最终代齐自立的历史事件,他推出了轻重之法"防邻敌、抑私家"的实施目的。联系历史上对轻重之学的诠释,可知张氏的理解是正确的。

元代马端临《文献通考》指出,轻重之法仅是管仲聚财的手段。张佩纶不同意马氏的观点,他认为晏子所言"海之盐蜃,祈望守之"指的是景公时的专利苛政,所言"鱼盐蜃蛤,弗加于海"指的是田氏为俘获民心而施展的政治手腕,这些与齐桓公、管仲没有关系。进一步说,如果看到一种政策在实施过程中产生弊端,就把这种弊端产生的原因归咎于政策的最早制定者,那么追根溯源,受到批评的应该是齐太公,因为轻重之法实"倡自太公,亦不得专责管仲"。张氏同时指出,这种动辄追究"作俑"者的做法是极端错误的,它和"以赵高之亡秦而非商鞅,犹以崇虎乱殷而非伊尹"一样均是谬论。这里,张氏意在表明不能因为齐国末世有败政,就将败政归咎于管仲。尽管他没有明确地指出,轻重之法历经太公、管仲至于景公已经产生许多变化,管仲之法不同于太公之法,景公之法又不同于管仲之法,但其话语中隐含的上述意思还是可以看出来的。联系马端临"其意不过欲巧为之法,阴夺其利而尽取之,既以此相桓公、霸诸侯,而齐世守其法"的说法,可知马氏恰巧是把处于变化之中的有继承发展的轻重之法看成了一个永恒不变的政策法令,这显然是错误的。对于马氏认为管仲轻重之法是阴夺民利而尽取之的观点,张氏也进行了反驳。他认为盐利的受益者不是公家就是私家,与其入私不如入公。国家财政的获取或是通过官方榷盐的方式，或是通过向人民征收租赋的形式，与其向人民征收租赋，不如通过官方榷盐。很明显，管仲轻重之法有利于打击富商巨贾，有利于减轻人民纳税负担。所以张氏认为，马氏把管仲轻重之法看成一项苛政并不正确。张氏还指出，管仲不仅在国内实施轻重之法，还在国外积极推行，借此夺取他国财富，足见管仲"尤有深算远谋原乎其间"。

三、"乘轻重之权，尤不能稍懈甲兵之备"：何如璋《〈管子〉析疑》

何如璋（1838—1891），广东大埔县（今广东梅州大埔）人。光绪十年（1884），因马江战役失利，翌年与张佩纶一起被革职并被派往直隶省张家口戍边。光绪十四年（1888）期满后，他主讲于潮州韩山书院，数年而卒。何氏对《管子》的研究见于其在戍边期间撰著的《〈管子〉析疑》。

在《〈管子〉析疑》中，最值得重视的是何如璋对轻重思想的阐发。他说，实施轻重之术最终是要达到"务本饬末""均贫富""杜兼并"这三个目的，轻重之术的实施要领在于"守策持流、与时消息，权轻重以调上下之平"，即让币、货、谷三者始终处于一种流通的状态，根据它们各自的轻重变化，相机而动，以此敛散开阖。由此可以看出，何氏正确诠释了轻重思想，并认识到了它对治理国家、维持社会稳定的重大意义，显然要比只知揭其短而不去探其用的学者高明得多。他认为，轻重思想在任何时候都有用武之地，"有事以资守战，无事以行仁义"，这便把轻重思想提升到理世治国须臾不可无的高度。之所以有上述诠释，与何氏积极的用世态度、敏锐的经济意识分不开。

轻重理论强调以贸易战代替军事战，也就是在与他国的贸易往来中，尽可能使他国货物流入己国，借己国货物占有上的优势使对方不战而服，并认为这是"因天下以制天下"[①]之术。此外，《管子》轻重学说还提出一种"五战而至于兵"的由经济战到军事战的更具策略性的征服他国的理论：桓公向管仲请教军事上的用兵之术，管仲认为要先做好五个方面的贸易战，之后才可以谈用兵。他提到的"五战"，是轻重思想在贸易实践中的具体运用。"战衡"，是在平衡钱币与货物供求方面的贸易战；"战准"，是在调节物价上进行的贸易战；"战流"，是在商品流通主动权上进行的贸易战；"战权"，是通过权变之术进行的贸易战；"战势"，是在充分利用自身优势方面进行的贸易战。如果在上述五方面的贸易战中都能取得成功，就可以轻而易举地讨论用兵之术即进行军事进攻了。何氏从这一理论出发，对西方列强通过与中国进行经济贸易并逐步实现军事侵略的企图进行了反省与剖析。

何氏认为，当下的天下大势正如同春秋时期世界各国纷纷缔结合约、互相通商，均在管仲说的"五战"上争胜负。然而，通商无阻而利源有限，长此以往，各国之间为争利夺物必然相互争以力，这是一个无法阻止的历史趋势，就像中国历史上"春秋之末变为战国"一样。在这种情况下，清政府必须因时而变，力争在"五战"上取得主动，即使不能取得"五战"的主动权，也应该着力防备"五战"之后西方各国对中国的"力征"，因而"尤不能稍懈甲兵之备"！何氏的这段论述确实振聋发聩。

[①] 《管子校注》卷二十四《轻重丁第八十三》，第1481页。

自鸦片战争以后，西方各国打着与中国通商的幌子，实际上是想掠夺中国的财富。在与西方各国通商的过程中，清政府并没有在"五战"上取得主动权，结果中国的财货大量外流。当时很多中国人既不明白"五战"获胜的重要性，更不懂得"五战而至于兵"的道理，这是清廷面临的最大隐患与威胁！对比之下，西方各国于此却有所知晓，"欧洲诸国互市修备，不轻出于战者，皆师此言者也"。而对于国人来说，知有《管子》而不知读，手持宝器而无所用，这又是怎样的悲哀！何如璋把对《管子》轻重思想的诠释转化为对清廷统治者的强力警示与呼吁："因时济变者，固不可少。乘轻重之权，尤不能稍懈甲兵之备！"学者治学以济世，在何氏对轻重思想的诠释中又一次得到证实。

轻重学说与财经管理：
清代《管子》学术（三）

一、官榷、常平与救荒：王夫之、陆世仪对轻重学说的诠释与发展

王夫之（1619—1692），湖广衡阳（今湖南衡阳）人，明末清初著名的思想家，其对《管子》的研究散见于他的《读通鉴论》一书。

垄断是轻重理财的特征之一。轻重学说除强调国家对盐、铁、铜、币的垄断，亦将其他资源列入垄断之列，且认为它们对治国为政同样重要。但以前的学者谈论轻重理财，多关注盐、铁、铜、币这些重要物资，而王夫之则将轻重理财的垄断视野拓展到了其他自然资源。与其他学者的不同之处还在于他思考的重点并不是以什么样的理财之术增收国家财政，而是对国家为什么要把这些自然资源列为垄断对象做出诠释。概括地讲，王氏认为国家垄断自然山海资源可抑末禁奸、免除争端，而主要的或根本的原因却是用以打击豪强使全民受益。

北魏时，大臣甄琛曾上奏罢除盐禁，并以"善藏者藏于民，

不善藏者藏于府。藏于民者民欣而君富，藏于府者国怨而民贫。国怨则示化有亏，民贫则君无所取"① 为由力劝宣武帝。王夫之认为，解除盐禁在本质上是一项恶劣的政策，而甄琛之所以建议解除盐禁，是因为收受了富商豪民的贿赂。如果解除盐禁由人民自主开采，其结果只能使地方豪强受益，广大的民众仍难以得到实惠，不但达不到增强国家财政、减缓农民赋税的目的，反而会使国家财政受损、人民负担加重。汉文帝实施任民自铸钱币的政策，以为是一项可以方便民众的良策。王夫之否认了这一做法。他说，贫民没有能力铸钱，凡是铸钱的没有一个是贫民。他把自铸钱币的人称为"奸富"，认为"奸富"自铸钱币将更加富裕，而那些贫民却将因此更加困窘。如果"奸富"凭借手中的钱币敛取贫者手中的布帛、菽粟、纻漆、鱼盐、果蓏，并以巨额财富控制他们的生产与交易，贫者将永远生活在困窘之中无以自拔。对于金、银、铅、锡等矿产，王氏认为同样需要国家统一管理，因为非此不足以消除民间利益争端。对于茶业，王氏亦认为唯有政府经营，才可以使那些狡猾逐利的人专心务农、从事耕种。

总之，在王氏看来，国家对山海自然资源进行垄断，并不是政府独吞天地间的财富、堵塞人民的利源。因为真正的利是公利，是利在天下，而公利只有通过"制之在上"的方式才有可能实现。如果国家放弃对山海自然资源的统一管理和经营，自然资源只会陷入豪强之手，其结果就反而是无公利可言："利者，公之在下而制之在上，非制之于豪强而可云公也。"② 所以，

---

① ［北齐］魏收：《魏书》卷六十八《甄琛》，北京：中华书局，1974年，第1511页。
② ［清］王夫之：《读通鉴论》卷二《汉高帝》。见《续修四库全书》。

对它们实施官榷才可"久其利于天下";否则,货币由民自铸,矿产由民自开,"盐之听民自煮,茶之听民自采,而上勿问焉,亦名美而实大为蒉稗于天下"①。应该说,王氏以他独特的观察视角对轻重理财的官榷原因做出了揭示,其所达到的理论高度是一般学者难以企及的。不过,应该指出的是,虽然王夫之的官榷说有助于揭示轻重学说的抑商、垄断特性,但他并没有突出轻重学说旨在增收国家财政的理财实质。尽管这样,王氏认为轻重学说通过官方控制自然资源的方式使天下之人尽受泽惠,认为为天下谋公利是真正的大利,不仅是前人未曾提及的正确观点,更有益于我们对轻重学说的全方位理解。

除对轻重理财的垄断根源进行探析,王夫之对常平法设置的原因也做出了简要分析。他以汉宣帝元康年间农业丰收、每石米五个钱的记载为例,说当时人们认为谷米价格跌落是丰年祥瑞的象征,不仅观念不正确且其中潜藏着种种忧患。因为一个农夫辛苦一年收获五十石米,如果按一石米仅值五钱计算仅能得二百五十钱;而不生产谷米的商贾囤积居奇,一个月却能赚足五万钱,相当于农民一万石米的储备。如果农民遇上婚丧之事花费一百钱,就相当于失去了二十石的谷米储备,一旦遇上灾年凶岁,仅靠剩余的三十石谷米又如何维持生存?正是基于"金粟之死生,民之大命",即货币、粮食的多少直接与人民生存密切相关的客观现实,王夫之认为常平法的执行大有必要。

关于常平法,它的运行原理是敛之以轻、散之以重的轻重之术。王夫之赞誉常平法,体现出他对轻重理财的肯定。与他

---

① [清]王夫之:《读通鉴论》卷二《汉高帝》。见《续修四库全书》。

第六章　学术转向与救国：清代《管子》学术

人不同的是，王氏对常平法保持了历史批判的眼光。他认为西汉耿寿昌实施的常平法是利民的好政策，但这一政策在后世却没能执行。至于宋代仿效常平法而形成的青苗法，更不值得称道。原因何在？不是常平之法难以推行，而是欲行常平之法难以找到适宜的执行人选。之前人们讨论轻重学说，多关注具体的方法策略，还没有学者把人的因素作为重要内容加以研究，而事实上法由人行，人的因素是至关重要的。那么，什么样的人有资格担当起常平之法的执行重任呢？王夫之说："良有司制之，乡之贤士大夫身任而固守之，可以百年而无弊。"①　"良""贤"是强调执行人员的道德与能力，即常平之法的实施重任应交由有德有才的人执行。这种提法在轻重理财史上别开生面。

常平之法有源自平籴的理论成分，在运作过程中常强调平籴，但在理论上并没有实质性创新。常平侧重对某一区域的粮食进行调剂，它不具备各地区之间互通有无的功能。王夫之敏锐地发现这一不足，指出在实施常平的同时应配合均输法在地区之间互通有无，使常平法在最大范围内发挥其平抑物价的功效。他的这一见解是深刻且有远见的。

王夫之对价格规律有清醒的认识，且认为对于价格不宜凭借政治权势人为地加以规定。当谷米价高的时候，不能使它价低。如果政府凭借手中的权力硬性降低价格，贮藏谷米的人就会拒绝出售谷米，于是造成市场上谷米供应紧张，反而会使谷米的价格更加攀升。当谷米价低的时候，不能使它价高。如果政府凭借手中的权力硬性抬高价格，那些本来打算买谷米的人

---

①　[清]王夫之：《读通鉴论》卷四《汉昭帝》。见《续修四库全书》。

就会拒绝给高价,于是造成市场上谷米供应过剩,反而会使谷米的价格更加跌落,即"益其贱"。换句话说,对于市价,不能用行政命令去干涉。如果政府一定要对市价进行干涉,就必须利用轻重敛散的常平之法。当然,王夫之对常平之法的认识不止于此。他还认为,应该把敛散工作贯穿到平时而不应该只是丰年以敛、凶年以散。王夫之虽不是常平官员,但对常平法的理解却是常平官员所不及的。他的这一观点可看作对常平法理论的延伸发展。

常平固然是良法,但并非放之四海而皆准,它也有地域的限制,所以必须"因其地,酌其民之情"。依王氏,因地制宜也是常平法实施中应该注意的内容。但可惜的是,究竟怎样因地制宜,他没有进一步解释。

唐宪宗时宣、歙二州发生饥荒,米价渐高,有人主张利用行政手段压制米价,当时的宣歙观察使卢坦坚决抵制这种做法。此后,在无人插手米价的情况下,贩卖谷米的商贾逐渐聚集宣、歙二州,企图高价售米以盈取厚利。在众商麇集、米源骤增的形势下,反而带来市场上谷米价格的跌落,于是饥荒的问题得以解决。从理论上说,这是轻重之术的斗国相泄理论在救荒中的灵活运用,宋代范仲淹在出任杭州知府时也曾使用过这种方法,而一般俗吏只会利用行政手段压制米价以救灾赈荒。王夫之对这一做法做出了严厉的批判。

王氏把百姓分为两类,一类是勤于耕织的农民和担货贩卖的百工,一类是"逐末游食"的"罢民"。前者或注重粮食储备而于饥荒时不致挨饿,或采集于山泽、为富家做劳工而于饥荒时亦能自救;后者则不勤于耕织、不知储蓄,于是在饥荒到来时，只盼望官府为之减价赈灾。然而谷米减价之后，真的能解决这部分"罢民"的满腹之需吗？事实上，如果谷米被政府硬性地降低价格，商贩们看到无利可图，就不会运粮到饥荒地区售卖，因此人为地使谷米降价就是"拒商贩于千里之外"，其结果必然就是"罢民既自毙……而饥民填沟壑，亦惨矣哉"。尽管这一惨状源自俗吏执行了压低粮价的不正确的救荒措施，但俗吏并未因之遭受声誉上的损失；相反，他们却因之得到全力赈灾的美名。这种做法，一方面使"俗吏得美名"，另一方面使"饥民填沟壑"，王氏的批判不可谓不深刻。

可以看出，王夫之对救荒政策的认识已不限于理论层面，他从当时官僚阶层存在的龌龊心理、百姓不同群体的生存状况，以及压制米价可能带来反弹的社会惨状三个层面，对减价邀誉的救荒之法做出了批判。这使他的荒政研究具备了深沉的现实感和十足的说服力。

陆世仪（1611—1672），江苏太仓人，明末清初理学家、文学家，其学术思想以经世为特色，很多明清之际的学人均受其影响。陆世仪对荒政颇有研究，其部分研究体现了他对轻重敛散之术的灵活运用。

每遇灾荒之年，粮食缺乏，价格上升，人民生存面临威胁。范仲淹、王夫之不主张人为压低米价，他们借鉴轻重学说的斗国相泄理论，利用居高不下的粮价吸引大量商贾麇集灾区，然后利用有余则轻、不足则重的市场规律解决粮食和粮价问题。陆世仪提出的荒政措施与范、王二人的主张在理论上是相通的，只是相比之下，陆氏的方案更具有权谋色彩。

陆世仪把荒政分为两种，一种是预防性的，一种是应急性的，前者治本，后者治标。治本的荒政包括兴修水利、增加储备、减轻赋役，属于长期的工程；治标的荒政包括"虚声"之计与"实备"之战，属于短期的策略。这里我们着重介绍后者。

所谓"虚声"，就是虚张声势，以假乱真。大荒之年，灾区的粮食短缺只是表面现象，因为当地商贾豪强藏有大批余粮，当市场上粮食短缺价格上升时，商贾豪强却拒绝开仓售粮，多是因为他们徘徊观望、待价而沽，期望粮价再度攀升以图更高价格而大发灾难之财。面对这种情况，陆氏反对用强制的手段压制粮价。

既然官方越逼迫商贾降价售粮，商贾越藏粮不售，那么实施怎样的策略才能让家有储粮的商贾豪强主动降价散粮以救荒呢？陆世仪强调了四条基本原则："不费""不劳""不怨""不倦"。"不费"，就是不能让政府支出太多的费用；"不劳"，就是不能兴师动众给百姓制造麻烦；"不怨"，就是"执转移之微权"，使谷米增多、米价趋平而富商缙绅没有怨言；"不倦"，就是调动富商缙绅救荒的积极性而不觉怠倦。在此基础上，陆氏对"虚声"的救荒之计进行了策划。

首先，由官府贴告示，诈称国家将以略低于市价但不致让对方赔本的价格统一收购商贾储藏的粮食，以解决当地的饥荒，并声称若告示之后粮价趋平，前所订购的粮食可由商贾自由处置。商贾积粟的目的是牟利，粮价越高，他们越会守住粮仓不抛售，因为贪欲正促使他们对粮价的再度攀升抱有无止境的幻想。政府的告示一张贴，会使商贾们忧虑重重：一方面，他们担心告示之后若粮价仍不趋平，政府将以低于市场的价格收购他们的粮食，他们会受到极大的损失；另一方面，他们担心告示之后一旦粮价趋平，他们便丧失了在当下粮价依然偏高的情况下销售粮食所可能得到的大笔收益。总之，无论哪一种情况，都会给他们造成损失。在这种两难的形势下，最稳妥也是最保险的做法，就是即刻向市场抛售粮食。不仅是商贾，即使那些缙绅大户，也唯恐政府涉足救荒后失去发财的机会而纷纷抛售粮食。殊不知，此举正是政府期待已久的。于是，"千石在市，米价自平"，政府救荒的预期得以实现。

如果政府施展权谋后效果不明显，则实施第二步策略：与谷贱地区的商人联手，往灾区运粮，同时在灾区以"榜文"的形式"夸大其词"地宣传外粮将涌入、谷价将自平的消息。

若"虚声"之计的效果不明显，接下来就实施"实备"之战以救荒。陆世仪说的"实备"之战，就是《管子》以工代赈的救荒法。可见，陆世仪的荒政策略不再是单纯的轻重敛散之术的简单运用，而是融入了自己的权术智慧，形成了一套构思严密的操作体系。

二、政府"生财"和票盐改革：王源、陶澍对轻重学说的承继与发展

王源（1648—1710），直隶大兴（今北京大兴区）人，清初思想家。著有《平书》十卷，内含对货币、官榷、盐业等制度的思考，惜原著不存，幸因王源曾将此书交由李塨修订，故而可借李氏《〈平书〉订》以窥《平书》的思想风貌。

《尚书·周书·洪范》有"九畴""八政"说，其中"八政"的前两政是食和货，意即统治者治理国家首先应该勤农业、求货财，而所谓的货财，就是货币。王氏认为，货币对统治者

治国安邦具有重要意义，在维持人民正常经济生活中也起着非常重要的作用。

王氏看到了货币最本质的两种功能：价值尺度和流通手段。他说："货财所以权谷帛之轻重而通其穷。""权谷帛之轻重"，是说货币是衡量谷米、布帛等商品价值高低的标准，"通其穷"，是说它使最初多有不便的物物交换变得简单快捷。由货币在治国为政中的重要性和其根本功能所决定，国家在征收赋税时应该尽可能避免向人民征收货币。在王氏看来，理财有其术，若"理之不得其术，则公私皆困"，正确的理财之术应坚持"公私皆利"的原则，坚决杜绝以征币代替征税[①]。这实际上是对唐宋以来农业税改革以币纳税政策的否定。与唐代白居易反对以货币形式向农民征税不同，王源自觉地拿起了货币功用说这一理论武器，反映了《管子》学术在货币理论及实际应用方面的历史发展。

王氏不仅有意抬高理财在治国为政中的重要地位，还把善理财而使"公私皆利"看作"圣人之道"[②]，可见他的思想完全冲决了传统儒学讳言财利的思想禁锢。不过，王氏所讲的理财与我们所知的增收国家财政不是一回事。在增收国家财政这一意义上，他更多地用"生财"这一概念表达。

王氏认为，政府生财可通过多种途径，简言之，可从以下三个方面入手：

一是设计合理的钱法。王氏反对政府发行钱钞，认为"钞

[①] ［清］李塨：《〈平书〉订》卷十《财用第七上》引王源语。见《续修四库全书》。
[②] 同上。

法不可行"；对于当时的铸币法，他更认为是对钱法的破坏。缘此，他主张首先销毁样式不一的历代铸币，设专门官员负责稽查新钱的使用。鉴于以往历代政府广铸年号钱，"以至祖父之钱，即不用于子孙"，导致"销毁无时，工费日广，钱益少而私铸行"的现象，他建议新钱取消年号，仅在上面铸"永宝"二字，这样就可以达到铸一钱而世代可用的目的。朝廷虽更迭，而钱却逐代渐增，果如此，钱荒和币制混乱现象就不会出现。在铸币的面额上，分大钱、小钱，大钱以青铜铸，小钱以黄铜铸，均以银作为衡量它们自身价值的尺度。国家铸一贯大钱，其成本约合银一两二钱，但可当二两白银使用；铸一贯小钱，其成本约合银七钱，但可当一两白银使用。国家垄断了铸币，就可从铸币中获取相当的收入，且要规定，除商人买盐、政府买铜须用银外，民间交易只许用铸币，不可用银。在禁止私铸问题上，他提出通过增强铸币质量并改善制作工艺加以杜绝的办法。

二是遵行刘晏盐法。他认为自古相传的盐法多有执行上的弊端，如今唯一补救的策略就是复行唐代"刘晏之制"，即统一转售价格后任商人自由贩卖并完行常平盐法。由于王氏设计的钱法，在本质上以银作为最终的价值尺度，那么据此，商人买盐就必须用白银，所以国家在榷盐的过程中会获得大量的白银，政府便能够由此逐渐掌控起经济生活中白银这一具有最终价值尺度的货币，从而更加轻松自如地行使轻重之权。

三是改革商税制度。这一思想包括两方面内容：一是按商业资本的多少把商人分为九等，把以前按货物征税变为按商人的盈利额收税；二是对盐、茶、烟、酒等商品实行官榷与寓官权于重税的办法。前者与轻重学说关系不大，略而不赘，此处只论后者。王氏认为，对于盐税，政府可依旧实行寓税于价的方法，即通过官榷的方式征收。对于茶、酒，自宋代就有禁榷，但禁之以官榷，恐将带来诸多不便。考虑到虽不宜对其禁榷，但又必须保证国家从中获取重利，王氏提出寓禁榷于重税的方法，即把对茶、酒的税收改为税率高于一般商品的征税方法。对于烟，王氏主张采取更重的税率，这说明王氏已发现烟对于人民无益且有害，故不得不将烟与茶、酒区别对待而采取重税之下冀其灭绝的高压政策。

值得一提的是，王源设计的商业征税制度表面上看是抑商、轻商，事实上却是促商、重商的。他主张商分九等并按其盈利额征税，主张盐业官榷以及对茶、酒、烟寓禁榷于重税，实际上是一种在"公私皆利"前提下既发展商业又保证国家生财有道的混合思想。

陶澍（1779—1839），湖南安化人，他设义仓、兴水利、革盐政，一生政绩颇多，是清代经世派主要代表人物，也是清末地主阶级改革派的代表。

明末由袁世振创制的纲盐法是清代中前期盐业主要的榷卖方式，然至清嘉庆、道光年间，纲盐法在实施过程中弊漏丛生。道光十年（1830），道光帝任命陶澍为两江总督，并责其主管两淮盐务。陶澍上任后，即刻对两淮盐业展开广泛深入的调查。在一年多的时间内，他写下《筹议盐务大概情形折子》《敬陈淮鹾积弊情形折子》等多道奏折，在这些奏折中，陶澍对两淮盐务的种种破败与积弊做出描述并分析了它们的种种成因。

陶澍首先指出盐商困窘、售盐锐减的现状。按官方的统计，两淮地区的盐商有数百家，而此时却仅存数十家。令人意想不到的是，他们皆借债运营，并没有自己的固定资本。在有限的"数十家"盐商中，还有些盐商自己不从事盐业营销，只是凭借盐商的身份，赚取无本之利。两淮地区一向以纲盐为主，纲盐的运销主体是盐商，在盐商渐少、资本不足而出卖窝本的情况下，淮盐怎能畅通呢？于是出现了"向系两年三运，今乃一运两年。愈迟愈积，月利愈亏"①境况。

其次，他指出两淮盐务利衰引滞的现状并揭示其内在成因。陶澍说，由于商人不能正常运销食盐，政府已连续数年出现盐税亏欠。造成这种情况的根源是什么呢？陶氏认为，这是"成本积渐成多""籍官行私过甚"两方面原因所致。关于前者，陶氏说，就输入官方的成本而言，有正项、杂项、外支、带款等名目；就输入一般商人的成本而言，有引窝盐价、捆坝运费、辛工火足等名目；此外，还有各项杂支款项。并且，各盐区为适应纲盐运销而成立的盐商组织总头目——总商，还"私立名目，假公济私，诡混开销"。关于后者，陶氏说，商人运销引盐时，在正盐之外，往往配有额外的一定数量的食盐，作为对中途自然损耗的补偿。由于不征税，这部分盐"无异官中之私"。"官中之私"名目繁多，导致官方在支出这部分食盐时，负担沉重。

再次，他对私贩猖獗、目无法纪的现状做了揭露。按清代盐法，盐商行盐需有凭证——盐引，无盐引者不许行盐；且盐商行盐各有行盐区域，不准越界销售。尽管有此规定，但无引

---

① ［清］陶澍：《陶云汀先生奏疏》卷三十《敬陈淮鹾积弊情形折子》，清道光八年（1828）刻本。见《续修四库全书》。

贩盐者、越界售盐者无时不在,这种状况至嘉庆、道光年间格外严重。当时还出现了一种私贩,人们称之为枭私。枭私有严密的组织,有武器装备,已发展到与清廷公开对抗的程度。

针对两淮盐务的种种破败与积弊,陶澍又写下《会筹盐务章程折子》《筹议稽察商人及盐务官员各情形折子》《淮北请试行票盐折子》《酌议淮北滞岸试行票盐章程折子》《淮北票盐试行有效请将湖运各畅岸推广办理酌定章程折子》等,拟定了一个三步走的盐业改革计划。

第一步:对旧有盐法的部分内容进行删除,其中最重要的是"革除浮费银二百六十万两"。陶氏认为,浮费一革,官盐成本就会降低,成本一降低,官盐价格自然减落,这样私盐就无用武之地了。

第二步:在淮北湖运纲盐滞岸试行票盐法。陶澍对盐业改革采取了循序渐进、由点及面的慎重态度。最初,他对票盐法能否挽救两淮盐业的破败也并非有十全的把握,于是先选择其中的部分州县实行票盐法。

第三步:在淮北湖运纲盐畅岸推广票盐法。当时,运销引盐成为特殊人群的特殊权力,在盐商圈外的人是没有机会正当行盐的,导致社会出现了贩私。陶澍一改纲盐陋习,实行"招贩行票"之法,规定无论什么人,也"不论赀本多寡,皆可量力运行,去来自便",只要愿意"在局纳课买盐领票",皆可加入售盐队伍[1]。同时,考虑到票贩聚集某地可能引起盐多"滞

---

[1] [清]陶澍:《陶文毅公全集》卷十四《会同钦差覆奏体察淮北票盐情形折子》,见《续修四库全书》。

第六章 学术转向与救国：清代《管子》学术

销"，票贩不愿意贩卖之地可能出现盐少"乏食"，于是取消各引地（售盐区域）不相侵灌之法并稍加变通，"准其就所在地方呈明转运他岸，通融售卖，但不得越出票盐四十二州县之界外"①。这便在行盐区域上给了票贩以相当大的自由权，不仅可以解决滞销、乏食的问题，还有力防止了旧有的在行盐区域内的垄断现象，同时有助于盐价在竞争机制下趋向平稳。

陶澍的票盐改革，是清代盐业权卖的一件大事。不过，票法理论的出台并非陶氏一人之功，这里应特别提到陶氏幕僚包世臣。早在嘉庆二十五年（1820），包氏在《庚辰杂著五》中就对整顿两淮盐务弊政提出过自己的看法。道光十年（1830），也就是陶澍出任两江总督的第一年，包氏在其《小倦游阁杂说三》中，再一次申述了他的治盐之方。同年，道光皇帝委派尚书王鼎、侍郎宝兴赴江南查办两淮盐务，看到包氏有关盐务改革的文章并"微服过访"。包氏受到鼓舞，详细地提出了他对两淮盐务改革的意见②，其中多有与陶澍上疏道光皇帝奏折内容相同者。票盐改革成功，包氏亦深知有自己的一份功劳，这从道光十四年（1834）包氏《答谢无锡书》更可清楚地看出。所以，票法理论的提出者是包世臣，票盐改革的实践者是陶澍。这样看待清代票盐改革或许更接近史实。

清代票盐改革还应提到魏源。与包世臣相同，魏源也是陶澍的幕僚。在陶澍去世后十三年即咸丰二年（1852），魏源将陶

---

① ［清］陶澍：《陶文毅公全集》卷十四《淮北票盐试行有效请将湖运各畅岸推广办理酌定章程折子》。见《续修四库全书》。
② ［清］包世臣：《中衢一勺》卷七《代议改淮鹾条略》。见《丛书集成新编》第78册，第153页。

213

氏生前有关票盐改革的零乱心得加以整理①，写成《筹鹾篇》，并总结出"鹾政之要，不出化私为官，而缉私不与焉"的盐政要决②。在《淮北票盐志叙》中，他提出"鹾政无缉私之法，化私为官则官自鬯矣。欲敌私必先减价，减价必先轻本，轻本必先除弊"的缉私理论③。在《淮北票盐志凡例》中，他指出票盐法的理论渊源和成功的根由："票盐即刘晏收税之法，其要在于以民贩之易简，变纲商之繁重。"④ 上述对盐政改革的理论总结准确精到，非涉足具体的盐业管理不能获得。凡此，说明清代票盐改革亦有功于魏源。

---

① 魏源在《筹鹾篇》文末写道："此道光中陶云汀宫保弃世时所草也。"（［清］魏源：《筹鹾篇》，《魏源集》下册，北京：中华书局，1976年，第438页。）
② ［清］魏源：《魏源集》下册，北京：中华书局，1976年，第431页。
③ 同上书，第438页。
④ 同上书，第441页。

第七章
近现代学术视野的研究尝试：
民国《管子》学术

　　自清末民初梁启超《管子传》问世，《管子》学术越来越呈现出受西方学术影响的迹象。其突出的表现是，借鉴西方分科的研究体系，从不同的学科视野对《管子》做出探讨。通过对梁启超、支伟成、甘乃光、黄汉等学者有关《管子》研究的梳理可以看出，民国《管子》学术在论述主题的选择上更趋集中、条理，更注重对原始文本的文义推敲。值得注意的是，在民国学者对《管子》的学科专业角度的研究中，字里行间不仅洋溢着对传统文化的自豪感，还体现出他们希望当政者以《管子》思想治国理政的政治关怀。

财经与文化：发生的时代背景

战争不断，时局动荡，决定了民国时期的经济必然处于凄风苦雨之中，而政府的财政境况也就可想而知了。

民国初建，由于各省尚处在独立阶段，国民政府几乎没有财政收入。袁世凯篡夺政权后与帝国主义相勾结，大举外债。同时，他又依靠武力让各省缴纳解款。袁世凯去世后，各帝国主义纷纷向自己的捕食对象——各地军阀实施大借款，企图在充实各地军阀的军费中让中国内乱不已，借此获取渔翁之利。

国民党南京政府成立后的十年中，关税、盐税和统税成为财政收入的主要来源。这里的统税是对民族工业厂商生产的诸如卷烟、麦粉、棉纱、火柴、水泥等产品征收的出厂税。自1928年实施以来，先是卷烟统税，紧跟着麦粉统税，然后是棉纱、火柴等，统税涉及物品逐渐增多，同时统税的税率也逐渐提高。三税中无论哪一种，被国家征收去的税额都要转嫁到商品的销售价格上，其最终的负担者是当时饱受战乱的劳动人民。此外，国民党政府还对内发行内债，对外举借外债。巨额的财政收入到手后，究竟用来做什么呢？一句话，服务于国民党为专制独裁而发动的内战。

第七章　近现代学术视野的研究尝试：民国《管子》学术

抗日战争开始后，由于沿海及部分富庶地区被日本侵略者占领，国民党财政收入急剧减少。此时，除了食盐附加税、货物税和直接税等收入，国民党又开始实施统购统销的经济政策、盐糖烟火柴的专卖政策、向人民疯狂掠夺的通货膨胀政策，以及进一步投靠帝国主义的举借外债等反人民政策。具有讽刺意味的是，尽管国民党政府财政拮据，但以蒋、宋、孔、陈为首的官僚垄断资本却进行着快速的资本积累。他们大发国难之财的反动本质，决定了其必然灭亡的命运。

解放战争开始后，国民党政府不仅在战事上接连失利，在财政上也翻不出新花样，只能依靠旧有手腕变本加厉地对人民进行经济洗劫，最后在又一次中饱私囊的金圆券发行伎俩中崩溃覆灭。

虽然中华民国历史赓延的时间不长，但就这一时期的文化态势而言，较可注意的是以1915年《新青年》创刊为标志的新文化运动的兴起与发展。新文化运动的兴起，一方面与近代以来西学东渐的历史有关，一方面又与封建卫道士尊孔复古、袁世凯上台后妄想利用封建思想复辟帝制有关。新文化运动的最初关注点在于批判传统思想并积极传播现代价值观念。其中，胡适对新文化运动的走向及怎样面对中国传统文化等问题提出的"整理国故"的思想，成为当时新文化发展的重要舆论导向。

早在1902年，邓实、黄节等人在上海创办了从事国粹主义宣传的刊物《政艺通报》；1905年，刘师培加入后又发起成立"国学保存会"，以"研究国学，保存国粹"为活动宗旨并创办了《国粹学报》。他们认为，中国近代的民族危机与文化危机是一致的，相对而言，文化危机是更本质、更深刻的危机，文化救亡是民族救亡的根本。要重振衰败的传统文化，出路在于寻回迷失的国粹，恢复中国文化的本来面目。

受新文化运动的影响，北大学生傅斯年等创办《新潮》刊社，而同班张煊等人则在刘师培宅内创办《国故》刊社。1919年5月，毛子水在《新潮》发表《国故和科学的精神》一文，对《国故》"慨然于国学沦夷欲发起学报以图挽救"① 的办刊目的提出批评，认为国故是已经死去的东西，杂乱且无章无法可循，中国现在最紧要的是吸收西方具有现代价值的科学与系统的学术思想，对于本国学术则应持一种自觉批判的态度。对此，张煊立刻在《国故》上撰文反驳。1919年11月，胡适在《新青年》刊发《新思潮的意义》一文，对国故问题提出了自己的看法。胡适强调，近年来兴起的文化运动——这个新思潮对传统文化所应持有的基本态度是"评判的态度"，是"重新估定一切价值"，即"凡事要重新分别一个好与不好"②。有的人不懂国粹为何物，却又高喊保存国粹。其实，传统文化并不都是好东西，因而新思潮的任务之一就在于反对盲从，在于"用评判的态度，科学的精神，去做一番整理国故的工夫"③。

由于胡适倡导的整理国故运动与陈独秀在新文化运动中提出的"利刃断铁、快刀理麻"的青年精神，及"国人而欲脱蒙昧时代，羞为浅化之民，则急起直追，当以科学与人权并重"④的国民号召相一致，广大青年学生及文化学者迅速积极响应。

---

① 王学珍、郭建荣：《北京大学史料》第二卷（1912—1937）下册，北京：北京大学出版社，2000年，第2715页。
② 胡适：《新思潮的意义》，《胡适文存》一集，合肥：黄山书社，1996年，第527页。
③ 同上书，第533页。
④ 陈独秀：《敬告青年》，《青年杂志》第一卷第一号，1915年。

整理国故成为当时的一种文化时尚。

与整理国故同步,亦可说是由整理国故孵化出的疑古思潮,也是这一时期颇值得注意的文化现象。1923年,顾颉刚在《读书杂志》上发表《与钱玄同先生论古史书》,提出了著名的"层累地造成的中国古史"说[1]。此说的问世即刻引起轩然大波,用顾颉刚的话,"竟成了轰炸中国古史的一个原子弹"[2]。民国众多学者如刘掞黎、胡堇人、钱玄同、钱穆、周予同、王伯祥、柳诒徵、童书业、吕思勉、罗根泽等都表现出对这一问题的浓厚兴趣。1926年,顾颉刚把几年来讨论古史的论文以"古史辨"为名汇集出版,结果一年内重版十二次,可见疑古思潮在当时影响之大。在疑古思潮的涌动与熏染下,对古籍进行甄别辨伪成为民国学者从事学术研究的一项不可缺少的内容。

当时还有两个与《管子》学密切相关的文化现象,一是大学学科体制的确立,二是报刊出版业呈现盛况。这两个文化现象的出现使学术研究成果的呈现形式在很大程度上发生了改变,部分学者不再采用学术札记的方式,而是借助报刊这个载体,以撰著专业论文作为学术研究的表述方式。

---

[1] 顾颉刚:《与钱玄同先生论古史书》,《古史辨》,《民国丛书》第四编第64册,第61页。
[2] 顾颉刚:《我是怎样编写〈古史辨〉的》,《古史辨》第一册,上海:上海古籍出版社,1982年,第17页。

"分科越多，理解也越明"[1]：
民国《管子》学术（一）

一、寓政治改革于《管子》诠释：梁启超《管子传》

梁启超（1873—1929），字卓如，号任公，又号饮冰室主人，广东新会人，中国近代史上著名的政治活动家、启蒙思想家。梁启超对《管子》的研究主要体现在《管子传》中。尽管梁氏《管子传》完成于民国之前，但他的学术视野、研究方法完全体现出民国学者的治学特征，故把本节内容放在民国时段论述。

光绪二十九年（1903），《新民丛报》以有奖征文的形式刊发了汤学智的《管子传》。六年后，梁启超自撰的《管子传》由广智书局出版发行。这两篇同名传记的作者——汤学智和梁启超有什么关系呢？日本学者森时彦认为，《新民丛报》上《管子传》的作者"汤学智"事实上是梁启超的化名[2]。数年之后

---

[1] 章太炎：《章太炎的白话文》，贵阳：贵州教育出版社，2001年，第54页。
[2] 森时彦：《梁启超的经济思想》，[日] 狭间直树：《梁启超·明治日本·西方——日本京都大学人文科学研究所共同研究报告》，北京：社会科学文献出版社，2001年。

梁氏再作《管子传》，自然与他思想的深化，包括对某些问题看法的转变有关系，但借人物传记做政治改革方面的宣传在前后《管子传》中却是一以贯之的。

梁启超认为，管子不仅是中国最大的政治家、学术思想界的领袖，即使放在世界范围内也是了不起的人物。他说，今天世界上言治术不外五方面的内容：国家思想、法治精神、地方制度、经济竞争、帝国主义，欧美人凭此雄于天下，中国人无此弱于天下。然而，中国传统文化中并非没有这些东西，因为它们早在两千年前就已经孕育发展于管子治术之中了，只是后人不知珍惜，没有把它们发扬光大而已。由此可知，梁氏是把管子思想提升到了可使中国富强、可使中国称雄世界这样一个历史高度来讨论的。

梁启超对《管子》的研究主要体现为对其法治与经济思想的诠释。

梁氏依次从法治的必要、法治与君主、法治与人民、立法、法治与政府、法治的目的六个方面，对管子法治思想做出解读。

1. 法治的必要。《管子·君臣下》说，古时候没有君臣上下的区分，人们"兽处群居，以力相征"，致使"智者诈愚，强者凌弱，老幼孤独不得其所"。智者借助众力禁强止虐，为民兴利除害，于是形成上下等级，国都随之建立。梁氏认为，这段话意在说明，使人民永远脱离忧患是国家的职责，国家建立的目的就是要为人民兴利除害。那么，如何实现这一目的呢？梁氏说，《管子》中的《任法》《法法》《禁藏》《七法》《明法》等篇均对此进行了说明，归结为一点，就是依靠法治。依《管子》的解释，法有三种功用："兴功惧暴""定分止争""令人知事"①。而法之所以具有这样的功用，是因为法是人民的行为标准，是国家令行禁止的工具。

梁启超分析说，西方学者谈及政治统治的方法，有两种意见。一种是主张人民自治，政府尽可能采取放任的方式；一种是主张政府管治，人民在政府的监督与约束之下。前者称为放任型，后者称为干涉型。虽然两种政术在西方各有消长，但梁氏认为，今后的政术必以干涉论为其发展趋势。我国学者言政术，道家主张放任，儒家、墨家倾向于放任，法家主张干涉。可是，纵观中国数千年的历史，凡是那些政绩卓著可传于后世者，没有一个不是靠干涉政策取得的。由此而言，"管子之学识，诚卓越千古而莫能及"②。

梁启超说，主权的强弱与国家的强弱成正比例关系，国家强制执行力范围越广，则其主权所涉及的范围越广、所执行的强度越高；反之亦然。而这样一种观点，在《管子·法法》中早已有言。

2. 法治与君主。梁氏作《管子传》，目的之一是欲借管子法治思想的解析来扩大其宪政宣传。当时有一种观点，认为管子言法治的目的是增益君权，而现代立宪国言法是限制君权，说明管子没有得到法治的真精神。梁氏反驳说，现代的立宪君主国和管子所处的专制君主国产生时代不同，不可以以近责远；况且在管子时代，政出多门，君主若不增权以压制贵族，则贵族专横无所制，这对国家没什么好处。所以，管子强调君权，

---

① 《管子校注》卷第十七《七臣七主第五十二》，第998页。
② 梁启超：《饮冰室合集》专集第八册之二十八《管子传》，上海：中华书局，1935年，第16页。

不是用来压制人民，而是用以压制贵族。从另一角度看，管子既然强调君臣上下贵贱皆遵法，说明其法治不是以纵容君主、限制臣民为目的，而是强调君主也应当受到法的制约。当然，对于管子法治思想的不足，梁氏也丝毫不遮掩。比如，如果有人追问管子用什么方法制约君主行为并保证君主不践踏法律，他并没有说清楚，仅是提到君主不能枉法毁令，要善于自我克制、加强自律。很明显，由于管子把君主抬高到无人能禁的地位，以至于使君主遵法行法的唯一方法是君主自我禁制。梁氏认为，这是管子言法治而美中不足之处。

3. 法治与人民。不了解法治的人认为，管子屡言不能打着爱民的幌子践踏法律，法律高于人民，这说明管子立法以统治人民为目的，不值得称道。梁氏批评这一观点，认为这是不了解政治学的人说的话。立法的目的是保护人民，保护人民必须以团结于内而战胜于外为前提。要达到这一前提，唯一的方法是使人民为国家所用。而要想使人民为国家所用，除了法立令行之外别无办法。管子立法是想让百姓得到好处，所以他特别强调令行禁止，以此取信于民。但他同时又常警戒君主要节制三欲，即节制求欲、节制禁欲、节制令欲，因为求多得寡、禁多止寡、令多行寡。一旦求不得则威望损，禁不止则刑罚侮，令不行则下凌上。此外，梁氏还从管子对人民与立法事业关系的认识角度，阐发出"国会政治所由成立"的雏形。管子说："政之所兴，在顺民心；政之所废，在逆民心。"说明管子立法是充分考虑到民意的。管子认为，人民的意志固须服从国家的意志，但国家的意志舍人民的意志无由体现；人民依然是人民，别听则愚，合听则圣。管子的这种君民一体论，正是当下立宪政治的大义所在。不仅如此,梁氏还认为《管子》中记载的"啧室之议"与西方国会相近,是一种人民监督政府的机关。虽然它在当时是否设立难以考证,但足以说明管子深明此义,他是尊重民权的。①

4. 立法。战国时期同为法家的慎子认为,法虽不善,犹胜于无法。西方法学家亦有类似言论。梁氏认为这是一种慰情胜无之论,不值得称道。根据管子对法的认识,法如果不完美,应该追究制定法律的人的责任,可知管子是一个"圆满之法治主义"者,其言法治,"以得良法为究竟"②。管子强调自然法,强调综合名实;同时又批判法令不一、法令频出而不治其罪,强调法应随时而变、因俗而动,强调法胜亲贵,强调法应使智愚巧拙皆能领会。在梁氏看来,这是管子在立法问题上所做出的慎重思考。可以说,管子从贵画一而重简易、贵适时而贱保守、以偏至为大戒、重平等而不容有阶级之分、贵与人民程度相应五个方面规定了立法的基本原则。

5. 法治与政府。梁氏认为,管子将君主置于拥有无上权威的地方,且为防止权威有损,因此君主将权力给予大臣,让大臣代替君主承担责任,以此来维持法治精神。其言"君者执本,相执要,大夫执法,以牧其群臣"③,与当下的立宪国内阁制正相符。

6. 法治的目的。管子与商鞅同为法家,但梁氏认为二人在

---

① 梁启超:《饮冰室合集》专集第八册之二十八《管子传》,上海:中华书局,1935年,第25—26页。
② 同上书,第27页。
③ 《管子校注》卷第十一《君臣下第三十一》,第576页。

法治精神上全然不同。商鞅舍富国强兵无所求，而管子于此之外，更重化民成俗。由此而言，商鞅徒知治标而不知治本，管子则标本兼治。孔子言"道之以德，齐之以礼，有耻且格"①，管子说"所谓仁义礼乐者，皆出于法"②，二者谁更合于真理呢？梁氏通过引证《韩非子·五蠹》《尹文子·大道上》《商君书·定分》等相关文字，得出结论：孔子之论趋于理想，现实中难以实现；由于国中之士君子少而一般民众多，仅靠德礼必无以为治，只有通过法治的力量，才能使民进于德、习于礼。所以，管子之论更有现实意义。但梁氏同时又指出，管子并不是徒恃法治而蔑视礼治，他虽尊法治却不废礼治。总之，管子法治的最终目的，在于"百姓顺上而成俗，著久而为常"③。

梁氏又主要从国民经济观念、奖励生产、均节消费、调剂分配、财政、国际经济六个方面对《管子》经济思想展开了论述。

1. 国民经济观念。管子言经济，是把整个国家视为一个经济单位，强调君民共同努力，促成国家经济的发达而与他国竞争。

2. 奖励生产。与英国亚当·斯密强调以个人为本位、听民自为的生产观不同，管子强调干涉与奖励并行，对农民的生产加以指导、管理、劝谏和鼓励。梁氏还指出，管子并不是极端的重农主义者，他对工业和商业也极为重视。

3. 均节消费。梁氏指出，管子看到"国侈则用费，用费则民贫，民贫则奸智生，奸智生则邪巧作"④，看到末业诱使人民

---

① 杨伯峻：《论语译注》，北京：中华书局，1980年，第12页。
② 《管子校注》卷第十五《任法第四十五》，第902页。
③ 《管子校注》卷第十《君臣上第三十》，第559页。
④ 《管子校注》卷第五《八观第十三》，第259页。

弃农从商而使农业受损，于是主张勤俭并奖励农业贮蓄。但管子不是一个极端的戒奢主义者，更不是一个极端的崇俭论者，他清楚地看到，俭伤事、侈伤货，它们均不能促进国民经济的发展。基于这样的理解，梁氏总结出了管子的均节消费观念，也就是俭而不吝的适度消费思想。

4. 调剂分配。管子认为，社会上的分配问题解决不好，贫富悬殊严重，人民就会相互役使，国家就会难以为治。因此，他特别重视社会分配。与历史上的井田制、均田、口分田和西方某些国家的土地国有不同，管子调御国民经济有其独特的方式。通过分析《国蓄》《轻重乙》等篇相关文字，梁氏认为，管子主张通过国家操纵货币的进退，即或由政府将货币发放到市场，或由政府将市场上的货币收回，即以控制货币流通量的方式来操纵货物的价格。货币既由政府掌控，则人民的贫富亦可掌控，国家调剂分配的目的即可达到。梁氏又说，管子特别强调国家操纵轻重之术，因为在货币一缓一急、物价一贵一贱之时，豪强素封之家常能左右物价，使之随己意上下波动，以此捕获利益。

5. 财政。作为理财家，管子与聚敛之臣不同，聚敛之臣唯求如何使国库充实，管子则重取民有度。梁氏认为，管子这种财政观念，梁氏认为与其法治精神和国民经济政策相一致。在梁氏看来，管子财政政策最奇者，是"以不收租税为原则，以收租税为例外"，梁氏称其为"无税主义"①。他认为管子主张

---

① 梁启超：《饮冰室合集》专集第八册之二十八《管子传》，上海：中华书局，1935年，第65页。

"无税主义"是基于以下三方面考虑：（1）租税妨害国民生产力；（2）租税夺国民之所得；（3）租税招致国民之嫌怨。租税是国家主要财政来源，若不收租税，国家该如何保障财政收入呢？梁氏说，管子解决这一问题的办法首先是政府盐铁专卖，其次是实施矿产国有政策，再次是商业收入。

6. 国际经济。管子认为，国力的强弱与经济实力有密切关系。齐国的地产状况并不乐观，为什么会强于诸侯、匡于天下呢？梁氏说，这是管子善用对外经济政策的缘故。管子对外经济政策的目标是实现在某一经济领域的独占地位，具体而言：（1）利用本国特长之产物，以人力造成独占价格，吸金于国外，并想办法不使金流于国外，以使金价腾贵；（2）复令人民贺献出征籍者必用金，齐国境内金价愈贵，他国有金者将趁机竞输之于齐以求获利，齐国则借此独占国际之金；（3）金既聚于齐国政府，则社会上流动之金愈少，金贵导致包括谷在内的百物之价不得不贱。然后，齐国政府先以金购买境内之谷，引起谷价攀升；邻国之民趋利者输其谷至齐，齐国大量收购以达到独占国际之谷的目的。

总之，《管子传》是梁启超推进宪政运动的产物。他运用唯物史观，重新演绎和归纳，并借用现代学术分科的研究方法对《管子》进行系统的分析论述，不但内容丰富深刻且颇具条理。这一新的研究气象在梁氏之前是从未出现过的。可以说，梁氏在《管子传》中体现出的这种现代学术研究特征，与他在中国近现代史上所居启蒙大师的地位完全契合。梁启超《管子传》预示了以思想义理为研究内容的民国《管子》学的全方位转向。从此，《管子》学术开始与现代学术接轨，《管子》学术史翻开崭新的一页。

二、从学说研究到"救时政策":支伟成《〈管子〉通释》

支伟成(1899—1929),本名懋祺,江苏扬州人。支伟成对《管子》的研究见于其所撰《〈管子〉通释》。

《〈管子〉通释》涉及多方面研究内容,如《管子》学说研究大纲、《管子》之救时政策、管子略传、《管子》之沿革、《管子》之考证略述、《管子》训释,但真正代表支氏《管子》研究特色并体现时代与学术风向的是《管子》学说研究大纲和《管子》之救时政策。

中国古代学、政联系紧密,以学致政、以学为政是普遍的现象,寓学术于政术、以经义来决狱是政治文化的常态。就清以前的《管子》学而言,对《管子》做纯粹学术的研究和对《管子》做从政意义上的治道研究,常常混融为一。

近现代中国学术由于受西方文化的影响,已不再满足于从学、政不分的角度研究传统学问。晚清的书院对学术进行分类,在传统的义理、考据、辞章基础上,加入曾国藩提出的经世一学作为当时书院的学目分类,体现出学、政两分的新学术观念。受近现代学术思潮的影响,支氏的《管子》学说研究大纲侧重对《管子》做形上的抽象学理的阐释,《管子》之救时政策侧重对《管子》做形下的具体为政之术的分析,这正是近现代中国学、政两分的新学术观念的体现。

尽管支氏的《管子》学说研究大纲体现出传统观念制约下的学派分类观体,但也能体现出西学分科对支氏的影响。从其

第七章　近现代学术视野的研究尝试：民国《管子》学术

研究大纲下设的法理学、政治哲学、伦理学、经济学、心理学、地质学、军事学几个论释细目来看，他是依西方学术的学科分类法对《管子》学说进行研究的。

　　支氏对《管子》学科思想的分析注重内在逻辑关系。他常常深入某学科知识体系内部，依一定标准将其划分为相互联系的几个方面，凭借独特的视角对该学科思想进行诠释，如他诠释《管子》法理学，依次从无为主义、公平主义、正名主义、客观主义四个角度进行解析。依支氏，无为主义是《管子》法理学说强调的"法治之极轨"，黄帝、尧、舜垂衣裳治天下莫不如此，而《管子》以之为宗，也主张无为主义。中国古代各阶级地位不平等，由此产生刑罚加于小民、上流社会则仅受礼的裁制的不平等现象，而《管子》法理学恰恰强调法一统民众行为的作用，旨在使"法律之下，人人平等之观念"变为现实，使"专制政策，不容存在"[①]。由于物有形、形有名，名实相合则是，名实不符则非，所以《管子》强调循名责实，这就意味着在《管子》看来，"是非既因名而定，法律亦因名而立。因名而立之法律，乃为允当不偏"。由于人类才智不一，是非决断难免存在偏私错误，所以它强调必有"客观之标准方法，斯能正确无讹"[②]，只有这样，法的作用才能突显出来。稍加梳理就可以发现，支氏强调的无为主义是谈《管子》法理学的实施目标，公平主义是谈《管子》法理学的现实起因，正名主义是谈《管子》法理学的制定根据，客观主义是谈《管子》法理学的执行

---

① 支伟成：《〈管子〉通释》，《民国丛书》第五编第12册，第4页。
② 同上书，第5页。

效果。从无为、公平、正名、客观四个角度诠释《管子》法理学，不仅切中要害，其间的逻辑关系也一目了然。

又如支氏诠释《管子》经济学，依次从管子注重天然之发展、注重人力之经营、注重国家之组织三个层面展开。他认为，所谓天然，是天地间的物产及事务的总称，如果人类努力开采，肯定无财寡国贫之忧。这是《管子》强调顺天时、务地利、辟田畴、修树艺的本意。天然物力虽丰，却需要人力去经营，它决定于人力付出的多少，所以《管子·八观》强调"地非民不动，民非作力毋以致财"[①]。天然与人力虽是不可缺少的经济要素，却仍需一个组织者，这便是国家。"国家之组织在政治，政治上职务之执行，足以左右一国之经济"，在支氏看来，《管子》强调的国家组织，最终落实为赋税制度，赋税制度"尤国民经济之荣枯所系"。《管子》主张薄征敛、轻征赋，这种轻取于民的组织制度正是"裕经济之道"[②]。由此可见，支氏对《管子》经济学的诠释也充分体现了重逻辑分析的治学之法。

法理学、经济学虽是西学分科用语，但前者研究法律，后者研究经济，对当时的中国学者来说并没有多大理解与认识上的障碍。可是，伦理学与心理学以什么为研究中心呢？简单地说，前者是关于道德的学问，后者是研究心理、精神及行为现象的学问。支氏既然对《管子》的伦理学、心理学进行了诠释，则《管子》中原本就存在相对应的内容。在西学分科的学术视野下，支氏研究《管子》中的伦理学、心理学，其学术意义在

[①] 《管子校注》卷第五，第261页。
[②] 支伟成：《〈管子〉通释》，《民国丛书》第五编第12册，第14页。

于缩小了《管子》学说的研究范围，开始聚焦《管子》的某个思想专题，这样就便于对《管子》做出精确、细腻的诠释。

支氏认为，《管子》伦理上之根本主义"不外以清虚卑弱自守"，具体一点，便是守身以静，知足不妄求，而"施用之方法，则悬礼义为标准"①。在此基础上，支氏对老庄弃礼义、管子重礼义的原因进行了比较论述。他说，道家之流至于《老》《庄》，多弃绝礼义，那是因为时代的影响、主观的成见。《管子》之学虽亦源于道家，但管子距离西周很近，那时候道德与圣人的影响依然存在，所以他重视人的自身修养及人与人之间的伦理关系。而到了老子的时候，天下已成乱世；再至庄子，情况更加糟糕。所以，人们只能重视独善其身，并纵身于自然。至于《管子》心理学，支氏首先认为《管子》的一大贡献是对一向难言的心之实体做出描述，"折折乎如在于侧，忽忽乎如将不得，渺渺乎如穷无极"②，虽有点迷离其辞，但却是他书所未道。正因为心之实体迷离恍惚，其作用必定也是动定难居，由此成为人世间治乱无常、情势难以掌握的心理原因。所以，《管子》强调安心、治心，认为"心安，是国安也。心治，是国治也"③。人心之乱是因为声色货利等外物扰乱了五官，欲求物不乱官，官不乱心，唯一的方法是以静治之，使它免受忧乐喜怒欲利等各种情感的干扰。

尽管支伟成以西学分科诠释《管子》思想学说表现了传统学术方法在民国时期的近代化转型，在一些具体内容的表述上

---

① 支伟成：《〈管子〉通释》，《民国丛书》第五编第12册，第9—10页。
② 《管子校注》卷第十六《内业第四十九》，第932页。
③ 《管子校注》卷第十三《心术下第三十七》，第781页。

却依然能看出传统观念——管仲是功利之臣，《管子》乃功利之书——对他的影响。

如果说支伟成对《管子》学说多方诠释，其意仅在"以见我国古代各种学说之无所不备，在前三四世纪即已发其端，苟益加研究，岂不蔚然大观哉"，借此完成"后之学者""发扬而光大之责"[①] 的历史使命，那么支氏作"《管子》之救时政策"，则带有明显挖掘《管子》政术，以之作为挽救时弊的政策参考的用意。他征引《淮南子·要略》中有关《管子》成书的一段文字，认为当时天子卑弱，诸侯力争，南夷北狄交伐中国，桓公忧中国之患、苦夷狄之乱，于是旨在存亡继绝、驱夷救患的《管子》一书出现了。

对于《管子》的救时政策，支氏主要从三民主义、地方自治、国际联盟、振兴水利、尊法重令破阀五个方面展开。地方自治是对《管子》"叁其国伍其鄙"制度的概括，支氏认为这种制度配以什伍、游宗、里尉、州长、乡师各级政权机构对地方贤良俊材的选举提拔，尤其能显示出自治的精神。国际联盟是对《管子》中有关桓公、管仲合诸侯相与为盟的概括。《管子》重水利，它说的导、利、决、溃、通都是治水的关键。水患止而水利兴，水利兴则民生厚，故振兴水利亦是《管子》救时之策。尊法重令破阀是对《管子》强调以刑法禁淫止暴，因令行法，并警惕、杜绝因重臣而导致党阀之人违法乱纪现象的概括。其中，党阀的存在尤为政治一大祸患，正如《管子》所说的，朋党处前、贤不肖不分则争夺之乱起，而君在危殆之中。

[①] 支伟成：《〈管子〉通释》，《民国丛书》第五编第12册，第20页。

所以，《管子》对于党阀，主张力攻而严禁。

在对《管子》救时政策的概述中，最引人注意的是支氏对《管子》三民主义政策即民族、民权、民生的诠释。支氏认为，民族的政策久为中国人称道，圣王立法往往强调"贱四夷贵华夏"，其原因就在于"四夷"非我族类，其心必异。①《春秋》强调内诸夏而外夷狄，就是民族主义的表现。而管仲佐桓公以霸诸侯恰是以"尊周攘夷"为号召的。《管子》所言"伐离枝，斩孤竹"就是《管子》民族主义政策的具体实行。孔子之所以称誉管仲，"诚以建国立业，兴王创霸，民族之见，必不可泯焉"。也正因为管仲民族观念的存在，他才有了"自决之心，而奋励图强之事乃作，利国福民之事乃兴"。关于《管子》的民生政策，支氏认为主要体现在《管子》以实利导民，如修道路、便关市、兴鱼盐、通工商、开矿产等一系列措施上。《管子》的民权政策，主要体现在《管子》以顺民心为本的一系列措施上。三民主义是孙中山提出的近代资产阶级民主革命的纲领，以此对照两千多年前《管子》救时政策并对其进行阐发，在当时半殖民地半封建的特殊环境下，尤其能体现支氏古为今用的救时之志。②

章太炎说："分科越多，理解也越明。"③ 支氏从西学分科的角度对《管子》学说进行综合诠释，是《管子》学术自然演进的表现。他从学说、政策两个层面对《管子》一书展开诠释，

---

① 先秦时期，生活在中原黄河流域的华夏族群不断发展农业文明，财富积累迅速。而周边其他部落族群大多依旧以游牧或渔猎为生，发展相对滞后，久而久之，中原地区农业人口产生了一种优越感。
② 支伟成：《〈管子〉通释》，《民国丛书》第五编第12册，第22、24页。
③ 章太炎：《章太炎的白话文》，贵阳：贵州教育出版社，2001年，第54页。

在《管子》学史上别开生面。支氏之所以这样做,一方面是因为受到近代学术思潮影响,另一方面又离不开对社会问题积极的关注和对现实政治强烈的参与意识。如他诠释《管子》地方自治,在谈到其优势时说:"倡言自治者,尚其念之哉!"① 分明是在提醒当时倡导地方自治的人不要忘记从《管子》中汲取自治经验。而他诠释《管子》国际联盟时,更是表达了在国际上建立一个能与管仲"纠合诸侯,相与为盟"取得同样实效的"国际仲裁机关",以实现国际永久和平的愿望。

三、从霸业解读到"欲寿国命于危亡之秋":石一参《〈管子〉今诠》

石一参(1872—?),名广权,湖南邵阳人。1932年至1933年,石一参在《船山学报》陆续发表《〈管子〉学商榷》,标题下署"苍石山房原稿"。1936年,石氏在《〈管子〉学商榷》的基础上撰成《〈管子〉今诠》。《〈管子〉今诠》不仅在整体构思上与前者不同,在内容上也有很大增饰,集中体现了石氏对《管子》的研究。

石氏认为,中国古代有三种不同的政术,除了以老子为代表的道术、以孔子为代表的儒术,还有一种就是集殷周开国二勋伊尹、吕尚之大成的以管仲为代表的治齐之术。管仲治齐,主要体现为三个特点:手段简易,崇尚功利,善于权谋之术。他的为政之术有三个内容:发展经济,彰明法治,建设军队。齐国濒临大海,通过利用丰富的鱼盐资源,借助舟楫与他国通

---

① 支伟成:《〈管子〉通释》,《民国丛书》第五编第12册,第26页。

商，使得齐国逐渐富裕起来，这是管仲熟悉生财之道的表现。齐人与别处地方的人不同，由于生存比较容易，所以生成奢侈的民风。当时的礼教无法约束他们，于是管仲就借助法治进行管理。齐国边境与莱人、夷人居住的地方接近，后者不仅经常入侵齐国，还常常偷盗齐人的物资，管仲考虑到必须树立国威，于是大力进行军队建设。此外，管仲治齐还有一个特点，那就是德治。他的一切施政措施，都得到了人民的称赞。管仲的治齐之术笔之于书，变为《管子》，这就是管氏之学。

石氏把中国古代的政治体式分为皇、帝、王、霸四种。皇制尚无为，以老氏之学为代表；帝制无为而无不为，以孔氏大同之学为代表；王制为之而无以为，以孔氏小康之学为代表；霸制为之而有以为，以管氏之学为代表。依石氏，作为霸制的管氏之学主要集中于自己编校后的《管子》"内言"，其对管学思想精义的撮述也相应地体现在对"内言"的诠释中。下面按石氏对"内言"所划分的道家、政家、阴阳术数家、法家、兵家、计家六种不同的义类依次加以介绍。

由于石氏把道家言看作管学的根本，《管子》"内言"首列道家类文章。他认为《修身》《白心》《心术》《内业》表达了纯粹道德的主题，"其论心也，言知言意言情，乃至言精言气言神，盖实合孔老为一原"[1]。"世儒不察，致疑管氏为无本之学"[2]，这是错误的。一般人认为，霸者以力治，王者以人治，

---

[1] 石一参：《〈管子〉今诠·界说》，中国书店据上海商务印书馆1938年版影印，1988年，第1页。
[2] 石一参：《〈管子〉今诠·中篇》，中国书店据上海商务印书馆1938年版影印，1988年，第124页。

帝者以身治，皇者以心治。然而，单独的心必须有所依据才能发挥作用，而身正是使心发挥作用的依据，没有心不正而可以通神、神不通而可以致治者。而谈论人治不忘心治之理，谈力治不忘以心治作为约束的标准，正是管学道家言的关键所在。或者可以这样说，管学"道德之精，其要在心，其末以养生，其绪余以临民"①。

石氏说，管学中的综合制度多于单纯的刑罚，从这个角度看，管学首先是一种政家言论。它认为国家治乱的原因很多，仅靠杀戮刑罚不足以挽救国家的衰亡，也不足以维持国家的安定，这构成管氏政治的精神要义。管学政家言论具有两个特点，一是冲决了《周礼》的成式，善变其法又能使人民乐于接受；二是一切以救时应变为基础，以国计民生为出发点，虽有功利权谋的倾向却能做到政不失正。《管子》的《乘马》《七法》《幼官》规模宏大、巨细毕举，与一般的政论家大不一样。

阴阳术数也是治国临民的一种方法，但孔子、孟子对此语焉不详。《管子》的《幼官》《四时》《五行》，古义斑斓，"其阴阳之说，有以通天地人物之奥，而体物不遗，非俗儒外道之所得窥也"，甚至比《吕氏春秋·月令》《淮南子·时则训》更有思想价值。一般的学者但知《管子》多权谋术数，却不知道权谋术数也是王道之治不可缺少的，可以说，"通天人之缄以达民物之隐者"② 具在管学阴阳术数家的言论里。

---

① 石一参：《〈管子〉今诠·概论》，中国书店据上海商务印书馆1938年版影印，1988年，第2页。
② 石一参：《〈管子〉今诠·中篇》，中国书店据上海商务印书馆1938年版影印，1988年，第261页。

关于管学中的法家言，石氏认为其高于申韩等法治论的地方在于"言法辄根诸道德礼义，而以令行禁止为不易之定则"。它分别法与刑，既重人治又重法治，体现了真正的齐学精神；它强调"不法法则事毋常，法不法则令不行"，强调朝有经臣、国有经俗、民有经产，确立了后世治国的大法。由此，石氏认为后世虽把魏国李克（即李悝）的法治著作视为中国的《法经》，又把韩非视为法家的不祧之宗，而实际上管仲才是法家的太祖。

后人谈论兵法常提及孙膑、吴起，但在石氏看来，孙、吴论兵多谈及战场上具体的兵事，这不是兵家之本。管学善于探本，它注重平日养兵练士、错仪定制、明分通德、聚财备器，关键时候因敌治敌以求全胜。其兵家言讲究对则、象、法、化、决塞、心术、计数的运用，钻研得极为透彻，执行起来极为果断。可以这样说，管学"明其体"，孙、吴"达其用"，"孙子得用兵之法，将材也；管子得治兵之法，相材也"①。

管学中的计家言，石氏认为主要讨论国计民生之事，其价值所在是提出了一系列富国利民、丰产兴业、贸易理财的方法。一些人讳言理财之事，动辄指斥管学理财者为言利之臣，以致"货弃于地，商泣于途，农惰工窳，山童泽涸，乃至地旷民涣，无籍可稽，国不国矣"②。而实际上，管学计家言对于治民主政者来说极为重要，怎么能因为它谈论功利而不重视它呢？

《〈管子〉今诠》中，传统的文本校勘、文字训诂等考据性

---

① 石一参：《〈管子〉今诠·界说》，中国书店据上海商务印书馆1938年版影印，1988年，第4页。
② 同上书，第3页。

内容依然是石氏《管子》研究的重要方面。不过，这些内容在石氏那里仅是阐发文本义理的手段。也可以这样说，尽管石氏对《管子》多有考据性研究，但它们都是为构建石氏眼中的齐学与管学而做的基础工作。

石氏对《管子》思想进行诠释，还表现在对文本大义做拓展延伸以表达自己的某种学术观点。石氏拓展文本大义的方式多种多样，他或对文章思想进行纵深挖掘，或是将齐学与儒学为主的鲁学进行对比，或是在高扬管学中批判世俗的儒学，或是称赞齐学之博大精深，诸如此类，不一而足。要之，皆体现出石氏对《管子》义理的多角度阐发。这里需要特别提及的是石氏在义理阐发中纵论国事、指摘时政的治学风范。

首先，石氏指出中国缺乏真正的治国之术。在石氏看来，不用权谋的王道是不存在的，以王道驭权谋无害于王道本身。而居于统治地位的"浅学俗儒"不明王道的真实内涵，把王道、霸道简单对立起来。他们认为王道不可掺以权谋数术，于是王道只能成为"无法可见实施"的纯粹虚幻之物；他们认为霸道纯任权谋数术进而鄙之、弃之，于是霸道成了"非言治者所自居"的东西。由此导致的恶果是治国耽于空想不切实际，"数千年来吾国竟成无治之国"。

其次，他对当时以"帝国主义"一词指称侵凌中国的西方列强极为不满。如上所述，石氏认为帝制在中国文化中指孔氏的大同之学，那么面对西方列强，怎么能用"帝国主义"一词来翻译指称他们呢？事实上，西方列强"地通财，任人命将，胜敌服邻，主谋备豫""试以管氏书对照之，非帝国主义，实霸国主义也"。可悲的是，中国人弃《管子》的霸术不用，以致积贫积弱；西方人采用类似《管子》的霸术，"资邻国而明大数之术"，以致"欧势东渐"。在这里，石氏提出一个令人深思的问题：中国人怀揣治宝不知用，尽是耽于空想中的"王道"，中国之不积贫积弱又怎么可能呢？

再次，以王道为理想的《孟子》一书，说"得天下有道，得其民斯得天下"；以霸道为理想的《管子》一书，说"兵幸于权，权幸于地"，又说"争天下者，必先争人"。两者所见略同，真正的王道必"能用天下之权"，真正的霸道必"当权而不失其正"。近来中国的执政者，虽然看到"民为邦本"这个为政关键，"颇有以夺民众为标者"，但"一居民上"，便无所措手足，尚且不论王道之治，就是近在咫尺的《管子》霸道亦不知取材而用之。面对"劳民伤时，坐任土荒民离""国社濒亡"而执政者犹且"不悟"的政治局面，石氏认为《管子》霸术定能有补于时局。他表示，愿与那些"有欲寿国命于危亡之秋"的为政之士一道，"取是篇（指《霸言》）共研之"，以此拯救危难中的民族和国家。可以看出，石氏忧民伤时的家国之情和政治关怀，正是《管子》学术研究深寓治道实践价值的表现。这也是历代《管子》学须臾不离乎政治的重要研究特征。

石一参对历史上的管仲和《管子》充满尊崇的至情，书中多处可见仰慕称赞的话语。尽管现代的一些学者对石一参任意窜改文本表示不满，但若从其最终的齐学与管学的建构与阐发来说，未尝不可说是一条值得尝试的治学路径。20世纪50年代，顾颉刚先生曾提及石氏及其《〈管子〉今诠》并表达赞赏之意。毋须多言，石氏的《管子》研究自有其价值所在。

239

"采用学说之长而创一新思想"[1]：
民国《管子》学术（二）

一、《管子》财政思想"空谷足音"：甘乃光《管子》经济思想研究

甘乃光（1897—1956），本名杰才，号自明，字乃光，广西岑溪人，著有《先秦经济思想史》。甘乃光对《管子》经济思想的研究见于该书第八章《管子》。

《先秦经济思想史》是甘乃光1922年至1924年在岭南大学教授中国经济思想史课程时的讲义。按理说，在教学基础上结集而成的经济思想史应为通史性质，可为什么甘氏单单抽出先秦部分以成《先秦经济思想史》付梓刊行呢？这是因为在甘氏看来，先秦经济思想取得的成就是后世难以逾越的，它直接奠定了后世经济思想的理论基础，后世经济思想仅是先秦余绪。甘氏认为，我国长期处于农业手工业时代，经济状况无多大变动，由此导致经济思想没有大的发展。如果说有些变化的话，

---

[1] 唐庆增：《中国经济思想史》，北京：商务印书馆，2010年，第8页。

比如王莽、李觏、王安石及近世的谭嗣同都提出了较有价值的经济主张，那也仅仅是产生了新的"经济政策聊以应付环境""实在无特别研究的价值"①。甘氏强调先秦经济思想的重要性无可厚非，但他认为后世经济思想没有"研究的价值"似略显武断。②

尽管甘氏对汉以后经济思想的评价有欠公允，但他对古代经济思想整体特征的把握体现出其超人的卓识。甘氏认为，思想的发生与时、地关系密切，中国数百万里的土地、四千余年的闭关生活，造就了不同于他国的经济思想。从主观方面讲：第一，我国的经济思想呈片断状，缺乏科学体系的支配，所以无系统地发展；第二，对经济问题的探讨多偏于财政方面，且实用多于理论，阻碍了学说思想的发展；第三，财政上一味地减税，相沿成习，以致成为经济发展和民族振兴的障碍；第四，重农轻工商思想，造成了轻农业税而重工商税的传统；第五，空想的社会主义多流于政策，缺少理论上的建树；第六，经济思想和伦理思想混杂，不仅阻碍经济原则的实现，且常常以主观批判牺牲客观真理。从客观方面讲：第一，我国农业时代滞留时间长、进入工业革命年代晚，因而没来得及对一些重大的、较新的经济问题进行讨论；第二，我国仍处于货币时代，缺乏对国际信用制度的研究。应该说，甘氏总结的这几点，既是中国经济思想的特征，也是中国经济思想不足的表现。

---

① 甘乃光：《先秦经济思想史·自序》，上海：商务印书馆，1926年，第2页。
② 当代经济学家叶世昌说："这样评价汉以后的经济思想，实际上正是反映了他对秦以后经济思想的缺乏研究。"（叶世昌：《建国前中国经济思想史研究述评》，《世界经济文汇》2002年第6期，第71页。）

甘氏对《管子》经济思想的论述，主要从国民经济观念、重农主义、分配政策、财政政策、商业政策、消费论六个方面展开。

甘氏所言《管子》中的国民经济观念，指《管子》经济政策先从人民生活入手、经济首先满足人民对利的需求这一思想。《管子》一书作于以孔孟为代表的儒家学者之后，它论及经济时常带上道德仁义的因素，但《管子》显然又是不同于儒家的，因为它强调对经济利益的追求是人类行为的最大动机。甘氏认为，《管子》对人生行为的经济动机有着深刻的认识，它时常告诫为政者要尊重人民求利的心理；要因势利导，在满足人类最初级的衣食欲望的基础上谈论礼义廉耻；要使人民拥有一定财产，因为财产对社会秩序、生活安宁关系极大。甘氏又说，强调不推而往、不引而来的经济动机容易导致像欧洲经典派那样的放任主义，但由于写作《管子》时个人主义的风气尚未流行，所以《管子》中没出现这样的思想，而是走向"国家干涉主义"。甘氏没有对国家干涉主义做过多解释，只是简单提及它"一部分与道家反抗，一部分仍本着法家的精神"[①]。这与"国家干涉主义"即国民党实行的统制经济，在彼时颇为流行无需详细解释有关。

如上所述，《管子》经济政策主张先从人民生活入手，满足人民对利的需求，那么怎样才能做到这一点呢？《管子》认为要重视农业生产，甘氏称之为"重农主义"。重农要做好消极与积极两个方面的工作：消极方面，要禁止一切有碍于农务的文巧；

[①] 甘乃光：《先秦经济思想史》，上海：商务印书馆，1926年，第82页。

积极方面，要实行农业方面的保护政策，并灵活运用农业运作的方法。

对于财产分配，孔子有"不患寡而患不均"的说法，《管子》不仅看到这一点，更从统治者的角度提出"贫富无度则失"（卷第三《五辅第十》）"甚富不可使，甚贫不知耻"（卷第十二《侈靡第三十五》）"使民下相役耳，恶能以为治"（卷第二十二《国蓄第七十三》）[①]的观点。那么，《管子》是如何处理分配问题以使贫富平均的呢？甘氏认为，这主要依赖于《管子》的轻重之术。依《管子》，轻重之术首先要得出货物和货币的比例，要求"先把全国之田谷及他财之量若干，完全统计起来，知道物量若干则可以知其需用货币若干"，然后"依这个比例来铸造货币，则其比例自平而人君可操纵物价了"[②]。因而，轻重之术说到底就是通过货币来实现均贫富的手段。不过，对于轻重之术能否在现实中顺利实行，甘氏也有一些疑惑。他借用梁启超的观点，认为它有三个缺点：一是统计数字未必精准；二是同样的货币，流行的速率不同，效用就不同，轻重之术没有考虑到这一点；三是经济无国界，即便在统计中货物与钱币的比例适得其中，在实际流通中也往往难保平衡。可是考虑到当时的经济发展水平，甘氏依然认为，轻重之术的运用有现实的基础，在当时尚能发挥出它的功用。

如前所述，中国历代财政一味地强调减税。如果有谁主张增加税收，必然会成为众矢之的并被指责为聚敛之臣，如历史

---

① 《管子校注》，第 198、637、1266 页。
② 甘乃光：《先秦经济思想史》，上海：商务印书馆，1926 年，第 90 页。

上的王安石。而强调减税，就会阻碍财政思想的发展，所以中国的财政思想一直不很发达。不过，在这不很景气的财政发展史上也有例外，它就是《管子》。甘氏说："在这个二三千年不惯讲财政原理的国家中也能找出一部书讲及财政的原理，真是空谷足音了。《管子》虽不提倡主义，但其特色在于谈无税的方法。"[1] 这里，甘氏指的是《管子》财政思想的特色——由薄税到无税。甘氏认为，《管子·权修》言"取于民有度，用之有止，国虽小必安。取于民无度，用之不止，国虽大必危"，说明《管子》深知国家财政和国民经济存在密切关系；《轻重甲》言"事再其本，则无卖其子者。事三其本，则衣食足。事四其本，则正籍给"，说明《管子》看到租税应视人民羡余而征收。基于对租税的这种认识，当然只能是薄税。薄税在《管子》财政政策中只是初政，其最终目的是要达到无税的状态。甘氏认为，《管子》提出"无税"论基于两点：第一，"民予则喜，夺则怒"，人民心理上不欲有税；第二，"以室庑籍，谓之毁成。以六畜籍，谓之止生。以田亩籍，谓之禁耕。以正人籍，谓之离情。以正户籍，谓之养赢"[2]。无论哪一种税收，都会遭到人民直接的反对和逃避，都会直接侵害人民的生产和生活。既然税收有这么多的弊端，人民感情上又不接受税收，则不若以无税为上策。

无税固然受到人民欢迎，但国家政费何由而出？甘氏指出《管子》通过国有经济政策实现人民无税而国家同样能保证财政

---

[1] 甘乃光：《先秦经济思想史》，上海：商务印书馆，1926年，第93页。
[2] 《管子校注》卷第二十二《国蓄第七十三》，第1259、1272页。

收入的四种方式：一是盐铁国有政策。这主要集中在《管子》的《地数》和《海王》篇，其大意是盐与铁均归政府专卖，政府凭借盐铁专卖获得利益不再向人民征税。就盐政而言，是"先抽之于商人，继乃由商人高价出售"；就铁政而言，是"将铁之原料征收税项"。这是人们常说的间接税，《管子》称其为"见予之形，不见夺之理"①的无税理论。二是矿产国有政策，即把产银、产金、产铜的矿山资源收归国有。三是森林国有政策。四是谷米国有政策，即政府握谷米买卖权，用货币调剂其价格之高下，从中取得余利。无论哪一种政策，均可达到人民不以之为苦而政府坐收其利的双赢的目的。

在甘氏看来，《管子》商业政策首先是通过开展国际贸易活动以夺取他国财用。但《管子》商业政策并没有停留在纯粹的经济获利层面，它还有获利背后深层的政治目的，即通过国际贸易在政治上征服他国。比如《轻重戊》主张齐国诱使鲁、梁二国释农为绨，之后断绝其绨的收购，在鲁、梁二国谷米供不应求的形势下将其一举征服。甘氏认为，《管子》商业政策具有通过外贸发展本国经济和用为经济侵略以达到政治征服的双重性质。

《管子》认为，一个国家的财富再多，如果消费不当、铺张浪费，仍不够用，因而它提倡崇俭的消费理论。但《管子》崇俭是有一定限度的，它看到"俭则伤事"②，所以，《管子》崇俭不是吝啬式的节俭，不是为节省而节省，而是有一定的底线，即不妨碍做事。在崇俭思想的指导下，《管子》提出社会消费标

---

① 《管子校注》卷第二十二《国蓄第七十三》，第1259页。
② 《管子校注》卷第一《乘马第五》，第88页。

准:"宫室足以避燥湿,食饮足以和血气,衣服足以适寒温,礼仪足以别贵贱,游虞足以发欢欣,棺椁足以朽骨,衣衾足以朽肉,坟墓足以道记。不作无补之功,不为无益之事。"① 甘氏认为,这是一种"简单的生活标准,其哲学与实施,俱受道家与墨家之影响"②。

总的看来,甘氏对《管子》经济思想的分析论述,在梁启超《管子传》相关论述的基础上有所发展。他揭示了《管子》经济思想中人类行为的经济动力观,从积极、消极两方面展开了对《管子》经济措施的论述,这些都是《管子》经济思想研究的新收获。

二、"《管子》之经济思想……兼诸家之长":黄汉《〈管子〉经济思想》

黄汉,生平事迹不详,著有《〈管子〉经济思想》一书。

民国时期,一批受西方学术影响的学者用国外经济理论评价中国经济建设,引起国内学界人士的不满,黄汉即是其一。在黄氏看来,中国的经济思想在秦以前足与西人抗衡,汉以后学术日衰、思想不振,虽有司马迁、陆贽、王夫之、黄宗羲等于经济放任、货币、物价有所发明,皆一鳞片爪,缺乏系统研究;历代学者讳言利,皆以研究治生之术为羞,以提倡理财为耻,以致"数千年来,此风不衰,羞称管、商,不言富强,拘迂之谬,遗害于今"③。有感于此,黄氏决意整理出"一本极有

---

① 《管子校注》卷第十七《禁藏第五十三》,第1012页。
② 甘乃光:《先秦经济思想史》,上海:商务印书馆,1926年,第110页。
③ 黄汉:《〈管子〉经济思想》,上海:商务印书馆,1936年,第3页。

系统有组织之科学经济思想书籍""或可有补于中国经济思想史之研究"①，又可于现实有所功用。

这样一种学术研究的构想，是否意味着需要将整个中国经济思想纳入研究视野呢？如上所述，黄氏认为汉以后的经济思想没有大的发展，换句话说，它们"均无特别之研究，而未超越先秦之藩篱"，故"言中国经济思想史，直不啻言先秦经济思想史"②。看来，黄氏是想以先秦经济思想研究代替整个中国经济思想的研究。然先秦经济思想，非止于一家一说，黄氏是否巨细无遗逐一条理呢？让我们看一下黄氏的取舍汰选。黄氏说，先秦诸子十家，涉足经济思想者有儒、道、法、墨、农五家。农家经济思想见于《孟子》，片羽只鳞，对后世殊少贡献，故农家在我国经济思想史上无重要地位。道家强调无为绝欲、反对机心、机事、机械，这一思想不合乎经济主义之原则，不只对社会无贡献，且于经济思想有所摧残，所以道家在我国经济思想史上也无重要地位。墨家交利、兼爱思想多有伦理观念掺杂其中，其节俭消费论有利于增加国民财富却伤害生产事业的发展，其分工理论于经济思想贡献最大，但因自身思想不健全而在汉以后不振以致衰微，故墨家在我国经济思想史上也不占重要地位。儒家不唯义利相混，且以精神生活支配物质生活，二者发生冲突时主张抑制物欲而崇尚精神，又主张节俭消费、轻商重农，所以儒家在我国经济思想史上亦不占重要地位。法家③

---

① 黄汉：《〈管子〉经济思想》，上海：商务印书馆，1936年，第6—7页。
② 同上书，第166页。
③ 黄汉曰："《管子》是否属于法家，确成问题。兹先论《韩非》《商君》，而于《管子》，则另论之。"（黄汉：《〈管子〉经济思想》，上海：商务印书馆，1936年，第175页。）

商鞅、韩非虽重农务耕，但轻视工商，主张工商必返于农，是畸形的、不健全的经济思想，故以商、韩为代表的法家在我国经济思想中不占重要地位。那么，究竟先秦哪一家摒诸家所短代表中国经济思想的最高水准呢？在黄氏看来，仅《管子》而已。

黄氏对传入中国的西方哲学很熟悉。他认为，研究社会问题首先要确立一种出发点——哲学基础，哲学基础不同，即使研究同一个问题也会得出不同的结论。就《管子》思想体系而言，其哲学基础是唯物论，也就是说，《管子》是在"先求物质生活之满足，而后方可谋精神生活之享受"这样一种认识基础上展开其理论陈述的。正因为持有这种思想认识，所以它特别强调人类社会生活中经济基础的作用。

《管子》承认人类活动源于物质欲望的引诱，但它谈论经济不是以个人利益而是以整个国民利益为依托的。欧洲经济学鼻祖亚当·斯密强调个人利欲的自由获得，认为个人因欲望的促使不断改善其生活状态，就会引起国家公共的繁荣与私人的繁荣，这种经济理论造成今日欧洲各国贫富悬殊、阶级恶化。直到最近二三十年，才有对国民经济稍加注意者与《管子》暗合。

黄氏认为，《管子》力倡国民经济并力谋国民经济的发达，有对内对外两方面的考虑："对内，若国民经济不发达……国无以治；国无以治，则国必亡。对外，则国民经济若发达，必可以战胜他国。"[①] 而无论对内对外，实行以农业为务的保育政策是发达国民经济的基础。但仅有保育似嫌不足，一国之内贫富

---

① 黄汉：《〈管子〉经济思想》，上海：商务印书馆，1936年，第41页。

有别，一部分人唯私利是谋会妨害整个国民经济，所以保育之外不得不采取国家干涉政策。黄氏说，《管子》这种贫则保育、富则干涉的干涉政策与国家社会主义极为相近。总之，在黄氏看来，《管子》的国民经济观念，是以国民为本位，以国家为前提，"内则实行国家社会主义，外则不脱帝国主义色彩"①。

国家政事开展的费用有赖于一国财政。我国自周秦迄清几千年来均以田赋为财政主要来源，而受历史上儒家思想的影响又以薄赋敛为戒。至于《管子》的财政观念，依黄氏的说法，"本乎法治精神，而顾及国民经济之繁荣"，具体一点来说，它强调"国家之取于民，当量其力所能负担，国家经济上所要求租税之原则，要以不妨害国民经济之发达，不使税源枯竭为指归"②。《管子》中有儒家所鼓吹的薄赋敛之说，但它的财政思想特色不在于薄税，而在于无税。租税的功用在于供给国家政务经费，不可一日缺失。如果倡导无税，那么国家政务费用从何而来呢？黄氏认为，《管子》设计了三种通过国家专卖政策获取税源的解决方案。首先是盐鱼国有政策。之所以对盐业实施专卖，是因为盐税对国民生产力的妨害较房屋税、六畜税为小；盐是人民日常消费品，不但符合税收的普遍原则，且税收收入高，不必多辟税源而国用自足；盐业专卖又可使人民在不觉之中无不服税且无抵抗之意。其次是铁矿国有政策。由于矿产资源中除铁外，《管子》言之不详，故黄氏主要针对铁业国有进行讨论。他说，《管子》对铁业国有与盐业国有实行了两种不同的

---

① 黄汉：《〈管子〉经济思想》，上海：商务印书馆，1936年，第47页。
② 同上书，第65、66、66页。

政策。对于盐,一方面由国外输入并由国家专买专卖;一方面由国内输出以博赢利,并吸收他国的现金。对于铁,"则完全以对内为宗旨"①,铁的使用虽不若盐的使用普及,但对于农业国家来说,以此取税,收益也很可观。铁业国营政策中,国家对产铁之山进行封禁,民间若有开采者首先要获得允许,之后可自行鼓铸坑冶,并按照"民得其七,君得其三"②的税率比例上缴国家。最后是森林国有政策。在黄氏看来,《管子》主张森林国有有其充足的理由,因为森林的经营周期很长,一般需要十年至数百年,且"周详的计划,不变之方针"亦不可缺,这一性质决定了它不适于私人经营。私人经营往往看重眼前利益,"动辄滥伐,虽成为荒山,在所不顾"③,国家经营则可免除这些不足。森林虽为国有,但《管子》力戒宫室之美、台榭之盛,反对奢侈浪费。

《管子》充分认识到了工业的重要性,它说"立械器以使万物"④,人类生活的各种物品均须经工业制造方可使用,欲匡正天下者也只有在工与器充足的条件下方可治天下。《管子》对工业的重视有一个出发点,即建立在国民需用的前提之下,用黄氏的话说,就是"工业品之制造,必适合于大多数人民之需要",而对于那些仅供少数人享用的物品称之为逆,主张"予以相当干涉"⑤。《管子》一方面强调工业要满足国民日常的使用,

---

① 黄汉:《〈管子〉经济思想》,上海:商务印书馆,1936年,第84页。
② 《管子校注》卷第二十四《轻重乙第八十一》,第1448页。"七",原为"十",疑误。
③ 黄汉:《〈管子〉经济思想》,上海:商务印书馆,1936年,第87页。
④ 《管子校注》卷第二十三《国准第七十九》,第1394页。
⑤ 黄汉:《〈管子〉经济思想》,上海:商务印书馆,1936年,第97页。

另一方面又强调工业要满足战争对器械的需要。历史上的孟子认为天时不如地利、地利不如人和，而《管子》则首重器械，认为器械精则战争胜，器械之良窳足以影响战争的胜负。黄氏对《管子》的这种战略思想表示赞同，认为"此深符合今日战争之实况，今日战争，则以器具之精粗论胜负也"①。对于国民日常工业与军事工业，《管子》显然持有不同的态度，前者"惟求得供普遍之使用，而反对精镂文采使人民因此而感不足"，后者"力求精锐，且不惜招天下之工，以制之"②。这是否说明《管子》穷兵黩武呢？不是的。黄氏引《管子·七法》一段文字，解释说："管子深知战争之害，但国家不可一日无备，虽在圣世，犹不可废兵，况遭乱世，兵尤不可废也……《管子》之奖励制造精锐战具，则在有备无患。"③

《管子》以前没有出现以工为主体的经济组织，至《管子》始主张"士农工商，四民者，国之石民也。……不可使杂处"④，即提倡农、工、士、商四民分立。黄氏认为，四民分立的做法对于发展工业大有好处，因为农、工、士、商各有自己的生产习惯，若混居一处容易引起彼此纠纷，如果为从工者单独划定一区域，则能避免纠纷从而专心于自己的事业，且大量的从工者聚集在一处，彼此之间还会产生竞争之心，从而提高生产效率和生产质量。此外，工业的聚集也便于国家统一监督管理。

在黄氏看来，《管子》的商业政策可分为国内政策和对外贸

---

① 黄汉：《〈管子〉经济思想》，上海：商务印书馆，1936年，第99页。
② 同上书，第100页。
③ 同上书，第101页。
④ 《管子校注》卷第八《小匡第二十》，第400页。

易（亦称国际）政策两个内容。

先谈国内政策。黄氏首先分析《管子》对商业功用的认识。商业的第一个功用是通运货物、以有易无，它虽不能直接生产货物却可使需要与供给得以调和。商业的第二个功用，是促使生产发达。商业为农民供给资本，又为其农产物探索销路，它还能测定市场的需要而做适度供给；市场有变，商人固能从中获利，但承担的危险亦大，农人则"安全将事，得以此而促农业之发达"①。《管子》既从积极的方面看商业，同时也从消极的方面看商业，黄氏对此了然于胸。他举《管子·禁藏》所言"商人通贾，倍道兼行，夜以续日，千里而不远者，利在前也"②、《国蓄》所言"岁有凶穰，故谷有贵贱……蓄贾游市，乘民之不给，百倍其本"③ 为证，认为《管子》为了对商人加以抑制而实施了统制政策。按黄氏的理解，统制政策有两个内容：一是国家专卖谷米、盐等日常生活用品，使商人不得擅其利。二是国家对非专卖的其他物品实施价格上的统一管理，只准商人在贩卖时收取手续费，不能任意抬高其价格。

《管子》既重商又抑商，那么商人的地位到底如何呢？黄氏认为，《管子》"对于商人之地位，并未轻视，其所反对之商人，乃欺诈病民之商人，非所有商人均鄙视也"④。他这样解释《小匡》中的"士农工商，四民者，国之石民也"⑤："石民，即中坚分子之意。……士农工商并列，则并无轻商之意，今之人，

---

① 黄汉：《〈管子〉经济思想》，上海：商务印书馆，1936年，第108页。
② 《管子校注》卷第十七，第1015页。
③ 《管子校注》卷第二十二，第1264页。
④ 黄汉：《〈管子〉经济思想》，上海：商务印书馆，1936年，第113页。
⑤ 《管子校注》卷第八，第400页。

常以《管子》轻商,此诚令人不可解也。"① 尽管这样,黄氏也不得不承认《管子》对商人确实保持着警戒的心理:"商贾在朝则货财上流""商贾之人不论志行而有爵禄,则上令轻,法制毁"②,其反对商人参政之意甚明。

再看对外贸易政策。黄氏认为,一个国家采取怎样的外贸政策取决于它的经济形势、国土大小、出产何种产品,同时还要考虑到国外经济势力,最后才能定一精密的方针,而这种方针不是固定不变的,它需要随着国内、国际的变化而随时变更。不仅如此,外贸政策还直接关系国家的安危。

既然对外贸易如此重要,那么其执行权绝不能由私人操纵。就《管子》而言,黄氏认为它"力倡国营贸易"③,除外贸维系国家安危而必由国家经营这个根本原因外,还有来自其他三方面的现实考虑:第一,减轻人民纳税负担;第二,吸收国外黄金;第三,维持本国必要品供给之平衡。《管子》主张把经济上的盈利作为国家政费的一部分,由此可减轻人民的纳税负担,因而第一点很容易理解;第二点是指对外贸易若取得巨大成功,则会吸收国外大量黄金使国家拥有充足的财源;第三点是指用盈利的黄金从国外购入本国缺少的生活必需品,以维持该物品在国内的供给平衡从而避免经济上的恐慌。对此,黄氏列举《管子》的《轻重》篇"鲁梁之君请服""莱、莒之君请服""三年而楚服""三年而代服""令人之衡山求买械器"几处文字,

---

① 黄汉:《〈管子〉经济思想》,上海:商务印书馆,1936年,第113页。
② 《管子校注》卷第五《八观第十三》,第269页。"不论志行而有爵禄"原为"不论而在爵禄",据赵用贤本改。
③ 黄汉:《〈管子〉经济思想》,上海:商务印书馆,1936年,第120页。

对国际贸易的具体实施进行说明,并指出拜金主义给鲁、梁、莱、莒等国带来的灭顶灾难。黄氏区分国际贸易中工业品交易与农作物交易的不同,强调不可因国际贸易中金钱的引诱而放弃本国农作物的正常生产,可说是深刻领会了《管子》外贸思想乃至全书经济思想的精髓。

战国时期,土地私有与兼并之风盛行,耕夫流亡,税源枯竭,农业在一国中的地位愈益凸显。黄氏首先总结了《管子》重视农业的三个原因:第一,农业为人类衣食的源泉。第二,发展农业有利于富国强兵。第三,发展农业有利于治民。其次,他分析了《管子》发展农业的四条措施:第一,鼓励生产。《管子》看到人民好逸恶劳,于是教育人民驱除懒惰,使之努力于农业生产。第二,开垦荒地。第三,疏浚水利。这在《管子·度地》中有详细解说。依黄氏之见,《管子》治水之法可分为疏导和堤防两种,并专置水官以司其事,他称赞这是一种"治标治本,两者具备"的方法。如果说上述三条措施属于积极的农业保育政策,那么不害农事则属于消极的农业保育政策。所谓不害农事,即凡有害于农业的事情均应禁止,以使农民专心于农事。再次,他分析了《管子》的谷米统制政策,即政府如何对谷米进行统一管理。在黄氏看来,谷米是主要的农业产品,也是人民生活的必需品。这一性质决定了谷米若由私人操纵贱买贵卖从中渔利,不只有害于农民且直接影响国民经济的发展,所以政府必须加以统制。就《管子》而言,其统制谷米的方法有两种,一曰常平仓,二曰平粜。具体地说,政府于丰年之时乘米价低落大量购入,并借此适当提高米价,存于仓廪以备荒年,以堵塞商贾的利源,似常平仓;荒年米价上升,于是再贱价粜出,使大贾蓄家不得对人民巧取豪夺,似平粜。关于前者,一般认为始于汉代耿寿昌。黄氏认为,作为一种制度的常平仓产生于汉代毫无疑问,但作为一种初始的理论则始于《管子》。他举《管子·国蓄》所言积谷之法为证并解释说,政府根据各地人口的多少设置大小不同的仓库,对市场上的谷米进行敛轻散重,即贱买贵卖,与后世所行的常平仓制度用意相同。关于平粜法,依黄氏的理解是专为凶荒赈灾而设,它强调谷贱增价而籴使不害农,谷贵减价而粜使不病民。战国时魏国李悝推行的平籴法与此相近。不过《管子》的平粜法,其目的不只是利民,它还兼有增加财政收入的富国之意。

黄氏认为,社会的种种罪恶多源于因分配而引起的贫富不均,分配问题已成为时下世界最严重的问题,而有关分配的方案众说纷纭。《管子》分配政策不仅与它们不同,还别开生面。

《管子》解决分配的第一种政策是借助货币的轻重统制物价。它先将全国的谷米及其他货物做完全的统计,再按照物品与货币的比例计算出国家需要铸造的货币总量,然后根据货币数量采用稳定物价的方法,以货币进退百物、操纵物价,使富者无由兼夺而贫者从中受益,这样贫富自得其平。以轻重学说为基础的分配政策虽有上述优势,但其缺点亦难避免,黄氏对此毫不避讳:进行全国财货统计,势难完备;货币所需数量不仅与物价有关,且与货币的流通速度有关,这一点很难预测;经济无国界,货物可输入又可输出,因而难以保持一定的平衡①。尽

---

① 此处黄氏沿用梁启超说。见梁启超《饮冰室合集》专集第八册之二十八《管子传》,上海:中华书局,1935年,第58页。

管存在许多不足,但联系当时的社会现实,财货名目不很复杂,货币流通速度因交通原因不甚迅速,国际贸易迟缓,而《管子》又力倡统制国外贸易,故黄氏认为:"《管子》以货币统制物价之分配政策,盖根据昔日之社会经济情形,而不可以今日经济进步之眼光观之,而嗤其谬妄!"[①]

《管子》解决分配的第二种政策是调剂,第三种政策是以功绩大小决定享用多寡。关于前者,黄氏引《管子·轻重丁》一节文字为证,并说:"齐西水潦而民饥,齐东丰庸而粜贱;乃重藉齐东,使之纳粟,充实仓廪,再发给齐西之民,使饥者得食,寒者得衣,无本者予之陈,无种者予之新。若此,则齐东之民无过富,齐西之民无过贫,东西相被,远近准平。"[②] 关于后者,黄氏认为就是《管子·权修》所说的"凡牧民者,以其所积者食之,不可不审也。其积多者其食多,其积寡者其食寡,无积者不食"[③] 之意。

对于消费,黄氏有自己的看法。他说,生产的目的起于消费,生产的终点亦是消费,消费的数量必须与生产的数量保持平衡。如果消费超出生产,国家财力就会减弱;如果生产超出消费,就会发生生产过剩,国家资本及劳力都会受到损失,企业家亦会受到打击。不管哪一种情况发生,都会影响国民经济;就一国而言,当力求二者的平衡。《管子》对于这些看得很清楚。首先,《管子》提倡节俭以备储蓄。但徒事储蓄求其节俭,生产事业就不会发达,生产事业不发达,工人就会失业,最终

---

① 黄汉:《〈管子〉经济思想》,上海:商务印书馆,1936年,第158页。
② 同上书,第159页。
③ 《管子校注》卷第一,第51页。

经济停滞、社会衰落，所以《管子·乘马》又说"俭则伤事"，认为不应过俭。那么，应如何做到合理消费呢？黄氏认为，《管子·禁藏》所言"宫室足以避燥湿，食饮足以和血气，衣服足以适寒温，礼仪足以别贵贱，游虞足以发欢欣，棺椁足以朽骨，衣衾足以朽肉，坟墓足以道记"①，可作为《管子》的消费标准。这样一种简单的生活，与《老子》中小国寡民的生活理想乍看有相似之处，但仔细分析又有区别。黄氏说，《老子》以无为为本，它节制人类欲望，认为举凡一切文明均应放弃，是一种消极的论调；《管子》倡导生活简朴，意在鼓励人民储蓄，以便在国民经济发达的基础上与他国竞争，是一种积极的论调。《老子》出于自然，《管子》则为环境所压迫，"《老子》与《管子》似同而大异"②。

黄汉对《管子》经济思想的分析论述全面、深入且透辟，很多内容为其他学者未曾涉及。甘乃光认为先秦经济思想是中国经济思想的精华，黄氏亦持有类似的观点。与甘氏不同的是，黄氏于先秦经济思想中特别突出了《管子》的思想，并以对《管子》经济思想的研究代替对整个中国古代经济思想的研究。这便把《管子》一书推向了中国经济思想史的至高学术地位。

三、《管子》经济思想"独标真谛，成一家言"：唐庆增《管子》经济思想研究

唐庆增（1902—1972），字叔高，江苏无锡（一说常州）

---

① 《管子校注》卷第十七，第1012页。
② 黄汉：《〈管子〉经济思想》，上海：商务印书馆，1936年，第164页。

人，曾任中国经济学社社刊《经济学季刊》主编。中华人民共和国成立后，专任复旦大学经济系教授。他对《管子》经济思想的研究主要集中在《中国经济思想史》第六编第一章《管仲之经济思想》。

民国时期，经济学知识越来越受到国人的重视，彼时各高校设有经济思想史一科，书籍与刊物也常常对经济学说加以介绍。可是，无论学科抑或书籍刊物，它们均倾向于西方各国，对于本国的思想缺乏重视。我国古籍虽多有经济思想的记载，但驳杂繁赜，缺乏专门的研究著述。有感于此，唐氏想自己编撰一本这方面的著作，以供国人参考。唐氏研究中国古代经济思想的第二个目的，是想建立适合我国国情的经济科学。他说："中国在今日仅有经济思想而无经济科学。"由于这个原因，国外学者撰经济学著作独弃中国学说，"且讥嘲中国之经济思想为幼稚经济，学术界之耻，实堪痛心"①。此外，"现代中国经济问题，复杂万端……欲求有适当之解决方法，须有健全之经济思想"。而国内许多经济学著作，只徒"稗贩西洋新说陈言"，于现实未必有益。因而，"非研究中国经济思想之历史不可""细察过去中国经济思想之得失，采用学说之长而创一新思想"② 就成为必要。

朱通九《近代我国经济学进展之趋势》一文说："盖经济学自身，既系自外洋输入，则其研究方法，定必随其研究之对象而俱来。"③ 他总结了中国学者经济学研究的两种方法：一是演

---

① 唐庆增：《中国经济思想史》，北京：商务印书馆，2020年，第9页。
② 同上书，第8页。
③ 朱通九：《近代我国经济学进展之趋势》，《财政评论》1941年第3期，第121页。

绎法与归纳法（包括统计法和历史法）[1]，二是部门分类研究法[2]。就唐氏整个《中国经济思想史》来看，应主要是对历史法的应用，而单就每一章节的内容言，则又有各部门分类研究法的影子。不过，对于自觉建立中国经济科学的唐氏而言，其研究方法又有独特之处。他说，撰写中国经济思想史离不开对史料的研究，史料运用必须从四个方面按步骤依次展开。首先是分析，历史上的思想家或政治家，其言论或文字不止于经济一端，有时内容上还前后矛盾，这就需要研究者对他的整个学说有所掌握，并将其中的经济思想分为若干部分以清眉目，如唐代的刘晏，可以把他的经济思想分为盐法、均输、调查物价、漕运、货币等几方面分别加以研究。其次是解释，即将某人关于某一经济制度的态度、思想主张的意义和著述原文，仔细斟酌，争取了解其思想的真面目。再次是比较，可以是个人学说的比较，也可以是时代学说的比较，其目的是发现双方的优劣。他特别指出，目前中国学者喜欢将本国陈说与西方学说做机械对比，不是不可以，只不过这种对比是否适当，应从以下两种情况来看：一是双方的致力点是否相同，若不同则"万万不能比较"[3]；二是双方的经济背景是否一致，工商农业的发展状况是否相同，若二者没有联系则亦不可比较。最后是批评，即客

---

[1] 演绎法，即"以经济学之原理与原则，以解析我国之经济现象"。比如，先把经济分为消费、生产、交易、分配四大版块，再根据各版块之经济法则，分析具体的经济内容、经济政策，提出具体的经济建议。归纳法，是以数量分析研究经济现象之变迁，或从经济史实之发展中，发现其原因与结果，前者称统计法，后者称历史法。
[2] 即对经济上的"人口、货币、金融、财政、工矿、国际贸易、农业经济、土地、合作以及劳动经济"十个部门分别做出研究的方法。
[3] 唐庆增：《中国经济思想史》，北京：商务印书馆，2020年，第43页。

观地指出中国过去经济思想的优缺点,"苟无批评,则研究将无结果"①。通观唐著《中国经济思想史》,他是将四步研究法一以贯之的。

齐国称霸诸侯源于管仲的富强之术,但以管仲命名的《管子》书,在唐庆增看来却并非全为管仲自著,它或为后人记载的齐桓公、管仲问答之辞,或是书中材料一部分系管仲自作、一部分乃他人所著。尽管这样,书中许多主张与管仲生平执政之设施相符合,故能代表其本人的经济思想;况且书中的经济见解"独标真谛,成一家言""极有研究之价值"②。

唐氏认为,管仲的经济思想是一种建立于国家主义基础之上的富国政策,仓廪实知礼节、衣食足知荣辱是其全部经济思想的纲领。促使这种思想形成的原因有五:昔日政府与人民之间关系简单,"法治的问题""无产生之余地",至管仲时代"国家与个人分别甚严",上下关系由"道德的"一变而为"政治及经济的";昔日人少,生计问题易解决,随着人口增加,土地越来越不够使用,管仲不得不考虑民生问题的解决;经济制度渐趋发达,促使经济思想日益缜密,比如货币制度,周初实行姜太公的九府圜法,其后行于齐则变为轻重之术,管仲处在经济制度新旧交替时代宜有"革新之经济理论";列国经济竞争剧烈,不但欲以商业往来寻求控制他国之法,更欲以增加政府收入提升国际地位,这种"各国君臣争言功利,以富国为尚"的社会形势易于促成《管子》的"良好学说"③;齐国有天然的

---

① 唐庆增:《中国经济思想史》,北京:商务印书馆,2020年,第44页。
② 同上书,第201页。
③ 同上书,第244页。

鱼盐利源，也造就了管子的富国政策。

要想认识《管子》经济思想的真面目，必须弄清它是建立于什么样的哲学基础之上的。唐氏说，管仲治理国家的根本大纲，也是其经济理论的基础，是以经济建设为首要任务，这是物质文明先行的唯物观念。经济上的唯物观念，就是对利加以强调，周秦思想家多重视物质文明，但不如管仲说得透彻。《管子》"以为自来历史上著有功绩之君臣，于利字皆不肯讳言，故能治国"①。

唐氏对《管子》经济思想的分析论述主要集中于五个方面。

1. 消耗论。唐氏所说的消耗是就个人而言，非指政府财政支出。他认为，《管子》主张节俭、反对纵欲，这一点与儒家相同，而其深刻之处在于能从经济方面陈述俭之优势：人惰而侈则贫，力而俭则富。若将儒、道、墨三家与《管子》相比，则墨家的主张与《管子》最为接近。《管子》对于个人的节俭性消耗设了一个标准，即饮食有量、衣服有制。个人消耗固然需要节俭，但事事节俭，则事情不能成功，而奢侈消耗则引起金贵，金贵则导致货贱，前者伤事，后者伤货。所以，管子并不是一味地教人俭朴。除了以俭概括《管子》的消耗论，唐氏还从啬、费的角度进一步阐发。他引《管子·版法》相关文句诠释说："盖天下事总须酌量情形而为，消耗失当，虽其数至微，亦谓之奢；再如一般守财奴，拔一毛而利天下，所不屑为，此等人不能称之谓'俭'，只能称之为'啬'，一毛不拔，其流弊与奢侈等，故管子称之曰'费'。"②

---

① 唐庆增：《中国经济思想史》，北京：商务印书馆，2020 年，第 246 页。
② 同上书，第 250 页。

2. 重农政策。《管子》强调务天时、尽地利、用民力以发展农业,农业发达了,人民才能免于饥饿。这是不是意味着《管子》发展农业的目的仅止于此呢?唐氏认为,"管子之经济思想,乃建立于国家主义基础之上",这样一种思想倾向决定了发展农业只是阶段性目的,其最终指向是借农业的发达引来商业上的优势,然后把商业作为侵略他国的一种利器,并制敌取胜。"管子之所以重视农业,此其唯一原因。"如果与儒家"只在人民生计问题之解决"相比,则"法家重农,仅为其一种起点之政策,目标较儒家为远,双方虽皆以农业政策为重,其目的实大相悬殊"①。

在《管子》发展农业的具体政策上,唐氏总结了消极的和积极的两种办法。所谓消极的办法,就是绝对地禁止一切妨碍农业发展的事业,这些事业在《管子》中被称为"末事",亦称为"末作文巧"或"末产",包括以下四类:(一)一切作奸犯科的恶事。这类末事指一切违背法律之事。(二)各种游荡不检的行为。这类末事不一定违犯法律,但个人身心不检、不务正业、专事游荡,其危害也很大。(三)小人贪财牟利的举动。这类末事指专务货财一类。(四)制造一切无用的器物,如精美的器具、华丽夺目的衣裳等。这些无用之物,不但耗财且费时间,极大妨碍农业发展。唐氏特别强调,管仲并不是反对所有工艺,其所不满者,是"一切奢华供娱乐之工艺"及"一切玩好珍品非属于国君而属于国民者"②。所谓积极的办法,就是由

---

① 唐庆增:《中国经济思想史》,北京:商务印书馆,2020年,第253—254页。
② 同上书,第257页。

政府着手,引导人民发展农业。具体而言,可分为以下几个方面:(一)使人口聚集。(二)开辟土地。(三)保护森林树木及其他植物。政府应有计划地指导人民耕种农业植物,并适时加以保护。(四)开沟渎,即预防水旱。(五)修墙屋。(六)养六畜。由于在发展农业方面,政府需要处理的事情极多,所以《管子·立政》又主张"政府当设立专官以处理此事,各种工作当酌量分配,择其能胜任者充之"。总之,在唐氏看来,"去末""务本""设立官员"为《管子》重农"三大要点"①。

3. 货币学说。据马端临《文献通考》,我国在神农时代已开始使用货币,但对货币进行理论研究却起步较晚。相比之下,《管子》一书对货币问题多有涉猎,故于先秦诸子之书"不能不推管子之学说为独步一时"②。

依西方经济学家亚当·斯密的考证,欧洲各国在以金或银为货币本位之前,皆用马、牛、羊、盐、象、贝、干鱼等作为交易的媒介。唐氏依《管子·国蓄》"玉起于禺氏,金起于汝汉,珠起于赤野,东西南北距周七千八百里。水绝壤断,舟车不能通。先王为其途之远,其至之难,故托用于其重,以珠玉为上币,以黄金为中币,以刀布为下币"③ 的叙述,推论说:"我国历史所用最早者为贝壳一类物,其次为刀布铜,最后始以金银为交换之媒介物。"中西货币"程序先后,历试不爽"④ 的事实,说明《管子》此说是中国古代货币历史的真实记录。在

---

① 唐庆增:《中国经济思想史》,北京:商务印书馆,2020 年,第 262 页。
② 同上书,第 263 页。
③ 《管子校注》卷第二十二,第 1279 页。
④ 唐庆增:《中国经济思想史》,北京:商务印书馆,2020 年,第 264 页。

《管子》货币功用论上,唐氏总结了两点:一是察知人民生活侈俭;二是驾驭百货。

此外,唐氏还认为《管子》提出了一种货币数量理论。他以法国巴丹氏《共和国》① 一书中物价腾贵是由于货币流通太多之故的理论,对比《乘马》"金贵则货贱"、《国蓄》"谷贵则万物必贱,谷贱则万物必贵"② 的记载,得出结论:"巴丹之书,出版于一五七三年,在巴氏之前千余年,我国管子固早已倡有此项学说矣。"③

4. 重商政策。《管子》重农亦重商。唐氏说"数千年来国人著论述商业之重要者,几无一不提及管子"④,这是周秦其他诸子所无法企及的。《管子》之所以重商,是因为它看到了商业的功用——通货。借助商人的力量使货物流通,小可以"接济民生",大可以"赖此以控制他国,制伏敌人"⑤。

具体到《管子》的商业政策,唐氏认为可分为国内与国外两个方面。国内方面,对商人实施轻税,教育商贾要讲诚信,限制商贾服饰。相对而言,国外商业政策稍复杂一些,但总体来说,"不外视他国之需要与供给,以决定本国之输出与输入,使他国陷于困难之境"⑥,以此吸收天下财物,招致天下人民。计有四种方法⑦:(一)择取他国缺乏的物品,鼓励本国人民生

---

① 在西方经济思想史中,法国人巴丹被认为在其《共和国》一书中最早提出"货币数量理论"。
② 《管子校注》,第89、1272页。
③ 唐庆增:《中国经济思想史》,北京:商务印书馆,2020年,第266页。
④ 同上书,第267页。
⑤ 同上书,第269页。
⑥ 同上书,第271页。
⑦ 这里仅述其中的四种,原书所列的第二种表述含糊,暂不提及。

产，以此向他国输出，吸收他国金钱。（二）借对外贸易，使敌国放弃农业生产把精力转移到无用的事业，等到该国农业陷入困境时降低本国谷价向对方输出，将其征服。（三）佯装增加对邻国某物的需要，使其忙于出产该物，待至其边境空虚时，借助他国力量以武力收服之。（四）提高本国生活必需品的价格，吸引他国商人将该物运至我国以图厚利，利用他国因缺乏此类必需品而入恐慌之境的机会使他国归服。这些对外商业政策，多见于《管子》的《轻重》篇，后世学者因"见篇中所言，每每为他人所不道者，又以昔人经济智识不备，于此篇不能索解，遽斥之谓'谬妄'"[1]；现代学者亦颇感其"简陋可笑"，对于"其政策之力量，深致怀疑"。唐氏认为，在春秋时期以上所论未必没有实施的可能，不能因当下不适用而贬损其价值。

5. 财政学说。"管子之各种财政学说，如节用轻税等，与儒家所言皆同。"[2]《管子》重视人民在国家中的地位，强调君富在民富之后，也与儒家思想同出一辙。

"重税不如轻税，轻税不如无税"[3] 是《管子》财政思想的原则依据。若非税不可，则《管子》提倡轻税。《管子》轻税理论是建立在政府节用的基础之上的。政府不节用，人民将陷于贫穷境地，流弊所及，社会上奸邪之风日长、机诈之变益多，此即《管子·八观》所言"国侈则用费，用费则民贫，民贫则奸智生，奸智生则邪巧作"之意。若政府不节用，则民生怨愤，

---

[1] 唐庆增：《中国经济思想史》，北京：商务印书馆，2020年，第278页。
[2] 同上书，第279页。
[3] 同上书，第283页。

国人将失去对君上的拥戴之心,最终导致"台榭相望者,其上下相怨也……危亡随其后"的结局。①

政府轻税对人民有益,但国家政治运行却需要充足的财源,于是《管子》主张通过工业国有政策增加政府财政收入,此为《管子》对于中国经济思想之特殊贡献,"亦为彼经济学说中最有精彩之一部分"②。先谈盐铁国有。唐氏说,"管仲盐法,手续甚简,盖使盐成为官业,禁民之私煮……盐由政府煮成后,增价专卖,赖是获利""此种办法,有征税之实,而无征税之名,人民……乐于输纳"。盐由官禁,增价出卖;至于铁,则是"对于人民之采用原料者,课以税,其利率为君得三而民得七"。③盐铁国有具有三大优势:增加政府收入,开发自然利源,深合均富原则。关于深合均富原则,依唐氏之论,主要是就盐铁为人民普遍使用之物而言,以此征税则人民无负担不均的现象;而且,盐铁事业规模宏大,非由国家经营不可,若是交于个人则可能造成"独占以罔市利,或致侵及公共利益"④的弊端。由上述可知,《管子》盐铁政策利多弊少,然儒家中人对其多有贬词,如西汉《盐铁论》中的贤良文学、元代马端临,这又该如何解释呢?唐氏指出,"盐铁收费,与'搭克''重税'截然不同,而管子亦不能称为'聚敛之臣'耳。儒家财政理论之流弊,不在其攻击聚敛,乃在使人误认法家盐铁国有之手段为聚敛,此其错误也""儒家反对政府与民争利,因鉴于当世政府之厚敛

---

① 《管子校注》卷第五,第259、262页。
② 唐庆增:《中国经济思想史》,北京:商务印书馆,2020年,第285页。
③ 同上书,第287—289页。
④ 同上书,第291页。

苛征，有感而发，其理论佳处在免去执政者之苛索，后之人君，得以敛迹，害处使后人视政府只一机械的组织，无经济活动之可能。法家理论，佳处能宽裕政府之财政，害处在给与贪官污吏以敛财之机会，双方学说，各有长处，亦各有其流弊也"①。这是洞见、公允之论。

除以上五个内容外，唐氏还论及《管子》的荒政、分工、人口等思想，也颇有可观。兹以荒政为例。《管子》的《轻重》篇谈及轻重之法，其中多有对救荒问题的探讨。唐氏通过分析《周礼》，认为其中的"敛市之不售货之滞于民用者，以其价买入，以待不时而卖，苟遇无力者，则赊贷与之，实为轻重法之鼻祖"。《周礼》之法，旨在拯救贫民，轻重法则"除济民外，尚多'为政府增加岁入'一重目的"②。《周礼》荒政之于《管子》轻重之法的源头性质，早在南宋时吕祖谦就已经持有类似观点了。但吕氏错误地认为《管子》轻重之法仅是一种君民相互攘夺之术，没有看到轻重之术对于国家财政的重要意义，因而是极端片面的、肤浅的。比较而言，唐氏对《管子》轻重之法的评论则客观、公允得多。

作为中国经济思想史学科的奠基人，唐庆增尝试在对中国古代经济思想的研究中建立适合我国国情的经济科学。因而，他对《管子》经济思想的论述始终体现出自觉方法指导下的学术规范化特征。甘乃光曾针对学术史写作提出派别研究、问题研究、时代研究、个人研究四种可能的方法，且认为个人研究

---

① 唐庆增：《中国经济思想史》，北京：商务印书馆，2020年，第292页。
② 同上书，第294页。

法在学术史写作中最具优势,并在《先秦经济思想史》的撰写中实践了个人研究法的写作,但对于如何运用好这种写作方式,如何以个人经济思想的论述为中心展开经济思想史视野下的梳理诠释,他的认识是很模糊的。唐氏恰恰在这方面做出了理论分析和补充,提出了有名的史料运用四步法:分析、解释、补充、批评,使个人研究法在理论上臻于完美。如上所述,唐氏《中国经济思想史》中的《管仲之经济思想》就是以甘氏提出的个人研究法为撰述前提,并结合自己提出的四步法对《管子》经济思想做出的具体分析论述。唐氏在《管子》经济思想研究中体现出的这种可资借鉴的学术范式,是《管子》学术的重大收获。由于其意义超出了《管子》学术本身,故而对中国整个学术史或《管子》之外的其他专门史均有重要借鉴意义。

第七章　近现代学术视野的研究尝试：民国《管子》学术

轻重学说与财经管理：
民国《管子》学术（三）

一、《管子》榷卖制的扩大：国民党政府实施统制经济

1927年南京国民政府成立后，制定并实施了一系列有利于国民经济发展的政策措施。1929年世界经济危机爆发后，各帝国主义列强为转嫁危机，加大了对殖民地、半殖民地国家的经济侵略和掠夺。1931年日本发动九一八事变，致使中国部分市场沦陷，加之同年长江下游发生特大水灾，使中华民族不仅面临严重的民族危机，同时也陷入极端的经济困境。

面对中国举步维艰的社会境况，一些学者和政界人士认为要想摆脱危难，首先要进行经济备战，加快工业化和现代化建设。而实现工业化和现代化，必由之路是放弃放任的经济政策转向由国家统一管理的统制经济政策。

那么，什么是统制经济呢？作为一种经济制度，它在苏联被成功实践后，迅速获得了某些西方国家的认可。但作为一种经济思潮，"此学说完全是非共产主义之国家提倡

出来的"①。有的学者把统制经济看作计划经济,认为"在社会主义国家称之为'计划经济',而在欧美各国则通称之为'统制经济'",究其实质,二者没有实质性区别②。有的学者或从广义、狭义的角度,认为"广义的统制经济,即是普通的'经济统制',也就是'政府干涉';它的反面,是个人主义的经济,是自由放任政策。……狭义的统制经济,在社会主义的国家,就成了整个的'计划经济'。因为在社会主义的国家,生产机关公有,便于整个的计划,整个的统制"③。或从国家干涉、管理经济活动强弱的角度,认为"统制经济,不过限制自由竞争而已,计划经济,则废除自由竞争"④。事实上,作为资本主义国家实施的统制经济,根本上不能与社会主义国家苏联实施的计划经济画等号,二者无论是从实施的目的、手段还是从实践的细节来看都是不同的,不能因为它们均存在国家对经济活动的干涉因素将它们混淆。此外,统制经济与计划经济的区别还在于,前者是一种临时性经济政策,后者则是一个国家长久性的经济制度。当然,这是我们从学术概念角度做出的区分。就当时的政界人士看来,统制经济与计划经济只是名称上的差异,在具体使用时并没有多大的不同。

基于以上分析,我们认为,就当时实施统制经济的资本主义国家而言,统制经济是为了"和缓劳资的冲突和纠正放任经济的显著流弊,或是用来应付对外战争"⑤,"一国政府与实业团

---

① 吴达诠:《统制经济问题》,《银行周报》1933年9月26日第37号。
② 穆藕初:《统制经济与中国》,《银行周报》1933年9月26日第37号。
③ 张素民:《统制经济之意义》,《经济学季刊》1934年第2期。
④ 诸青来:《统制经济与中国》,《经济学季刊》1935年第4期。
⑤ 陈长蘅:《民生主义之计划经济及统制经济》,《经济学季刊》1935年第4期。

体协力同心，以一定目的，整理，限制，并改良全国之经济事项"①。就当时的南京国民政府而言，则是为了给抗日战争以经济上的鼎力支持，做好军事上的经济备战准备，全面深入地介入当时经济领域实行的一系列贸易垄断、统购统销、限价议价以及物品专卖等经济政策。

统制经济由学者提出后，迅速波及政府并获得政府要员的肯定。在时任行政副院长及财政部长宋子文的支持下，1933年9月底，全国经济委员会改组，成为统制全国经济的最高机关。10月初，以陈光甫为主任的棉业统制委员会成立。1937年2月，国民党五届中执会第三次会议明确提出并通过了今后中国应采取计划经济的经济建设方案。

1938年10月，武汉会战、华南会战结束，广州和武汉相继沦陷。1939年，日军不仅完全占领了东北、华北各省，江南各省也多数沦陷，集中在江苏、浙江、安徽三省，特别是上海、武汉、无锡、广州、天津五大工业区的民族工业绝大部分落入日军控制之中。同时，因战争所造成的农民流亡、土地减产，同样极为严重。国民党政府掌握下的工业、农业产量，均较战前减少一半以上。此外，国民政府所能控制的交通路线相继减少，进出口贸易严重受阻，再加之跟随国民军一起内迁的沦陷区5 000万民众，使国民政府不得不面临这样一个现实问题：如何迅速全面地调整经济策略，以在国民政府退居西南一隅的情况下，尽可能巩固、加强经济的基础，实现对大规模的、持久抗日战争的强有力支撑。1939年1月，国民党五届五中全会召

---

① 吴德培：《统制计划技术三种经济与中国》，《经济学季刊》1935年第4期。

开。会议指出:"就经济来说,现在战争起因往往在经济的掠夺,而成败胜负也往往以经济能否持久为决定的因素。"① 为解决当下严重的经济问题,必须"调节物质之生产消费,举凡抗战必需之重工业、矿业、民生日用必需之轻工业、手工业,急要之铁道、航空线、公路等,应竭力之所能,努力兴举。更以巩固币制,流畅金融,促公私产业之发展,他如农、林、畜、牧之改进,内地蕴藏之开发,后方各省生产能力之增加,尤当合政府人民一切资本技术之力,切实加紧推行",宜"分别轻重,斟酌缓急,实行统制经济"②。1939年和1940年,国民党政府相继颁布了《各战区粮食管理办法大纲》《矿产品运输出口管理规则》《非常时期采金暂行办法》《农本局花纱布买卖暂行办法》《日用必需品平价购销办法》《全国桐油统购统销办法》《非常时期管理银行办法》《钢铁管理规则》等数十项经济管理政策。1941年3月,国民党五届八中全会通过了《积极动员人力物力财力确立战时经济体系案》《动员财力扩大生产实行统制经济以保障抗战胜利案》等一系列指导方针,并制定了《战时经济体系基本纲领》,其中一条是"决定统一步骤,限最短时间,充实并调整各级经济机构,特别注重基层组织。如金融及税务机关、合作机关、运输机关、缉私机关、盐粮机关及仓储机关等,务须建立健全之经济有机体,以为实行全面经济统制之据点"③。与此相应,十一项有关统制经济的决议案相继通过。这标志着

---

① 荣孟源主编:《中国国民党历次代表大会及中央全会资料》(下),北京:光明日报出版社,1985年,第537页。
② 同上书,第548页。
③ 秦孝仪主编:《中华民国经济发展史》第二册,台北:近代中国出版社,1983年,第613页。

国民党政府已开始全面和深入地实施统制经济。

1941年12月8日，太平洋战争爆发。12月15日，国民党召开五届九中全会，通过了《加强国家总动员实施纲领案》。1942年3月，国民党政府颁布了《国家总动员法》，对国家总动员物资的范围和种类做了分类。《国家总动员法实施纲要》明确指出："《国家总动员法》之使命，在于集中全国人力、物力，达成军事第一、胜利第一之目标。其方法为增加生产，限制消费，集中使用；因而管制物资之生产、分配、交易、储存，乃至征购、征用实属急要之图。"[①] 这实际上就等于明文宣布了政府对于上述物资从生产到消费拥有绝对的或直接或间接的垄断支配权。

毋庸置疑，统制经济政策的实施对支持国民党抗战起到了积极作用。然而，随着这一政策实施的深入，政府与民众之间的矛盾日益激化，以致统制政策难以维持。这主要表现在：政府对许多物品的收购价格压得太低，大量生产者入不敷出，在此情形下工矿企业产量锐减，不少企业接连停产、倒闭，工人数量减少，致使国民党政府无物可购、无物可销、无物可用；一些掌握实权的官僚阶层，利用经济统制之机贪污受贿。民国政府统制经济实施的历史，也是一段窃国大盗无耻卑鄙的发家史。

中国古代的榷卖制始于春秋前期齐国管仲在国内实施的盐业官营，此后一直处在不断的演变之中。首先，榷卖的范围逐渐扩大。管仲时以盐、铁为主，自汉代加入酒，唐代加入茶，宋代又加入醋和铁之外的金、银、铜、铅、锡等其他矿产。其

---

① 第二历史档案馆编：《中华民国史档案资料汇编》第五辑第二编政治（一），南京：江苏古籍出版社，1998年，第175页。

次，榷卖的主体由以官方为主向官商合作过渡。汉代以前，国家收购人民生产的食盐，并由专门机构负责运销。唐代刘晏对榷盐进行改革，采用盐户煮盐后由官方收购并转卖于商人任其自售的榷卖制。自此至清代，虽然在官商合作的形式上多有变化，如宋代的折中法、盐钞法，明代的纲盐法，清代的票盐法，但以官方为主导的官商合作式榷卖没有变化。再次，榷卖的运作模式一直变动不居。管仲时期，政府以农忙期间人民不得自行煮盐为借口，由官方统一组织生产并销往他国，以此获取经济收入。汉武帝时，整个盐业资源都被视为国家所有，私人无权擅自煮盐。国家为获取榷盐收入，首先招募煮盐的民众，然后把煮成的盐收储起来并由官府自己负责运输、销售。自此，盐业资源成为历代政府的私有品。唐代一改汉代民制官收官运官销的方法，采用民制官收商运商销的就场榷卖制。自宋代起，榷卖方式开始变得五花八门。除了承袭汉代的榷卖法，又有将盐按人口散于民，按期征钱的计口授盐法；按两税标准散盐于民，并随两税征收盐课的计税敷盐法；按田产供给食盐，然后另征盐税的计产敷盐法；又有商人入粟于边塞，然后持证券去盐场取盐自由贩卖的折中法；又有商人纳钱买取盐钞，然后凭盐钞去盐场取盐，再到指定区域贩卖的盐钞法。元代有按户籍分配盐额，并按盐额征收价款的桩配法。明代有按大口、小口配以不同量食盐的计口给盐法，又有确立商人窝本并令窝商得以世袭贩盐特权而他人无从介入的纲盐法。清代又有无论什么人只要照章纳课，便可领票售盐的票盐法。

抗战时期，国民党政府实施的统制经济涉及方方面面、形形色色的物资，既有国民党五届八中全会做出的列入国家专卖范围的盐、糖、烟、酒等消费品，又有其他没有列入专卖计划的各类物资。对于没有列入专卖计划的这些物资供给，我们应如何看待它们与专卖之间的关系呢？

作为在战争状态下制定的临时经济政策，国民党政府实施的统制经济包括很多内容，是一种体系完备、运行周密的全方位社会经济政策，在经济范围、干涉力度上已远远超出针对某种物资通过贱买贵卖的商业运作方式以增收国家财政的国家榷卖制。榷卖和统制，二者不能混淆。

从另一角度看，全方位的经济统制最终要落实到为抗战提供坚实的经济基础上，而是否拥有坚实的经济基础，不仅要看各行各业的运营是否以战争为中心，还要看国家的财政实力是否强大。不过，这时的财政实力是否强大，却不是仅看拥有多少货币，更重要的是看国家能否直接掌握、支配足够的战时物资。国民党政府要想充实国家财政，必须既有钱又有物。

钱的问题的解决，依然借助于原始的国家榷卖制。不同的是，这时的国家榷卖制，在以盐为重点榷卖对象的基础上，又加上糖、烟和火柴。1941年4月，国民党五届八中全会通过了《筹办盐糖烟酒等消费品专卖以调节供需平准市价案》，并决议举办盐、糖、烟、酒等消费品专卖以求物价稳定和财源增加。1942年到1945年期间，盐、糖、烟、火柴专卖收入占同期国家财政收入的17.49%。

物的问题的解决，则采用统购统销的方式，即对被列入统制范围的物资，如钨、锑、锡、汞、铋、桐油、生丝、猪鬃、茶叶、药材、花纱布等，规定由国家专门管理机关进行收购并转外销，以取得的外汇购买所需战时物资。虽然获取钱和获取物是两件不同的事情，但值得注意的是，在解决物的问题的过程中，借用了贱买贵卖的商业运作模式，即国家榷卖模式。在统购统销中，国民党政府肆意压低产品的收购价格，再以高价将其出售给外国商人，借机获取高额外汇以购买战争急需的进口物品。与传统国家榷卖活动仅限于一国不同，统购统销下的榷卖跨越了不同的国界。

因此可以说，就抗战时期国民党政府为取得抗战胜利所实施的统制经济而言，传统榷卖制依然是其政策组成的重要内容。这期间的国家榷卖，一方面是明文规定的国家对盐、糖、烟、酒四种物品的专卖，另一方面是在内地收购后转以对外贸易的统购统销。前者在榷卖物品中增加了糖、烟、火柴，扩大了传统榷卖物资的范围；后者把限于一国的榷卖活动扩展到不同国界，把以货币增加为目的的榷卖改为借以购买战时物资。而无论国家经营何种物资，政府通过扮演商人角色以贱买贵卖获取营利的商业运作模式始终未变。因而可以这样说，抗战期间国民党政府实施的统制经济，是一种对传统国家榷卖制扩大化的经济管理方式。

二、官榷的科学化组织：孔祥熙对传统榷卖理论运用

孔祥熙（1880—1967），字庸之，山西太谷人，历任中华民国南京国民政府工商、实业、财政部长和行政院长等职，长期主理国民政府财政。抗战时期，他提出整顿财政机构、开拓税源、举借公债、控制金融、物资专卖、田赋征实等一系列战时财经政策并付诸实践，为中国现代财政体制的形成提供了先行经验。

1937年，抗日战争的全面爆发使一向以关税、盐税、统税

为主要财政来源的国民党政府顿感经济拮据，严重的财政危机迫使其转到对全国经济实施统一管理的统制经济上来。对某些物资实施专卖即为统制经济的一个内容。此时的孔祥熙正担任国民党政府财政部长，他不仅积极倡导传统榷卖政策，对盐、糖、烟、酒等日用消费品实施专卖，还在各种场合宣传榷卖政策，体现出他对国家榷卖制的高度重视。

中国古代榷卖制源自春秋齐国管仲的为政实践。托名管仲的《管子》一书主张"官山海"，认为盐、铁两种主要民生资源应由国家统一管理、统一开采并统一销售，其目的是用隐蔽的方式向人民征税。汉代桑弘羊认为国家统一组织煮盐、冶铁，不仅能保证充足的生产费用、充裕的生产时间，还可以提高盐、铁质量。清代王夫之认为国家对某些资源实施榷卖，可以抑末禁奸、免除争端，还可以打击豪强使全民受益。上述诠释，分别从不同角度对国家榷卖的运作原理与社会意义做出了理论解析。至于孔祥熙，他对国家榷卖制的理解显然站在了更高的历史层面，无论从其认识的深刻性还是全面性上来说均是如此。

国家实施物资专卖，其直接目的是增收国家财政，这在全国抗战形势下尤其如此。1941年3月，孔祥熙等人在国民党五届八中全会《筹办盐糖烟酒等消费品专卖以调节供需平衡市价案》的报告中指出，"选定若干货品及时实行专卖制度，实为当务之急""政府……专卖……财政上可增加巨额收入，资为抗战建国之需"[①]。孔氏认为，与放弃专卖而对某些物资实施征税相

---

① 国家税务总局主编：《中华民国工商税收史——盐税卷》，北京：中国财政经济出版社，1999年，第205页。

比，政府专卖有以下优势：首先，若是征税，政府的财政收入仅是税金，而政府专卖下的收入除了税金还有专卖的利润。其次，政府如果征税过重，则逃税、漏税之事时常发生，"税收反行减少"，若采用专卖的方式，"'寓税于价'，政府可免征收之烦，又可免逃税之弊"。再次，国家对专卖物品进行大规模的生产组织，能够节省生产费用，减少"无益之靡费"，因此"利于政府之收入"[①]。

孔氏认为，国家榷卖有益于社会民生。首先，榷卖制度下国家拥有对物品售价的制定权，因而可以根据不同的人群执行不同的零售价格。其次，对于某些奢侈消费品，如烟酒，国家本不提倡，特别是在全民抗战物资紧张的情况下更是如此，但这些物品对人民而言，已成为生活中不可缺少的消耗品，因此实行专卖，按品质差别取价，以达到"寓禁于征"的目的。再次，抗战时期物价不稳定，一些商人囤积居奇，借以牟取暴利。而"主要物品由政府专卖，既可消除奸商居奇，复可收平抑物价之效"[②]。复次，专卖下的物品由国家经营，国家就可运用其财力改善生产技术与组织，改进品质，降低成本，从而进一步减轻人民负担[③]。最后，专卖事业除可增加税收之外，"实兼负平抑专卖物品价格的责任"。孔氏否定了那些"怀疑专卖事业会

[①] 江苏省中华民国工商税收史编写组、中国第二历史档案馆：《中华民国工商税收史料选编·孔祥熙有关专卖政策的演讲词》第一辑（上册）综合类，南京：南京大学出版社，1996年，第357页。

[②] 同上。

[③] 江苏省中华民国工商税收史编写组、中国第二历史档案馆：《中华民国工商税收史料选编·孔祥熙有关专卖政策的演讲词》第一辑（上册）综合类，南京：南京大学出版社，1996年，第358页。

刺激物价"的言论,认为是不了解真相而说的话。他说,当时物价上涨的主要原因是中间商操纵居奇和产品成本增加。就政府专卖而言,总是"设法改良产品及研究减低成本之方法",且将"居间商之非法利得收归政府……兼求减轻一般国民之租税负担"。而当时非专卖品物价的上涨程度,比起专卖物品来要高得多。所以,专卖物品价格上涨"不能归咎于专卖""专卖物品之价格,将来必较非专卖物品更趋稳定。此盖可断言"①。

在物资专卖的具体实施方案方面,孔祥熙也多有创见。

抗战时期,国民政府对盐、糖、烟、火柴实行专卖。孔氏认为,这些物品的"性质各各不同,所以各条例所规定的专卖精神也不能一律"。由于食盐是人民的日用必需品,所以"应该兼以福利人民为主,而不应专以收入为衡"。烟为奢侈品,它的专卖政策应该提倡为国家而"节糜费""寓禁于征"。而糖与火柴因质量下乘致使人民多购买进口品,其专卖"就要于筹民食民用之中,兼顾及国计的收入"。总之,"物品历史环境、产业环境以及供需分配的关系,彼此都不相同,所以管理统制方面的深浅,在各该专卖法规中就有各异其程度的规定"②。

如前所述,孔祥熙认为对某些物资实行国家经营,可使其品质改进且成本降低,但由于人民对这类物资需求浩繁,仅凭国家政府之力恐难以满足广大人民的日常需求,故孔氏提出了国家许可管理下的部分民制官收政策;且在政府许可年限内,

---

① 江苏省中华民国工商税收史编写组、中国第二历史档案馆:《中华民国工商税收史料选编·孔祥熙有关专卖政策的演讲词》第一辑(上册)综合类,南京:南京大学出版社,1996年,第362页。

② 同上书,第359页。

如遇某种原因令产户停业，则"应给以补偿金"①。为使许可管理下的民制官收政策顺利进行，同时规定：某些物资的制造原料，须经政府批准方可输入；种植散漫的产业，如甘蔗、烟叶，在种户登记时加以奖励以便于管理；用合作社形式组织生产者，可由国家银行以低息贷给产户作为生产资金。

国家榷卖制的形式虽千变万化，但无论哪种形式，其中都或隐或显地蕴含着政府控制物品的生产和售价（售于盐商的价格或官方自卖的价格）这一关键环节，缺少了这一环节，便不能称为榷卖。榷卖的实质是寓税于价，是用商人谋利的方式获取经济收入，而商人谋利无非就是贱买贵卖。孔祥熙对这一点很清楚。因此，对于专卖物品的收购价格，孔氏非常谨慎，认为"收购价格对于人民最易发生争执"。有鉴于此，他建议，对于糖、烟、火柴三类物品，可设置平价委员会，"运用本业同业公会及其产商户参加品评，以明实际"；对于盐，由于"场价仓价已有多年标准足资考证"②，所以按惯例进行即可。关于专卖物品的仓储，他认为由于"消费物品数量多，无论直接收购政府无此资力，即验收人才及其设备亦复感觉不敷"，所以宜"于官收办法之下，更树立仓栈制度以救其穷。盐……应于限定期间内悉数缴存政府指定之仓坨或其他经政府指定之地点。糖……烟……火柴……也都有公栈设置之规定"③。此外，孔氏对于官商合作运销下的商人利益也极为重视，认为既然"专卖

---

① 江苏省中华民国工商税收史编写组、中国第二历史档案馆：《中华民国工商税收史料选编·孔祥熙有关专卖政策的演讲词》第一辑（上册）综合类，南京：南京大学出版社，1996年，第358、360、360页。
② 同上书，第361页。
③ 同上书，第360页。

物品皆例重商销",则应"建立承销商零售制度,使原有承销商人不致失业"。对于承销商的人数、身份和销售区域,孔氏持开放态度,主张"皆不限制",以此"避免引岸或其他垄断阶段之发生"①。这是对古代榷卖制下既定商人垄断运销以至世袭运销特权的彻底否定。

孔祥熙不仅对物资专卖的具体措施胸有成竹,而且为使物资专卖达于理想的实施目标,对专卖过程中需要建立的保障机制也进行了详细规划。

孔氏认为,国家专卖是政府运营的商业,因而行政组织也应"本商业化之原则",以提高行政效能。其商业化内涵主要有两个方面:各专卖物资设负责人,专卖机关之上设董事会及监事会,其人选"皆系在政治、学术、社会及有关事业品德崇高、声望卓著之人";"各董监会对于各种专卖业严格执行监督考核之权"。

孔氏把计划看成是"一切事业设施之母",且认为以往的行政"不大注重计划"。他以历代盐政为例,说:"汉武帝改行专卖,事前于生产、运输、定价均无妥慎之计划,故施行未久,盐质变易,运输愈艰,价格亦因之更贵。明初盐法,于生产方面规定甚详,然以'开中'之数过多,不能与生产数量配合,明代盐法终于破坏。反之,如刘晏之就场专卖,范祥之改行钞法,事前均有预定方针、详密计划,故终晏终祥执政之时,有利无弊。则事前计划之缜密与否,实为事业成就之主要因素昭

---

① 江苏省中华民国工商税收史编写组、中国第二历史档案馆:《中华民国工商税收史料选编·孔祥熙有关专卖政策的演讲词》第一辑(上册)综合类,南京:南京大学出版社,1996年,第361页。

然明甚。"[1]

除了把过去盐业破败归于没有缜密的计划，孔氏还认为："过去专卖失败之原因，即由主持者未能运用商业上之管理方针，如何筹措资金、如何减少糜费、如何增加利润、如何累积资本，均未加注意，率至资金坐耗，扞格不行。"他特别指出，在工商业突飞猛进的时代，"每一公司、工厂为争取市场之故，莫不兢兢于减低成本之研究，决不肯妄用一人一文，致受浪费之损失，期以最经济之人力、资力、物力与时间，获取最大最高之效果"[2]。

孔氏对唐刘晏治盐"尽选勤廉敏锐之士"特别欣赏，但他所谓"健全人事"非止于此。他说："所谓人事健全者，不仅谓能选贤与能，而尤须注意机构组织之合理，工作分配之协调，并建立完备之人事制度。"换句话说，健全的"份子"是健全组织的基础，"欲求组织健全，固必先求份子之健全"。但仅有"份子""调度不能适当"，健全的组织亦成为空话，所以还应有健全的人事制度，"晏死之后，盐法亦坏，则又足证一二人才之不足恃。此健全之人事所以又当以健全之人事制度为先也"[3]。可知在人才与组织之间，他更看重健全组织的力量与作用。

三民主义是孙中山提出的中国近代社会的革命纲领，其中

---

[1] 江苏省中华民国工商税收史编写组、中国第二历史档案馆：《中华民国工商税收史料选编·孔祥熙有关专卖政策的演讲词》第一辑（上册）综合类，南京：南京大学出版社，1996年，第363页。

[2] 同上。

[3] 江苏省中华民国工商税收史编写组、中国第二历史档案馆：《中华民国工商税收史料选编·孔祥熙有关专卖政策的演讲词》第一辑（上册）综合类，南京：南京大学出版社，1996年，第364、363、364、364、364页。

的民生主义包括两个内容：平均地权，节制资本。节制资本，根本的用意是防止中国出现垄断国计民生的私人企业，避免财富过分集中、贫富过分悬殊现象的发生。孔祥熙认为，国家对某些物资实施专卖，从民生主义的角度讲，"即重'节制资本'"，但孔氏并不就此认为专卖和节制资本二者相同，在他看来，防止私人垄断的节制资本是专卖政策的最高原则，专卖政策是解决民生主义的一个环境，节制资本与"国家专卖政策实有相当之联系"①。专卖政策有利于实现民主主义的理想，具体而言，其作用能：（一）创造国家资本，节制私人资本；（二）消灭居间剥削阶级，融和社会供应关系；（三）不仅以财政收入为目的，同时更须注重社会民生之营养。②

从物资专卖的现实意义、实施方案到保障措施，再到专卖政策对于实现民生主义的重大作用，可以看出孔祥熙有关物资专卖的思想已形成科学的理论体系，其阐述之精细、思虑之严密、认识之深刻皆为此前所未有。它既是对中国古代榷卖实践的批判总结，又是新环境下榷卖实践的理论指导。中国榷卖制自产生之日起就成为增收财政的重要手段，在历经两千多年的历史征程和反复的自身演变后，在抗战时期又一次发挥了它应有的功能。相对于榷卖制自身成功的理财实践，榷卖理论一直呈现荒凉贫瘠的局面，纵观历史上出现的各种榷卖理论，大多斤斤于个别物品如何榷卖，其间尽管出现王夫之榷卖论那样稍

---

① 江苏省中华民国工商税收史编写组、中国第二历史档案馆：《中华民国工商税收史料选编·孔祥熙有关专卖政策的演讲词》第一辑（上册）综合类，南京：南京大学出版社，1996年，第356页。
② 同上书，第357页。

具综合性的、将其放置于国计民生大背景下的理论主张，但在系统性和深刻性方面，与孔祥熙的榷卖论相比却是不成体系且略显肤浅的。

可以说，始自战国的《管子》轻重学说，在民国时期无论在理财实践方面还是在理财理论方面均取得丰硕的成果，既有在实践方面对传统国家榷卖制的延伸与扩大，又有在现代经济学视野下对传统国家榷卖制理论的完善与升华。

第八章
当代学术分科研究定型化：
1949年以来的《管子》学术

　　1949年以后，《管子》学术直接继承民国《管子》学术的内容、风格，成为一种吸收西方学术思想、建立在西方学术框架之上的、与传统学术迥然不同的研究类型。这一时期特别是1949年后出生的学者，以更加理性的纯学术思维从事《管子》学术研究。从质上讲，这一时期的《管子》学术正沿着科学、全面、深入、细腻的研究方向发展；从量上讲，无论是《管子》研究专著、《管子》专题论文，还是仅把《管子》研究作为部分内容而出现的其他著述，都创造出历史之最。本章所论，仅是海量的《管子》学术成果中出版或发表时间相对较早、对其后《管子》研究较有影响力的代表性学术成果。

财经与文化：发生的时代背景

中华人民共和国成立之际，经济形势十分严峻。针对现状，中央人民政府果断采取了相应的政策措施，如短期内冻结银行各类存款，提高农业税并对酒、烟纸等实施专卖，对纱布实施统购统销，开展增产节约运动和"三反""五反"运动，等等。正确及时的经济政策，使中央人民政府在短短三年内扭转了被动的社会局面，不仅金融物价趋向稳定，工农业生产、人民生活水平均达到中华人民共和国成立前的最高水平，财政收支亦完全均衡且略有节余。在1953年开始的第一个五年计划期间，中央政府集中资金进行以现代化工厂、矿山、铁路、公路、航空、水利工程等为内容的基本工业化建设，同时积极推进农业、手工业和资本主义工商业的社会主义改造。至1957年底，超额完成了"一五"原定的绝大部分任务。中华人民共和国成立后短短七年时间里，中国共产党带领全国人民创造出了伟大的历史奇迹，中华民族终于走出百年以来积贫积弱的艰难岁月。此后几年，中华人民共和国经济建设出现短暂波动，党中央适时提出"调整、巩固、充实、提高"八字工作方针，主要是适当增加农业投入、促进农业发展；调整工业投资，缩短基本建设战线；回笼货币，稳定市场，增加收入，节约开支；适当回收地方财权，加强集中统一。在从1961年至1965年五年的经济工作调整提高中，全国人民表现出高度的建设热情，不仅经济发展得以恢复，还取得了令人瞩目的成就。

中华人民共和国成立后，建立起以社会主义公有制为基础的经济制度，开启了计划经济的时代。计划经济，或称指令型经济，是对生产资源分配及产品消费事先进行计划的经济体制。与计划经济相适应，在具体的经济形式上，主要是优先发展国营经济。凡关系国计民生、影响经济全局的企业和现代化的工业、交通、运输、邮电业、金融保险业以及主要商业等均属于国营经济。改革开放后，改称为国有经济。

在我国，国有经济是生产资料由社会主义国家代表全体劳动人民占有的一种公有制形式，又称全民所有制。它是我国社会主义公有制的重要实现形式。在社会主义初级阶段，国有独资企业、国家控股的股份制企业、国有民营企业以及混合所有制中的国有成分等，都是国有经济的表现形式。自中华人民共和国成立到1956年社会主义改造基本完成，是中国国有企业大规模建立阶段。这个时期的国有企业，是在没收官僚资本、外国在华资本、改造民族私人资本以及国家直接投资的基础上兴建的。1952年至1956年的"一五"期间，一系列关系国家经济命脉的项目陆续展开，一个个国有企业诞生并开始成长，其投资总额占到全社会基本建设投资的90.3%。从1956年至1978年，国家陆续投资建立了规模各异、颁布广泛、数量众多的国有企业，以至于其他类型的企业数量和作用与国有企业相比，基本可以忽略不计。至1978年，在全国工业总产值中，全民所有制企业（即国有企业）占77.6%，集体经济占22.4%，个体私营经济几乎不存在。这一时期，国有企业资本归国家所有，同时由国家直接经营。企业的各项运营指标，如总产值、主要产品数量、新种类产品试制、重要的技术经济定额、成本降低率和降低额、职工总数、流动资金周转次数、工资总额、平均工资、劳动生产率和利润，都是依据国家下发的指令性任务完成的。企业按照上级主管部门每年下达的年度计划编制季度计划，并向上级报批，批准后方可执行。企业需要的各种固定资金，按企业隶属关系由中央政府和地方政府无偿划拨。除企业依据规定缴纳各种税款外，还需要按隶属关系把全部折旧基金和大部分利润上缴中央和地方政府，而企业的劳动用工管理，也以中央集中管理为主。

在这一时期，以国营企业为核心、以社会主义公有制为主体的社会主义建设取得了伟大的经济成就，是不可否认的。有学者曾对中华人民共和国成立35年的建设成就做出概述，时间跨度虽是起自1949年截至1983年，但以其作为中华人民共和国成立30年的建设成就的重要参照却是可行的。该学者认为：30多年来，我国有计划地进行了规模巨大的经济建设。从1950年至1983年，全民所有制单位固定资产投资累计11 633亿元，先后建成投产3 800多个大中型项目，数十万个小型项目，由于基本建设而新增的固定资产6 440亿元，相当于中华人民共和国成立初期国有企业固定资产的27倍，为提高生产力、改变生产布局、改善人民生活打下了比较雄厚的物质技术基础。在生产发展的基础上，我国居民年平均消费水平由1952年的76元提高到1983年的288元，增长2.8倍，扣除价格上涨因素，实际增长

1.5倍，平均年增长3%。经过35年的经济建设，我国已经从根本上改变了旧中国半殖民地半封建的极端贫穷落后的面貌，建成了独立的比较完整的工业体系和国民经济体系。世界银行考察团1982年3月发表的考察报告《中国：社会主义经济的发展》中写道："三十年来，中国发展经济的努力，一直是朝着两个基本目标进行的。第一，工业化，特别是建立重工业基础；第二，消除贫困的各个最坏的方面。虽然有曲折，产生一些经济上的剧烈波动，但在达到两个目标方面取得了巨大的进展。""因为不存在从私有财产取得的个人收入，所以不像别的发展中国家那样，极端贫困和十分富有常常在一个地方同时并存。虽然平均消费水平增长很慢，但过去三十年中最显著的成就，正是在基本生活需要方面，使低收入的群众比大多数其他穷国同类人好得多。他们都有工作做，他们的口粮是有保证的，大多数的孩子受到比较好的教育，大多数的人都能享受基本的卫生医疗……服务。中国现在的平均寿命——由于它是由许多其他和社会的变动因素所决定，而可能成为衡量一个国家实际贫困程度的唯一最好标志——为64岁（中国官方统计1979年是68岁）。这对于像中国这样一个按人口平均收入水平的国家来说是很突出的。"[①]

1978年12月，党的十一届三中全会召开，社会主义建设展开新的历史篇章。经过几十年的改革探索，中国经济从以计划为主转移到依靠市场来发挥资源配置的经济运行模式上来。在

---

① 李成瑞：《建设有中国特色的社会主义经济——建国三十五年来经济建设的伟大成就和若干体会》，《经济研究》1984年第10期。

农村，解散政社合一的人民公社，农民及乡镇企业获得经营自主权；在城镇，个体经济、私营经济、三资企业迅速发展，对国有企业简政放权；政府尽量减少对市场的控制，市场对经济运行的调节力度越来越大。

1998年，亚洲金融危机冲击中国外贸出口，国内经济增长速度放慢，物价持续走低，消费需求趋缓，投资乏力。在这种经济形势下，以增发国债、加强基础设施建设、调整税收、增强宏观调控、调整收入分配、扩大消费需求、加大对中西部支持力度的积极财政政策出台并付诸实施。2004年，随着社会经济环境的变化，积极财政政策的着力点逐步转向加强薄弱环节建设和调整经济结构。2005年，以控制财政赤字，调整财政收支结构，大力推进收入分配、社会保障、教育、公共卫生等制度改革，确保财政增长，提高财政资金使用效益为主要内容的稳健财政政策全面实施。适宜的财经政策，有力指引并支撑了中国特色社会主义建设。在过去不平凡的几十年里，我国综合国力不断增强，人民生活水平显著提高，各项社会主义建设事业蓬勃发展。

在文化上，中华人民共和国成立后，党在思想文化界进行了一场以确立马克思主义指导地位为中心的文化改造运动。这场思想文化方面的改造，虽不像对农业、手工业、资本主义工商业的改造那样波澜壮阔，但却触及社会各阶层，以致在很长一段时间内影响了中国文化的格局及其走向。

从1956年开始的20年间，党对社会主义文化建设进行了探索和实践，提出了文化方面的方针政策，这就是"二为"方向和"双百"方针。在这些方针政策的指引下，我国社会科学、自然科学领域涌现出一大批优秀成果,社会主义文化建设取得可喜的成绩。

党的十一届三中全会的召开,标志着我国社会主义建设进入新的历史时期。此后,无论是党中央提出中国特色社会主义文化建设,还是社会主义文化强国建设,又无论是提出弘扬中华文化共建美好精神家园,还是推动社会主义文化大发展大繁荣,都能在具体的文化政策和措施落实上提供有力保证,我国文化事业也因此锦绣满园,充满无限生机。

在新的历史时期,我国文化界出现了两个值得关注的现象,一个是20世纪80年代的"文化热"思潮,一个是自20世纪90年代以来绵延至今的"国学热"思潮。

"文革"结束后,对文化问题的关注与讨论成为文化界、学术界的一大动向。当时,一系列以文化为主题的出版物的流布散播,不但拓展加深了国人对世界文化的认识,也促使自己对本民族文化做出理性反思。在此基础上,人们把文化视为人类现象并对其做抽象形上的思索,对诸如文化的界定、文化的发生体制、文化结构、文化形态、文化变异、文化迁移、中西文化的基本特质和特征、中西文化的优劣等问题,都试图诠释解说。通过这场文化热浪的洗礼,人们加深了对文化现象的理性认知,放弃了之前的文化立场,既不再认为西方资本主义文化完全是腐朽之物,也不再认为自己过去的文化毫无价值。民族文化在维系民族生存、民族发展中发挥着不可替代的作用,其中固然有应该批判的成分,却有更多东西值得珍惜和保留。

1993年5月,北京大学传统文化研究中心主办的《国学研究》创刊。同年8月18日,《人民日报》刊登了题为《久违了,

"国学"》的评论。文章认为:"历史是不能割断的,社会主义精神文明建设离不开我国优秀的文化传统。所谓'有中国特色',一个重要含义就是中国的文化传统。深入研究中国传统文化,发扬其精华,对繁荣社会主义新文化,提高中国人的自尊心、自信心,增强民族凝聚力,等等,是一项不可缺少的基础工程。"[1] 此后不久,很多学术刊物开始刊发国学类文章,有的还增设国学专栏,各出版社则纷纷策划国学类丛书,全国各地掀起一股"国学热"思潮。

进入21世纪,国学思潮愈趋强劲。先是中央电视台邀请学术界人士讲解国学典籍与传统历史文化,接下来是72位著名学者在"2004文化高峰论坛"上,共同签名发表"为弘扬中华文化而不懈努力"的《甲申文化宣言》。2005年中国人民大学国学院成立,2006年《光明日报》"国学版"创办,全国各地也涌现出大大小小的国学学习班。一系列与国学相关的文化事项表明,随着我国综合国力和国际地位不断提升,人们对本民族的文化自信力逐步夯实和提高。这不仅是我国文化建设健康发展的表现,也成为实现中华民族伟大复兴的必要前提。

---

[1] 文哲:《久违了,"国学"》,《人民日报》1993年8月18日第1版。

哲学思想研究：
1949年以来的《管子》学术（一）

一、"有气则生，无气则死"：冯友兰对《管子》黄老精气说的诠释

冯友兰（1895—1990），字芝生，河南南阳人，著名哲学家，现代新儒家代表人物之一。20世纪二三十年代，他在燕京大学、清华大学任教时，致力于中国哲学史研究。1934年，他撰成《中国哲学史》，该书成为近代中国第一部比较系统、比较完整的哲学教材，初步奠定了他在中国哲学界举足轻重的学术地位。

中华人民共和国成立后，冯友兰尝试用马克思主义的立场、观点和方法重述中国哲学，于是有了《中国哲学史新编》。他对《管子》的研究集中于该书第十七章《稷下黄老之学的精气说——道家向唯物主义的发展》。在历代史志、书目或学人著述中，《管子》或被认作法家，或被认作道家，或被认为思想杂糅、非主一家。而冯友兰认为，作为战国齐国稷下的一部论文集，尽管《管子》一书中各家各派论文都有，但中心是黄老之

学。黄老之学的内容，一是谈治身，即养生；一是谈治国。它们集中于《水地》《白心》《内业》《心术上》《心术下》五篇文章。《管子》黄老思想的基本概念是水、地、精、气，尤其是后二者。以对水、地、精、气的分析论述为基础，冯友兰对《管子》蕴含的万物起源、万物构成、养生、治国等问题做出了全面诠释。

谈论养生，必先研究生命的起源。对此，《水地》篇给出了初步答案："地者，万物之本原，诸生之根菀也。……水者，地之血气，如筋脉之通流者也。"[1] 万物虽由地而生，而水作为地之血气、筋脉，更是不可缺少。从自然万物对水的依赖而论，水的重要性要大于地，不仅动物、植物因水而发育生长，人的肉体、精神也是水的产物。在由水所具有的万物起源性质谈到人类生存状况时，《水地》篇提出水质决定人的体质、性格，改造水质可改造社会的观点。齐国的水迫急而流盛，齐国人因之贪婪好勇；楚国的水柔弱而清白，楚国人因之轻捷果敢；越国的水浊重、浸蚀土壤，越国人因之愚蠢污秽；秦国的水浓聚迟滞，秦国人因之残暴、喜好杀伐；晋国的水苦涩浑浊，晋国人因之谄谀好利……所以，对人类社会的改造，关键是对水的改造。

虽然《水地》篇对万物之所产生这一问题做出了解释，但以此并不能对万物之所构成做出说明，因为"水和地都是有形体的特殊的东西，一种有形体的特殊的东西，如何能为一切有形体的特殊的东西的所由以构成？这是很难说明的"[2]。由此而

---

[1] 《管子校注》卷第十四，第813页。
[2] 冯友兰：《中国哲学史新编》（上卷），北京：人民出版社，1998年，第504页。

言,《水地》的思想体系有所欠缺。

冯友兰认为,为了弥补在回答万物起源和万物构成时遭遇的理论尴尬,《管子》黄老之学又提出气说。这一说法不仅较水地说合理,且解决了当时其他思想家所言道论的极大模糊性,从体系的严密性上讲更具优势,因而成为先秦唯物主义哲学发展的重要一环。在《管子》中,作为万物之源、万物构成的气很多时候依然被称作"道",不过,道在《管子》中显然有另一种称谓。《管子·枢言》说:"道之在天者,日也。其在人者,心也。故曰:有气则生,无气则死,生者以其气。"① 显然,万物皆由道而来,而这个道,《管子》又称为气。冯友兰特别指出,《管子》说的道,不是超自然的东西,它是一个有定的自然——气。冯友兰认为:"他们认为天上的星辰和地上的五谷,都是由气构成的;所谓鬼神,也只是气流动于宇宙中者;'圣人'所以有智慧,也是因为他胸中藏有很多气。总之,从物质现象到精神现象都是'气'构成的,一切事物都是气的变化的结果。所以《内业》篇又说:'化不易气。';就是说,事物时常在变化,但总不能离乎气,气本身就能变化而生出各种各样的东西。"②

在提出气说的同时,《管子》黄老之学又尝试对生命和意识及其构成进行解释,于是提出精气说。所谓精气,就是气中更细微的部分,它构成天;而相对较粗的部分,则构成地。于是,有了《内业》篇"凡人之生也,天出其精,地出其形,合此以为人。和乃生,不和不生"③ ——精、形配合以成人的说法。就

---

① 《管子校注》卷第四,第241页。"生者以其气"一句,据赵用贤本补。
② 冯友兰:《中国哲学史新编》(上卷),北京:人民出版社,1998年,第505页。
③ 《管子校注》卷第十六,第945页。

个体生物而论，体内的精气越多，生命力就越强大；就人而论，体内的精气越多，智力水平也就越高。人有气则有生命，有了生命则产生思维。气与生命、思维相比较，前者是第一性的，后者是第二性的。

依据《管子》对生命的起源及构成的论述，冯友兰分析了其黄老之学的养生理论。他说，正如《内业》等篇所言，"地出其形"的形气构成人的身体，而人的身体就像一个房子，"天出其精"的精气就住在这个房子里。保持与延长生命的方法，就是使自己的形中之精不要失去，维持精、形二者之和。要达到这一目的，必须使心中安静，即"彼心之情，利安以宁。勿烦勿乱，和乃自成"①；否则，就要退出这个房子。精气退出，人的生命也将结束。所以，人不但要保持自己体内本有的精气不散失，还要尽可能争取更多的体外的精气，并把它集中在自己的心中，这样，生命力才更加旺盛，才会拥有更多的聪明才智。

爱身和养生是道家的主题，这也是稷下黄老之学的内容，不同的是，稷下黄老之学的思想家们把爱身、养生的理论做了唯物主义的改造，把它运用到了社会政治上面，这就是《白心》篇所说的"论而用之，可以为天下王"②。冯友兰认为，稷下黄老之学既谈养生，又谈治国，是由其所代表的阶级属性决定的。他解释道："在战国时期阶级斗争十分尖锐，社会政治方面所提出的问题，越来越多，越来越复杂。代表新的阶级的统治者需要一种新的统治的方法。新兴地主阶级的思想家，承担了这个

---

① 《管子校注》卷第十六，第931—932页。
② 《管子校注》卷第十三，第806—807页。

历史使命。……黄老之学把这种方法跟他们所改造的道家思想、唯物主义自然观,结合起来。这也就是,从哲学的高度给这些方法以理论的根据。他们的理论的主要内容,就是把他们所讲的养生之道应用于治国,使之也成为治国之道。主要有三方面:(一)以'静'制'动';(二)以'虚'制'实';(三)以'形'定'名',以'名'制'形'。"①

所谓以"静"制"动",就是《心术上》说的"心之在体,君之位也。九窍之有职,官之分也。……毋代马走,使尽其力。毋代鸟飞,使弊其羽翼。毋先物动,以观其则。动则失位,静乃自得"②。一国有君就好像心之在身,国有百官好比身有九窍,心静则九窍各尽其职,心燥则耳不闻、目不视。治理国家也应该这样,君主无为即静,臣下则要有为即动。当然,君主需静、需无为,并不是毫不作为,而是平静地观察,以发现事物的规律,以此监视臣下行为、驱使臣下办事。

冯友兰认为,臣下作为,是知的对象,即所知;统治者的心,是知的能力,即所以知。要知所知,必须加强所以知的能力,其修养的方法是虚。能达到虚,则心无藏。心无藏有两种表现,一是无求,一是无主观成见。君主以道为法,才能以虚制实。

统治者做到心虚,接下来就可以以名统治形了。形是万物,规定区别万物需要一形附一名。就国家治理而言,形指臣下及臣下担任的职务,名指臣下具体的岗位职责。统治者把具体的岗位职责规定下来,就是这种职务的名的内容。有了名,君主

---

① 冯友兰:《中国哲学史新编》(上卷),北京:人民出版社,1998年,第518页。
② 《管子校注》卷第十三,第759页。

就要求担任这种职务的人的行为必须合乎名。名随形而来，有什么形就有什么名；名是形的如实反映，不随主观变化而增减。以名制形，这在黄老之学看来，统治者的行为依然是无为。

对于《管子》黄老之学有关法的认识，冯友兰也做出了诠释。他说，依老子失道后德、失德后仁、失仁后义、失义后礼的历史观，虽未涉及法的产生问题，但老子持有的倒退的历史观是可以从中推导出来的。《管子》也对法的产生做出了逻辑推论，与老子不同的是，它是在更加积极的意义上理解法的。按黄老之学的观点，万物各有一定的性质和作用，这叫作各有所宜。在一定的社会制度下，君、臣、父、子等也各有所宜。宜的表现是义，而礼是义的具体制度表现。礼以义为基础，义以理为基础，理以道为基础。法，就是把参差不齐的东西整齐划一，即"同出"，其具体办法是刑罚。冯友兰说："在当时生产高度发展、阶级斗争日益激烈化的情况下，社会政治方面的事情，越来越多，越来越繁杂。新的统治者没有一种新的办法是不能应付的。"[1] 所以，法具有伴随社会变化而出现的"不得不然"的历史属性。总之，"'法'是历史发展的必然结果，是直接与道相合的。这样的说法，就把当时法家变法的主张提到哲学的高度，给它以更高的理论基础。总的看起来，稷下黄老之学认为，历史的程序不是向下倒退，而是向上发展的。稷下黄老之学跟《老子》对于历史程序的看法，正是新兴阶级跟没落阶级的相反意识的表现"[2]。

---

[1]　冯友兰：《中国哲学史新编》（上卷），北京：人民出版社，1998年，第523页。
[2]　同上书，第524页。

《管子》黄老学说是一个完备严密的思想体系。冯友兰从水、地、气、精等基本概念出发，围绕治身、治国这两个基本内容，对其做出哲学视野下的全新诠释，这在《管子》学术发展史上具有重要意义。20世纪40年代，郭沫若撰著《十批判书》，其中有《稷下黄老学派的批判》一节。该节旨在论述稷下道家三个派别，即宋钘、尹文派，田骈、慎到派，环渊、老聃派的勃兴及发展。此前郭沫若曾撰《宋钘尹文遗著考》[①]，认为《内业》《心术》等篇是宋、尹所著，因而在《十批判书》中对《内业》等篇的道、精气等概念有所阐发，但由于关注点在于指出宋钘、尹文的儒墨调和思想，并不是将《内业》等篇作为一个完整的思想体系进行阐发，因而从对《管子》黄老学说的揭示上讲，意义不大。《管子》黄老思想的揭示，是要归功于冯友兰的。更有意义的是，冯友兰以一位哲学家的视野，采用哲学学科的分析方法，挖掘《管子》中万物起源、万物构成的理论，并对其黄老之学治身、治国思想如何在这一理论基础上发展而成加以解说，无疑极大提升了向以富国强民著称的《管子》一书的学术品位。这对此后《管子》哲学思想的学术研究影响巨大。

二、"心术"：杨国荣对《管子》方法论的解读

方法论是有关人类认识世界、改造世界的方法的理论，它旨在对人类以什么方式、什么方法观察事物、处理问题做出解

[①] 郭沫若著作编辑出版委员会编：《郭沫若全集》（历史编第一卷），北京：人民出版社，1982年，第547页。

答。《管子》中有丰富的方法论思想，当代学者杨国荣在《〈管子〉方法论思想初探》一文中对其做了阐发。

《管子·七法》篇提出心术的概念。所谓心术，其实就是人类思维活动应该遵循的原则、方法。《管子》认为，心术应该包括六个方面：实、诚、厚、施、度、恕。在杨国荣看来，实即实然，也就是客观；诚即真实不妄；厚即充实；施即施行；度即测度、预见；恕即恕之道，引申为推论。这里的客观规律，相当于《管子》中提到的理、事理或道。前三点是强调认识必须以客观实在为依据，后三点以施为核心，强调将客观规律运用到万物之上以整治万物。前三点突出知的客观性，后三点突出知的能动性，它们相互结合，构成《管子》方法论思想的基本特点。

客观性原则，《管子》称之为因。因就是无为，就是"舍己而以物为法"[①]，即抛弃主观成见，以客观事物为准绳去认识分析。因，要无益无损，否则就是自用——自以为是，就是对客观事物有意歪曲。《管子》对因提出两点要求：一是虚静，既要排除喜怒哀乐等情感对思维活动的干扰，又要防止情欲扰乱感知活动；二是一，就是专心一意，只有专心一意，才能使耳目端正，发挥它们各自的感官功能，才能知远若近，达到对事物的客观认识。"《管子》从认识的客观性原则（因）出发，主张排除情感欲念对认识的扰乱，这是它在方法论上的重要贡献。"[②] 因，强调的是方法论中主体被动的一面，施（心术之一）则强调主体能动的一面。施，是行为，是主体把对客观事物的认识运用到对

[①] 《管子校注》卷第十三《心术上第三十六》，第776页。
[②] 杨国荣：《〈管子〉方法论思想初探》，《齐鲁学刊》1985年第4期。

第八章　当代学术分科研究定型化：1949年以来的《管子》学术

它们的掌握之中，以此指导人类的实践。可见，作为体现知的能动性的施，本身包含着知与行应该紧密结合的深刻思想认识。

在如何对事物进行认知的问题上，杨国荣以《七法》篇的明理说为例进行解读。他认为，《管子》诠释这一问题的方法，是把因的原则与具体认识过程相联系。《七法》中的理是道，即存在于天地万物中的普遍规律，明理就是要求对事物的认知必须全面，不能有所偏颇；否则，便是曲说，便是失之偏颇的认知。对于怎样使因的原则与具体认识过程相联系，《管子》提出两点要求。首先是强调观察的全面性。要使观察趋于全面，必须利用感官去接触外部事物，获得对于外部事物的感性知识。不但要对事物本身进行了解，还要学会联系其他各个方面，对事物进行考察。《管子》"看到了个人认识的有限性，反对把个人之知绝对化、凝固化，同时又肯定综合无数个人的认识，就可以比较全面地了解事物"[1]。全面观察存在一个由外到内的过程，事物的普遍规律往往是内在的，所以明理必须由形到思，进行一番广泛的理性研究活动，全面洞悉事物内部的各个环节。要使观察趋于全面，还必须兼察万物对立的双方，这也就是《四称》篇提出的"不知其恶则难知善之为善"[2] 的观点。宇宙间对立的双方是相互规定的，"恶者，美之充也；卑者，尊之充也"[3]。充，是本的意思。"否定也就是规定，恶本来是美的否定，但这个否定同时又构成了对美的规定。"[4] 因而，要充分认

---

[1] 杨国荣：《〈管子〉方法论思想初探》，《齐鲁学刊》1985年第4期。
[2] 《管子校注》卷第十一，第616页。
[3] 《管子校注》卷第四《枢言第十二》，第250页。
[4] 杨国荣：《〈管子〉方法论思想初探》，《齐鲁学刊》1985年第4期。

识到兼察对立在认知事物方面的重要性。其次，掌握从历史过程、运动变化、结构层次中考察事物的方法。不但要从事物现状追溯事物源头，还要认识事物盛衰相继的发展规律，更要对事物的内在结构及多层次性有所了解。因为事物"中又有中"，若停留在事物的初级本质上，难以得到事物内部的本质，只有"得夫中之衷"[1]，才能充分认知事物的深层规定性。"不难看出，这一方法论思想的核心是要求全面地考察事物'无益无损'，如实地反映事物；并从发展变化中认识事物，'以物为法'，认识随着事物的变化而变化，二者的共同基础就是客观性原则。"[2]

《管子》强调明理，最终指向在于指导人的实践活动。于是，如何把施的原则与由知（明道、明理）向行（行道）的转化过程相结合，成为其方法论思想的另一个内容。

《管子》认为，万物之道不以人的意志为转移，明理（也就是明道）而行之，就能使天下宾服。以天下之道还治天下之身，将道施之于客观事物，就能在治理国家中取得实效。在由知向行转化的过程中，《管子》特别强调度和恕。如前所述，度是预见，恕是推论，《管子》重视推论与预见之间的联系，认为人们可以根据对客观规律的认识，推断事物的发展趋势，并以之指导自己的行为。如果违反这一原则，就会在生活中处处碰壁，"明君审察事理，慎观终始，为必知其所成。……为而不知其所成……谓之妄举。妄举者，其事不成，其功不立"[3]。

---

[1] 《管子校注》卷第十三《白心第三十八》，第 794 页。
[2] 杨国荣：《〈管子〉方法论思想初探》，《齐鲁学刊》1985 年第 4 期。
[3] 《管子校注》卷第二十一《版法解第六十六》，第 1198—1199 页。

第八章　当代学术分科研究定型化：1949年以来的《管子》学术

在明理基础上进行推断，其形式多种多样，既可以从事物的过去推断其现状及发展，又可以从事物的同异从拒关系推断事物的性质，还可以依据事物之间的因果关系推知事物可能的结果。总之，恕（推断）、度（预见）既是施（施行、推行）这一原则的运用，又是由明理向行道过渡的中介。以明理为基础，推知事物发展趋势，并以此规范人的活动，就是行道的具体表现。

行道是一个复杂的过程，这一过程存在客观条件与主观能动性的矛盾。解决这一矛盾的原则，是"因而理之"①，即从实际出发去治理客观对象。世间万物千差万别，客观对象的差异性决定了行道方法的多样性。而事物自身处于发展变化的客观现实，也决定了行道不能墨守成规，应与时俱进。

除对明理察道与行道，即因与施原则的内涵做阐发，杨国荣还对《管子》中因、施关系的名实逻辑做了揭示。该文认为，名实关系有两层内涵，一是名能否反映及如何反映实，二是名能否作用及如何作用于实。前者是明道的扩展，后者是行道的引申。《管子》提出"名实相生"②的命题，就是对因、施关系的逻辑说明。"名实相生"，其意不是说实能自发地产生名，名可以派生出实，而是指"按实而定名"；实是名的客观源泉，名可以反作用于实，即"循名而督实"③。按实定名，就是因形为名。循名督实，就是执名以规范实。前者是因，后者是施，"因

---

① 《管子校注》卷第二十四《轻重己第八十五》，第1529页。
② 《管子校注》卷第十八《九守第五十五》，第1046页。
③ 循，原为"修"，误。

此，名实相生，实质上也就是因施统一"①。按实定名，不是消极被动的。名，固然首先应该客观全面地反映事物，但在成名的过程中，离不开人的主观能动作用，是一个通过理性思维活动以制作概念的过程。此外，还必须通过审核监督，保证名能正确反映实。名既是实的反映，又可以反过来作用于客观事物。比如，名可以成为借以把握各类事物的工具，也可以成为用以整治各类事物的工具。总之，名实相生的名实观，一方面是因物制名，另一方面是施名治物，同样体现出《管子》方法论的客观性与能动性相统一的思想特征。

杨国荣对《管子》方法论的阐发是全面且深入的，在同类学术研究领域中具有代表性。不过，他的立论有时略显偏颇，有断章取义之嫌。比如，为了说明道不以人的意志为转移的客观规律，他截取《形势》篇"道往者其人莫往，道来者其人莫来"②以资证明。在原文中，该句大概是表达得道之人对人心具有强大的凝聚作用的意思。道往，是失道的意思；道来，是得道的意思。失道，则人民不会来投奔；得道，则人民不肯再离去。若将它解读为道的客观规律性，似乎有些牵强。

三、"礼义廉耻，国之四维"：沈善洪等对《管子》伦理思想的论述

伦理，简单地说，是人与人相处的道德及行为准则。作为

---

① 杨国荣：《〈管子〉方法论思想初探》，《齐鲁学刊》1985年第4期。
② 《管子校注》卷第一《形势第二》，第42页。

哲学的分支，伦理学主要研究人类的道德现象。从伦理学角度对《管子》进行研究，是当代《管子》学术的一个重要内容。中国的伦理思想内涵丰富，举凡人性问题、道德起源及本质、道德标准及行为规范、道德修养及道德理想，均是讨论的对象。就沈善洪等《中国伦理思想史》（以下简称《思想史》）对《管子》伦理思想的论述而言，主要涉及以下几个方面。

道德观念是怎样产生的，它同人类社会活动有没有关系，这是先秦时期的思想家们经常讨论的问题。在这一讨论中，孟子秉持先验主义的道德观，认为人类的仁义礼智等观念根植于人心，道德的产生与人类任何的社会实践无关，它是人类与生俱来的本能。荀子认为，人类与生俱来的本能是恶，恶本没有什么道德可言，道德产生于不同于常人的圣人的一手创制。《管子》认为仓廪实知礼节、衣食足知荣辱，把人类对丰衣足食的物质欲求的追逐与满足，看作是知礼节、知荣辱等道德水准提高的基础，这一观念"实际上已接近了物质经济状况决定社会道德风貌的认识""是我国伦理史上极有价值的创见"[1]。

《管子》不仅从物质基础的角度对道德产生进行探讨，还朦胧意识到适合的国家制度对于道德培养与巩固的重要作用。《小匡》篇认为，采取四民分业的政策，定民之居，成民之事，使人民做好各自的分内之事，有利于社会的和睦、人心的稳定。拿士这一阶层为例，四民分业有助于他们"父与父言义，子与

---

[1] 沈善洪、王凤贤：《中国伦理思想史》，北京：人民出版社，2005年，第220页。

子言孝，其事君者言敬，长者言爱，幼者言弟。旦昔从事于此，以教其子弟。少而习焉，其心安焉"①。

在看到物质基础、适宜制度与道德观念之间紧密关系的基础上，《管子》提出了"治国之道，必先富民"②的政治主张。《思想史》特别指出，"这种主张既不同于单纯提倡以严刑峻法去制止'陵上犯禁'的法家，也不同于单纯提倡以靠道德说教去使民'敬上畏罪'的儒家。这种主张是以'衣食足'为先决条件，把农民束缚在土地上，使之'安乡重家'；然后施之以德教，使之'知礼节''知荣辱'，以收到'敬上畏罪'而'易治'之效"③。

《管子》一方面看到道德观念受制于物质基础、制度建设，另一方面又看到道德观念对二者的反作用，也就是说，道德风尚的好坏在一定程度上关乎国家的存亡。《牧民》篇把礼义廉耻视为国之四维，认为"守国之度，在饰四维""四维张则君令行""四维不张，国乃灭亡"④；《霸言》篇还把能否实行德治看成诸侯争霸天下的根本条件。有关《管子》对道德具体作用的论述，《思想史》总结了三点：一是道德的培养有利于保证法令的执行。对那些破坏君主法令的人，不仅要使其受到法律的制裁，还要让他们背负道德舆论的谴责。二是道德的好坏可以作为选拔人才的标准。三是道德教化有利于培养良好的社会风尚。

《管子》没有把人性作为专门的问题去讨论，但它在探赜人的情欲与道德之间的关系时，也涉及人性问题，且多有洞见。

---

① 《管子校注》卷第八，第400页。
② 《管子校注》卷第十五《治国第四十八》，第924页。
③ 沈善洪、王凤贤：《中国伦理思想史》，北京：人民出版社，2005年，第221页。
④ 《管子校注》卷第一，第2—3页。

第八章　当代学术分科研究定型化：1949年以来的《管子》学术

它认为，趋利避害是人的本性，"凡人之情，见利莫能勿就，见害莫能勿避"①。对于这种"凡人之情"，《管子》认为没有必要做出或善或恶的道德判断。尽管《管子》没有明确提出人性到底是善还是恶的论点，但从其他篇章的有关论述中，还是可以看出它对欲利的人性持基本肯定的态度。《思想史》举《枢言》篇相关论说，如"爱之利之，益之安之，四者道之出""彼欲利，我利之，人谓我仁"，并认为："这里，把人性'唯利'看成为'道之所出'，是不可违背的一种客观必然性。认定能顺应这个法则，'欲利者利之''欲贵者贵之'，就是合乎'礼''恭''仁''慜'的。这样就对'欲'做了道德上的肯定。管仲学派的这一论断，在先秦是独具一格的，它充分反映了处于上升时期的地主阶级自信能满足人们利欲的气魄。"② 认可人们欲利的本性，并不意味着允许这种欲利之心无节制地发展。对此，《管子》提出当与不当、失度与不失度的标准问题，说："非吾仪，虽利不为。非吾当，虽利不行。"③ 由此看来，《管子》在这个问题上是持节欲的观点的。

对于建立怎样的道德规范，《管子》也有相关论说，《思想史》总结为四点。首先是国有四维，即不逾节的礼、不自进的义及从属于礼义的廉耻之心。礼作为道德规范，以社会尊卑等级为前提，并把是否逾节作为衡量人们是否合乎道德的标准，义则是以礼为实践内容的行为准则。那么，《管子》所说的礼义

---

① 《管子校注》卷第十七《禁藏第五十三》，第1015页。
② 沈善洪、王凤贤：《中国伦理思想史》，北京：人民出版社，2005年，第225—226页。
③ 《管子校注》卷第十三《白心第三十八》，第788页。

与孔子、孟子所说的仁礼有什么区别呢?"在孔孟那里,是由'仁'及'礼',即从个人的道德修养上升到对社会道德规范的自觉遵循,也就是由个人伦理到社会伦理。管仲学派则是由社会伦理到个人伦理。可见,两者对于维护封建等级制的'礼'的目的是一致的,途径却并不一样。管仲学派这一思想,后为荀子学派所继承。"① 其次是德有六兴,即统治者对人民实施的六项德政,包括振兴农业、便利贸易、兴修水利、减轻赋税、养老送终、赈济灾民。再次是义有七体。与德有六兴相比较,德是治理国家的道德要求,是统治者对人民施行的德政,义则是人民的行为准则,属于人民对国家的道德义务,比如"恭敬忠信以事君上""中正比宜以行礼节""和协辑睦以备寇戎"②等。最后,是礼有八经。六兴之德与七体之义要统一于礼,也就是上下、贵贱、长幼、贫富的尊卑等级秩序。六兴、七体只有建立在这种秩序的基础上才有意义。而具体的八经标准,便是《五辅》篇所说的:"为人君者中正而无私,为人臣者忠信而不党,为人父者慈惠以教,为人子者孝悌以肃,为人兄者宽裕以诲,为人弟者比顺以敬,为人夫者敦懞以固,为人妻者劝勉以贞。"③

《思想史》说,"管仲学派政治主张的核心是尊君"④。而就《管子》伦理思想是"从牧民的角度"讨论"如何更有效地维护王权"⑤ 这个目的看,其伦理思想与政治主张是相互配合、步调一致的。

---

① 沈善洪、王凤贤:《中国伦理思想史》,北京:人民出版社,2005 年,第 228 页。
② 《管子校注》卷第三《五辅第十》,第 197—198 页。
③ 同上书,第 198 页。
④ 沈善洪、王凤贤:《中国伦理思想史》,北京:人民出版社,2005 年,第 218 页。
⑤ 同上书,第 219 页。

政治、法律思想研究：
1949年以来的《管子》学术（二）

一、"以法治国，则举措而已"：张国华对《管子》法律思想的诠释

20世纪80年代，北京大学哲学系的部分学者为满足该系学生专业学习的需要，集体编写了一本法律史方面的教科书——《中国法律思想史纲》，其中由张国华执笔的一节对《管子》法律思想进行了诠释。

在《管子》中，很多地方出现了类似法的定义的文句。张国华认为，类似的定义多是形式上的，意在强调法所具有的客观性和公平性，强调法所具有的行为规范的性质，而缺少从本质上对法做出界定的内容。尽管这样，《管子》对法的认识却是深刻的。《管子·七臣七主》认为："法者，所以兴功惧暴也。律者，所以定分止争也。令者，所以令人知事也。"[1] 律、令是针对法的不同作用分别冠以的称呼，与法同义。法作为一种国家统治工具，可以用来劝善止暴、确定权利义务、保护私有财

---

[1] 《管子校注》卷第十七，第998页。

产、传达政令、役使人民。《管子》的这种认识，"实际上已涉及法律的本质问题"①。《管子》的写作时代，正是新兴地主阶级反对奴隶主贵族专制并要求建立保护自己利益的国家和法律的时代，所以，它所说的法在一定程度上代表着全体社会成员的共同利益，以至于《管子》将其称为"公法"②。一谈法律，现代人常有"以法治国"的说法，但这一说法不是现代人的发明，而是两千多年前的《管子》一书首次提出的。《管子·明法》说："以法治国，则举错（同措）而已。"③ 举措，就是轻而易举的意思。既然法规定了人们的行为标准，法又代表了全体社会成员的共同利益，那么用法律来治理国家，就会得到臣民的拥护，就会容易得多。

《管子》认为，法的制定必须以道为根据。张国华解释说，这个道至少包含了四个方面的内容。第一，法的制定必须符合自然法则。第二，法的制定必须从民情的好恶出发。第三，法的制定要体现量民力而行的原则。第四，法的制定要前后统一，要有相对的稳定性。尽管法的制定必须适应时代要求，但不能朝令夕改，否则，对人民的赐赏虽多他们也不会得到鼓励，对人民的刑罚虽重他们也不会对法心存畏惧，而且还会出现时常违背法令要求，暗地里行私惠、立私法的现象，即"下之倍法而立私理者必多"④。

与商鞅极端重视刑罚在法治中的作用不同，《管子》认为对

---

① 张国华、饶鑫贤主编：《中国法律思想史纲》（上），兰州：甘肃人民出版社，1984年，第201页。
② 见《管子》的《五辅》《八观》《任法》《明法解》等篇。
③ 《管子校注》卷第十五，第916页。
④ 《管子校注》卷第五《法禁第十四》，第273页。

刑罚的运用应该格外谨慎。固然，国君所以成为国君，法律的赏罚功能是起了很大作用的，但"致赏则匮，致罚则虐。财匮而令虐，所以失其民也"①，不但无原则的赏罚容易导致财用匮乏，法令暴虐也容易失去民心。而且，在人民基本的生存问题还没有解决的时候，法的功能也难以完全发挥。在这种情况下，如果依然加重对人民的赋敛并频频颁发法令，势必造成刑罚频繁、暴乱四起的结局。针对法律运作的这一特点，《管子》提出"凡治国之道，必先富民"② 以佐"以法治国"的观点。张国华认为，《管子》把治国之道与经济问题联系起来的做法，显然源于管仲"仓廪实知礼节、衣食足知荣辱"的思想。《管子》反对单纯依靠刑罚治国，还表现在它虽然主张以法治国，但并不排除也不否定道德教化的作用。之所以肯定伦理道德的教化作用，一方面是管仲礼义廉耻四维论的传统影响使然，另一方面也是因为《管子》看到了可以通过教化使人类好利恶害的本性得以改变的客观现实。与儒家荀子化性起伪说不同的是，《管子》把仁义礼乐的源头归结为法，认为仁义礼乐的教化作用只有在法立令行的前提下才起作用。所以，《管子》的法治思想，既有别于商鞅以重刑为主的法治，又在对德治、法治关系的理解上与以荀子为代表的儒家不同。

虽然《管子》的法律思想不以重刑为主要内容，但在法律的推行上，也是主张必用刑罚这一手段的，同时还主张适当的赏赐。对于《管子》在推行法律上的具体主张，张国华总结为

---

① 《管子校注》卷第十一《君臣下第三十一》，第569页。
② 《管子校注》卷第十五《治国第四十八》，第924页。

四点。首先，法令的内容必须明确，必须公之于众，使人们有得以遵循的确定标准。其次，法令要有赏罚的内容，以此坚定人们的行止。《管子》坚决反对妄赏妄罚的行为，强调赏罚必信，即赏罚要依据是则是、非则非的法律标准，既不能随意遗漏，也不能任意添加。再次，反对掌握特权的阶层特别是国君舍法行私。在《管子》看来，法律贯彻执行的最大障碍是执法行私，而能否杜绝行私行为，关键在于君主能否以身作则，为执法者做出榜样。《管子》反复强调，君主要置法自治、立仪自正，要执法修制，为人民做出榜样，而一旦国君释法行私，下面的臣子也会仿效国君释法行私。《管子》指出，国君释法行私的对象主要是围绕在国君身边的近臣、宠臣，所以对于身边的亲贵、便嬖一定要高度警惕，不能因个人的私情、喜恶而破坏法律的公正执行。最后，要强化法律的权威，将一国之君置于至尊的地位。"凡君国之重器，莫重于令。令重则君尊，君尊则国安。"[1] 一国之君治理国家靠的是法律，法律的权威树立起来，则国君的地位就会巩固；国君的地位巩固了，依法治国有了保障，国家自然会安定。在法律与国君的关系上，《管子》一方面强调法律由国君制定，要体现国君的主观意志；另一方面又强调法律一旦制定出来，就不应该任由君主的欲望变更。表面上看起来，二者相互矛盾，事实上它们相互制约、相互促进。因为，越是强化法律的不可更改性，就越能体现制定法律的国君的至高无上的威严，就越能使国君在唯法令是依的法治下，游刃有余地在类似于无为的状态下把国家治理好。

---

[1] 《管子校注》卷第五《重令第十五》，第 284 页。

为了使法律能在重令与尊君下顺利执行，《管子》还提出势与术的理论。它认为，国君之所以成为国君，是因为操控了人民的生、杀、富、贫、贵、贱六种特权，《管子》把对这六种特权的操控称为势。国君失势，就无法让法律得到落实。所以，国君必须把势独揽于一身，否则将造成势在下而君制于臣的败局。为了保障势在上、臣制于君的政治局面，《管子》强调国君以术驾驭臣下。比如，建议国君观察并考核臣下的言行是否一致，一致则赏，不一致则杀。又比如，建议国君既要多方面听取意见，防止偏听偏信，并让下情能够上达，还要牢牢把握事情的最终决定权，严防权力分散或权力下移。

张国华认为，《管子》对法律与法治思想的论述很精辟，它杂糅儒家、道家思想，自成体系，是研究先秦法律思想的重要著作，"其价值不亚于同时代的《商君书》"[①]。这一评价是中肯的。

1949年以来，有关《管子》法律思想的研究一直是空白，张国华的研究无疑具有填补空白的学术意义。尽管他没有把《管子》法律思想上升到一个严密的思想体系高度去诠释，但《管子》有关法律的基本立场他都提到了，因而值得我们重视。

二、从立国、布政到对法的多层论述：徐汉昌对《管子》政治、法律思想的阐发

民国时期，萧公权《中国政治思想史》分别从尊君与顺民、

---

① 张国华、饶鑫贤主编：《中国法律思想史纲》（上），兰州：甘肃人民出版社，1984年，第200页。

以法治国、经俗、经产、经臣五个方面论述了《管子》的政治思想。在整体的研究思路上,他将法律思想作为了政治思想的重要内容。随着学科专业理论的成熟,不少学者主张将政治思想与法律思想分开研究。前面提到的《中国法律思想史纲》认为,法律思想与政治思想总有内在联系,但二者也有分属于自己的研究领域。作为政治学的一个分支,政治思想研究某个阶级、集团学派及其代表人物对于社会政治制度、政权组织、阶级关系、政治方针和措施等所持有的理论观点。作为法学的一个分支,法律思想是对于法律所持有的理论观点。因而,否定法学专业的特殊性,以政治思想代替法律思想,片面强调政治学、法学不可分,硬把二者混同一物,把法律思想研究附属到政治思想研究之中的做法是不正确的。[①] 也正是基于这样的学科专业研究的理解,才有了《中国法律思想史纲》的撰写。自此以后,对《管子》法律思想做专题研究成为一个重要的学术内容。

徐汉昌,河北遵化人,著有《管子思想研究》一书,对《管子》道家与阴阳家学说、政治、法律、经济、教育、军事学说均做出研究,并自觉地把政治思想和法律思想作为两个内容分开讨论。

徐汉昌把《管子》的政治思想分为三个内容:立国、布政与君君臣臣。立国是一个较为宽泛的概念,包括对国家起源、国都选址的环境因素、中央及地方政府的官制和国家施政效果

[①] 张国华、饶鑫贤主编:《中国法律思想史纲》(上),兰州:甘肃人民出版社,1984年,第6、9、10页。

的探讨。国家起源,是古今学者谈论政治时一个必不可缺的话题。在《管子》成书的年代,《墨子》《荀子》《商君书》《吕氏春秋》对这一问题都有所触及。相对而言,《管子》的论述较为完整、系统。《管子·君臣上》认为,远古社会没有君臣长幼尊卑、夫妇伦常的社会秩序,彼此之间完全以力相互征伐,那些力量大的人自然居于有利地位,那些弱小的人自然受到欺凌而不得其所。为了解决长期的纷争,聪明的智者凭借自己的道术德行,开始集中众人之力明辨是非、禁止强暴、解决纷争。这种明辨是非、禁止强暴、解决纷争的方法逐渐演变为一定的赏罚制度,这种赏罚制度不但可以为众人兴利除害,也可以正人之德,所以成为大家行为的规范。一旦天下之人有了可以统一遵守的行为规范,有了共同认可的赏罚制度,国家就形成了,一国之长的国君也就由此出现。

在国家形成的同时,必须考虑建立国都的问题。徐汉昌认为,《管子》对建国的地理环境十分重视,并把环境的优劣与国家的盛衰成败相联系。《管子》提出,要将国都建在有高山资源、有大河水利、土地肥沃、物产丰富的地方,要足以养人民、育六畜;对于城郭建置、道路修筑则没有具体的要求,只是说要善于因地制宜、灵活处理。

设立各级官制是立国的重要内容。《管子》把国家官制分为中央与地方两个部分。中央除设置宰相总领百官外,又有大谏负责监督规劝、大司马负责军事、大司理负责司法、大司田负责经济,大司田之下又有系列属官。在介绍地方官制时,徐汉昌引述了《管子》的《立政》《乘马》《小匡》等篇文字,又佐以《国语·齐语》进行说明。同时他指出,虽然梁启超、杨宽、刘殿爵、李学勤等学者都对此做过研究，但由于文献中各篇所言不同，最终只能得出"管仲当时之实际情况，已因《管子》书之庞杂而令事实难明矣"[①]的结论，但应该看到，虽然《管子》记载前后不统一，又与其他文献有出入，但叁其国、伍其鄙，国鄙之下层层分级，建立一种类似中央集权的政治体制的思想主张，应该是没有疑问的。

国家已成，国都已定，官制已设，接下来就要采用治道治术使国家富裕强盛。徐汉昌认为，在这一问题上，《管子》采取了观察一国国势国情、识其强弱成败之理，以此作为为政借鉴的办法。《管子》把一国之情势分为八种，分别是饥饱之国、贫富之国、侈俭之国、实虚之国、治乱之国、强弱之国、政令行与不行之国、存亡之国。这八种国家情势，或涉及经济问题，或涉及社会现象，或涉及行法状况，或涉及教育问题，或涉及用人方法，或涉及军事力量，都是一个国家的施政大纲。如果能在这些方面深入观察，加强监督，针对不同情况采取不同的措施以纠正提高，则"可得为政之大要"[②]。

《管子》政治思想的第二个内容是布政。依徐汉昌的解释，布政就是有关施政的原则、方法。国家既立，就要考虑怎样才能做到令行禁止，使政策发挥最大的效用。徐汉昌总结了《管子》的布政方针。一是顺民利民的民本政策。所谓民本，就是做到爱民、利民，把百姓作为国家强盛、争霸天下的根本。这就需要本爱民利民之心、行爱民利民之政，就需要先知民情、

[①] 徐汉昌：《管子思想研究》，台北：台湾学生书局，1990年，第123页。
[②] 同上书，第124页。

第八章 当代学术分科研究定型化：1949年以来的《管子》学术

知民之喜怒好恶。只有以人民的喜怒好恶为施政原则，人民才会全身心回报，才会上下皆得其利、皆享其福。二是国家治理固然要顺民利民，但具体政务的开展还需要借助各种法律法规，借助国君至尊的威势和官吏考核、赏功罚罪的权术。三是养老扶孤的社会政策和存亡继绝的外交政策。关于养老扶孤主要见于《五辅》《问》和《入国》三篇。对此，徐汉昌说："国设专官掌社会救济工作，其条目又如是之详悉而明确，是可见行爱民之仁政，非儒者一家之言，管子言之亦极详切也，是亦可知管子之书非徒法家之言者也。政府行赈济之社会工作外，亦责令有钱之豪家与大夫，出而行赈济之工作，以共谋社会之安定与富足"[1]"国君布政，匡民之急，振民之穷，为兴德之要事，凡此皆今日之社会工作也，今之幼儿保育、养老敬老、疾病保险、社会救济等工作，皆已概括于《管子》书中，古人先我而行此社会政策，不可不谓为卓见"[2]。

《管子》政治思想的第三个内容是君君臣臣，即要求国有明君、朝有贤佐。所谓国有明君，就是国君务行正理，用正道以治身；务学术数，用法术以治事。国君要履身行义、俭约恭敬、生活有度、节制欲望，言行举止合乎中正之道。所谓朝有贤佐，就是务求良臣以行法。徐汉昌梳理了《管子》所言贤佐的三种类型，即经臣、忠臣和法臣。他们共同的特点是：其为人，不诬能，不欺上，不阿党，不尚得，不辞死，不妄言身外之事；其治事，能上匡主过、下振民病，能犯难罹患，能务明法术，

---

[1] 徐汉昌：《管子思想研究》，台北：台湾学生书局，1990年，第135页。
[2] 同上书，第133页。

能修义从令。这里面,《管子》最看重贤佐的品德,而其他各方面的才能,只能算作第二原则,"此亦《管子》之不同于后世法家者也"①。

除以上所述,徐汉昌还特别提到《管子》中的啧室之议。啧室,是一个专门收集民意、汲纳民谏的机构,所有的人都可以在这里表达不同的政见,而不必考虑自己有没有发表意见的资格。作为《管子》政治思想的一个内容,徐汉昌认为"尤为不平凡之事,此吾人当特为表出者也。《管子》能知民意之可取与当取,实具大智慧与大气量"②。

在对《管子》政治思想做阐发的过程中,徐汉昌充分运用演绎的论述方式。他先把要论述的对象分为三个二级内容版块,再将每一个版块细化为多个三级论述单元,并选择简洁的词汇作为不同论述层级的标题,于是整个行文便在一种纲举目张式的逻辑框架下展开。从《管子》学术史的角度看,这样的学术研究体例始自民国梁启超《管子传》,并在民国学术期刊有关《管子》研究的论文中广泛运用。不过,与民国期刊中那些同类主题的论文相比,徐汉昌的研究无疑要深入细腻一些。在《管子思想研究》一书中,各章节都采用了这样的论述方式。

以这样的论述方式对《管子》法律思想进行阐发,便形成了与张国华《管子》法律思想研究不同的风格。《中国法律思想史纲》也尝试把《管子》的法律思想概括为三部分,即关于法律的基本观点、关于法治的理论、关于实行法治的方法,但由

---

① 徐汉昌:《管子思想研究》,台北:台湾学生书局,1989年,第150页。
② 同上书,第152页。

于没有三级标题的细化支撑,它们各自的内涵所指事实上是很不清晰的。另外,就《中国法律思想史纲》各部分的具体阐发而论,因为缺少了三级标题的制约,作者在论述展开时不免有游离之处。徐汉昌《管子思想研究》克服了这一体例上的不足。

徐汉昌把《管子》的法律思想先划分为三个二级论述主题:法的概念,法的施行,法的功能。围绕每一个二级标题,又下设多个三级论述标题,而在有些三级论述中,又进一步细化为不同的论述点,以此尽可能对《管子》整个的法律思想做深入全面的阐发。比如在"法的概念"这一部分,作者先确定什么是法、立法的原则、法的特质三个三级论述主题,这样,对法的概念的阐发就较为全面了。而在"立法的原则"这一部分,作者又进一步细分为顺民之意、依自然之道、求简易画一三个立法原则,形成三个论述点。在"法的特质"这一部分,作者又总结出公开性、平等性、强制性、稳定性、时宜性五个特征,形成五个论述中心。于是,整个论述显得丝丝入扣、有条不紊。应该说,这种努力建构《管子》法律思想严密体系的研究方式,不仅代表了当代《管子》法律思想研究的时代潮流,也成为《管子》思想各方面研究的学术模板。

当然,我们对比《中国法律思想史纲》与《管子思想研究》在思想阐发的体例、结构上的不同与优劣,并没有对其思想阐发的结果进行一较高下的意图,我们仅是从学术研究范式的角度,并在这种范式比较中,梳理出《管子》学术演进的一些轨迹。

经济思想研究：
1949年以来的《管子》学术（三）

一、挖掘历史、弘扬国粹：胡寄窗对《管子》经济思想的阐释

胡寄窗（1903—1993），四川天全县人，著名经济学家，一生致力于推动中国经济思想史的研究工作。20世纪60年代，他完成上、中、下三卷本《中国经济思想史》①，成为学术界第一部探讨中国历代经济思想发展演变的通史著作，填补了秦至鸦片战争期间两千年经济思想研究的空白。这部三卷本通史著作，体现了作者挖掘历史、弘扬国粹的文化自觉意识，其中对《管子》经济思想的阐发完全证实了这一点。

民国时期特别是之前的《管子》研究，多认为《管子》书杂糅百家，限于某家某派的学术划分，在确认《管子》思想以什么内容为主导时，多有或法或道的论说。民国以降，特别是中华人民共和国成立以来，由于现代学术体制的建立，人们往

---

① 先后于1962、1963、1981年出版。

往从学术分科的角度探讨这一问题。胡寄窗第一个提出《管子》是一部伟大的经济学著作的观点，强调其经济思想的独特性与重要性，真正抓住了《管子》这部书的思想实际。

胡寄窗从十个方面对《管子》经济思想做出阐发，其中，轻重理论、货币学说、价格与贸易、财政思想、其他经济政策五部分是对《管子》所认识到的经济运行规律及建立在规律之上的经济政策的梳理阐发，其他五部分则是对《管子》所持有的唯经济论观点、富民政策的人性论基础、对财富等基本经济观念的说明等。

与先秦其他诸子之书相比，《管子》更看重经济的社会作用。它"将政治、伦理观点全部建筑在人们的物质生活条件上面"[①]，"把德、义、礼赋予这种具体的物质经济内容，在中国古代思想家中是很少见的"[②]。《管子》认为，社会伦理是否有实践意义，即是否能起到应有的作用，要以人民物质生活条件为判断标准，道德方面的诸多要求在其本质上均含有经济的内涵。《管子·五辅》篇认为，德有六兴，这六兴分别指厚其生、输之以财、遗之以利、宽其政、匡其急、振其穷，又认为义有七体、礼有八经，这七体、八经也分别包括经济方面的内容，如养亲戚、备饥馑和贫富有度等。《管子》所言"仓廪实知礼节、衣食足知荣辱"正申此意。不仅如此，国家政治统治也要建立在物质资料的生产之上，"凡有地牧民者，务在四时，守在仓廪"[③]。

---

① 胡寄窗：《中国经济思想史》（上），上海：上海人民出版社，1962年，第291页。
② 同上书，第292页。
③ 《管子校注》卷第一《牧民第一》，第2页。

既然国家管理必须从经济入手，那么政治的第一要务就是使人民富裕。可见在政治论方面，《管子》也是看重经济的决定作用的，或者说，它坚持富民政治，在很大程度上把国家的安危、政治的良窳托放在了能否充实人民的物质经济生活的基础上。之所以强调物质经济利益的重要性，是因为《管子》看到了趋利避害的人类本性。人性既然嗜利而避害，则为政者治理国家只有顺民所欲、满足他们物质利益的需求，才是正确的选择。

既然为政需要顺应人性、照顾人情，那么很自然地会得出对于人民群众的集体智慧、舆论风向也应予以充分关注的结论。《管子》认为，人民群众的智慧，从个别的人看似乎愚笨，从人民的集体看，却不亚于圣人。统治者要与群众结为一体，政令才可能推行无阻。人民的观察是透彻正确的，统治者有良好的表现，人民就会表扬；有过错，人民就会批评。所以，要以人民的意志去衡量居上位者的善恶。胡寄窗指出，"这是何等卓越的见解，这种见解决非当时各家之说所可同日而语"[1]。而其"利之所在，虽千仞之山，无所不上，深源之下，无所不入"[2]一句对人类自利本性的揭示，更让胡寄窗感叹："好一个自然主义的个人自利境界，虽亚当·斯密所描绘的伦敦桥之清晨熙来攘往情况，亦不过如是。"[3]

17世纪英国古典经济学家威廉·配第提出"土地是财富之母，劳动是财富之父"的观点，成为经济学领域的伟大创见。

---

[1] 胡寄窗：《中国经济思想史》（上），上海：上海人民出版社，1962年，第302页。
[2] 《管子校注》卷第十七《禁藏第五十三》，第1015页。
[3] 胡寄窗：《中国经济思想史》（上），上海：上海人民出版社，1962年，第300页。

第八章 当代学术分科研究定型化：1949年以来的《管子》学术

事实上，类似的观点在两千年前的《管子》一书中就被提出来了。《管子·小问》说："力地而动于时，则国必富矣。"[①] 力，指人民的劳动；地，指土地。人民按时从事土地的耕作，则国必富饶。土地是一项重要生产资料，而劳动是财富的根源，对于财富而言，土地、劳动二者缺一不可。《管子》不仅认识到土地、劳动在物质财富生产中的重要意义，还认识到两者适当结合在财富生产中的重要性。"地大而不为，命曰土满。人众而不理，命曰人满。"[②] 土地广阔，却不积极进行农业生产的劳动力投入，反而产生土地太多的累赘；劳动力众多，却不积极进行土地的开垦耕耘，反而产生人口过多、劳动力过剩的累赘。前者造成土地荒芜，后者可能引起财富不足。"不从土地或人口的绝对数量去理解问题，而从它们对生产或就业的相对关系上去考察，这是《管子》对这一概念的发展。"[③]

尚俭是中国文化的一贯传统，《管子》也提倡节俭，不主张过度铺张浪费。如果《管子》单纯提倡节俭，那就没有什么特别之处了。事实上，它在消费问题上是崇俭与倡侈并提的，这便使它与其他书籍迥然不同。首先，《管子》提倡节俭，但并不提倡过分节俭，而是适度的节俭。它反对奢侈，但不是在任何条件下都反对奢侈，言外之意，只要社会生产具备一定条件，适当奢侈也是可以的。《管子·乘马》说："俭则伤事，侈则伤货。"[④] 胡寄窗认为，《管子》提出这一著名论断，是从黄金使

[①] 《管子校注》卷第十六，第955页。
[②] 《管子校注》卷第九《霸言第二十三》，第471页。
[③] 胡寄窗：《中国经济思想史》（上），上海：上海人民出版社，1962年，第299页。
[④] 《管子校注》卷第一，第88—89页。

用角度来考虑的。他阐释说，节俭导致黄金消耗量减少，消耗量减少意味着流通领域黄金数量增多，从而使黄金相对于其他商品的价格偏低。黄金价格偏低，会从根本上妨碍生产营利活动，故曰伤事。奢侈导致黄金消耗量剧增（如用作饰物器具等），消耗量剧增意味着流通领域中黄金数量减少，从而使其他商品相对于黄金的价格偏低。商品价格偏低，会从根本上妨碍商品生产，故曰伤货。胡寄窗以"俭则伤事，侈则伤货"说明《管子》的消耗观，是正确的。他做出以上阐释是否符合《管子》原意，有待进一步讨论。不过，"俭则伤事，侈则伤货"观念的提出，至少说明《管子》的消费观绝不是单纯的俭或单纯的奢。那么，在什么条件下可以实行奢侈消费呢？《管子·侈靡》是一篇专门讨论奢侈问题的文章，它提出"兴时化（货）若何？莫善于侈靡"[①]的论点。对此，胡寄窗阐释说，所谓兴时货，是生产品造成积压，以致阻碍了再生产的进行，但又想推动生产正常发展，这个时候，就要考虑侈靡消费了。比如，国家可以通过提倡重葬长丧，包括增加棺椁垄墓的装饰、多种植坟茔树木、增加殉葬的金玉器物、延长亲友之间的送丧时日等方式，消耗掉大量的生产品，以使卖者得其利、劳者得其食，推动社会再生产的进行。由此可见，《管子》是站在生产与消费的角度谈论侈靡问题的。"侈靡论的主旨在说明一个社会生产与消费的关系，说明生产与消费彼此不能脱节，生产和消费如果脱了节，社会再生产就会受到很大的破坏。"[②]

[①] 《管子校注》卷第十二，第633页。
[②] 胡寄窗：《中国经济思想史》（上），上海：上海人民出版社，1962年，第318页。

胡寄窗重点阐发的是《管子》对经济规律的揭示以及对规律的政策运用。他认为,《管子》的全部经济学说建立在轻重理论的基石之上,轻重理论对于《管子》经济学说的重要性,就像是价值论之于政治经济学,"在《管子》的全部经济学概念中,以其轻重论为最突出而又最复杂,可谓变化多端,在这里我们看到《管子》作者'天才的闪耀'"[①]。

轻重理论谈论货币问题,但不限于货币。在《管子》书中,但凡树五谷、兴火食、烧山林、焚泽薮、平水土、服牛马、用珠玉,无不是轻重理论的研究对象,几乎包括了古代统治者推行的所有经济措施。就其主要所指,则有以下几个内容:第一,万物轻重之理。商品因缺乏而涨价,引起人们重视,称为重;反之,为轻。商品重,则远方同类商品将输入;商品轻,本地同类商品将输出。第二,谷物轻重之理。谷物作为万物之一,适用于万物轻重之理。但谷物作为人类的命根子,它又有独特的轻重之理。首先,谷重则万物轻,谷轻则万物重。其次,谷物轻重之理最特殊之处在于"谷独贵独贱"[②],即谷物本身的轻重起着一种能动作用。它和万物对比产生的轻重关系表面上是相互作用,实则万物随谷物之轻重而做相反的变动。第三,货币轻重之理。《管子》将货币看作一种流通手段,提出通过对货币的敛散以调剂供求,它和万物一样,也存在轻重变化。

轻重内涵已如上述,《管子》又从复杂的社会经济现象中,总结出两类与轻重有关的运行规律。一类是单独一种商品的轻

---

① 胡寄窗:《中国经济思想史》(上),上海:上海人民出版社,1962年,第319页。
② 《管子校注》卷第二十一《乘马数第六十九》,第1237页。

重运行规律。如《国蓄》篇说的"物多则贱，寡则贵。散则轻，聚则重"①。一类是诸多商品间的轻重运行规律，主要指各种商品之间的对比关系。包括：首先，货币购买力的大小与万物价格的高下成反比例，即"币重而万物轻，币轻而万物重"②。其次，由于谷物也是万物之一，货币购买力的大小与谷物价格的高下成反比例，即币重谷轻、币轻谷重。最后，《管子》把谷物从万物中抽取出来，使二者的价格也形成一种对比关系，即"谷重而万物轻，谷轻而万物重"③。

充分掌握了商品轻重运行规律，接下来就是如何运用这些规律制定出经济上的政策措施。胡寄窗认为，《管子》对轻重规律加以运用的总的精神是"以重射轻，以贱泄平"④，即当市场上某种商品供过于求，其价格会跌落到适当的水平之下，这时国家及时收购，使其价格回涨；当商品供不应求，其价格会高涨到适当水平以上，这时国家及时出售，使其价格回落。这一措施有两个目的：一方面是使商品价格常接近于某种理想水平而不致于过高或过低；另一方面是在一射（收购）一泄（出售）中，国家获得大量盈利。在总的精神指导下，《管子》又分别制定出对内、对外两种不同场合下的经济措施。

在国内经济活动中，《管子》主张敛之以轻（物多价低之时）、散之以重（物少价高之时）。一方面，可以调节市场供求，平抑物价；另一方面，政府可以借此充实国家财政。在对外经

---

① 《管子校注》卷第二十二，第 1274 页。
② 《管子校注》卷第二十二《山至数第七十六》，第 1342 页。
③ 《管子校注》卷第二十一《乘马数第六十九》，第 1237 页。
④ 《管子校注》卷第二十二《国蓄第七十三》，第 1269 页。

济活动中，为了保持本国重要物资不使外流，不再考虑国际商品的轻重平衡问题；相反，应经常保持使国内物价偏高的贸易局面，以使天下财物尽可能流入己国。要使财物流入己国，需要储备大量黄金。《管子》主张利用己国独占垄断地位的商品，如齐国食盐，以高价换取他国黄金的方式解决这一问题。总之，在对外经济活动中，对于一般物资尤其是谷物，必须实行使国内谷价偏高的经济措施，以吸引谷物流入；对于具有垄断性质的国内物资，必须反其道而行之，以垄断高价让其尽量外泄。"换言之，轻重原则在国际上之运用不是要发挥调剂作用，而是要因天下之轻或乘天下之重，以达到最后控制天下之目的。"[1]

在对轻重理论这一《管子》经济学说基础进行整体阐释的基础上，胡寄窗又进一步论述了其中涉及的具体经济问题及经济政策。

《管子》中有许多关于货币的论说，胡寄窗通过梳理，总结出了《管子》认可的货币的四种职能：流通手段，支付手段，世界货币，储藏手段。同时也指出，《管子》并未提及价值尺度这一职能，成为它在货币认识上的一大缺陷，"不过，《管子》在二千年前对货币各种职能，除价值尺度一点外，都各有不同程度的理解，已算是很难得的了"[2]。围绕货币问题，《管子》形成了货币数量理论。这一理论认为，物价的变动随流通中货币数量的增减而涨跌，而单位货币的价值也随流通中货币数量的多寡而升降。从经济学角度考虑，胡寄窗并不认可这一观点，

---

[1] 胡寄窗：《中国经济思想史》（上），上海：上海人民出版社，1962年，第333页。
[2] 同上书，第337—338页。

"由于《管子》作者没有明确的价值概念，因此对于金属货币本身的价值也是惝恍迷离的，既未明白加以肯定，也未明确予以否定。在这样情况下，自然会堕入货币数量说的泥坑"①。胡寄窗之所以单独论述《管子》货币数量说，显然是站在了历史发展的高度："我们在这里介绍《管子》的货币数量说，既不是对这个错误理论有偏好，也不是要对它进行重点批判，主要是让那些短视的现代资产阶级庸俗经济学者知道他们的臭名远扬的货币数量说决不是十七世纪以来才有的新东西，早在二千多年前已有较详细的论述了。"② 针对货币功用及运行规律，《管子》提出了它的货币政策：第一，政府垄断货币的铸造与发行。第二，根据货币的分类，即珠玉为上币、黄金为中币、刀布为下币，通过掌握黄金这一中币，有意识地变动黄金购买力，以调节珠玉及刀布的购买力。第三，通过货币回笼与投放，直接控制重要商品，间接左右其他商品的价格。

《管子》虽然主张通过掌控货币、谷物以平衡万物价格，但这里的平衡并不是要求万物价格保持绝对的、完全的稳定，"这是《管子》价格概念的主要精神，也是其很有价值的见解之一"③。《管子·轻重乙》假借桓、管问答认为："衡无数也。衡者，使物一高一下，不得常固。"④ 胡寄窗阐释说："《管子》心目中所谓'衡'，以政治经济学的名辞来说，就是商品价格不断绕一个中心而上下摆动的均衡运动，所以，在它看来，绝对稳

---

① 胡寄窗：《中国经济思想史》（上），上海：上海人民出版社，1962年，第339页。
② 同上书，第338页。
③ 同上书，第346页。
④ 《管子校注》卷第二十四《轻重乙第八十一》，第1467页。

第八章 当代学术分科研究定型化：1949年以来的《管子》学术

定之物价是不可能也是不必要的，须在价格一高一下之中以求其准平，不能使其常固。"[1] 并评价道："在《管子》的时代能对价格的动态提出这样的基本认识，确属很有见地，虽然它还未理解价格上下摆动须围绕怎样一个中心（即价值）。正因为《管子》认识到市场价格的'一高一下'是客观事实，它的价格政策即以此客观事实为依据，并进一步利用客观价格动态的一高一下以调节人民的经济活动，这里，《管子》是在不自觉地利用价值规律的调节作用。"[2]

与经济活动联系密切的还有市场。有关市场问题，中国历史上涉足讨论的人少之又少，但在《管子》一书中，却是重要话题。市场供给人民缺乏的物品，应普遍设立。万物的价格贵贱，只有通过市场活动才能得到最后确定。通过市场上商品与价格的动态运动，可以察觉重大经济问题，借以测知国家治乱的先兆。通过市场，可以了解到哪些商品生产得太多、哪些商品生产得太少，但市场本身不能生产商品，不能直接决定商品数量的多少。其他又如，市场是取得天地之财的工具，人人都可以在市场上通过交易各得其利；市场能起到观摩鼓励的作用，通过市场可以推动生产事业；等等。以上这些对市场性质及作用的分析，绝大多数"在十九世纪末期以前的中国历史上未曾有过，甚至能复述它的这些观点的人也是罕见的。《管子》关于市场的这些观点，在今天看来，都没有什么奇特，甚至有的还

---

[1] 胡寄窗：《中国经济思想史》（上），上海：上海人民出版社，1962年，第346页。
[2] 同上书，第346—347页。

不正确。但历史地加以考察，尤其是在资产阶级经济学出世以前这一漫长历史时期内，《管子》所反映的某些观点，是很难得的"①。

当然，《管子》经济思想对秦汉以后的历代封建王朝影响最大的，要属它的财政思想。通常意义上，国家财政收入以人民缴纳赋税为主。《管子》把赋税分为两类：一类是强制性的赋税，如关市税、房屋税、人头税、户税等；一类是人民自愿缴纳的赋税，如土地税及各类租金。与其他思想家类似，《管子》也主张薄赋敛，但在薄赋敛之外，《管子》针对强制类赋税提出了自己的反对意见。它认为，强行的赋税只会妨碍生产。而且，通过下发政令强行征收人民的财物，那么人民就会为缴纳赋税而不惜低价出售其商品以交付税款；征期越短，人民损失会越大。"财政榨取的时限给被统治阶级造成的损害，常会较沉重的赋税本身还要沉重得多。这一弊害在中国历史上是《管子》第一次指出来的。"② 赋税的征收应努力做到"见予之形，不见夺之理"③，即表面上对人民有所赐予，实际上却是无形中剥夺了人民的某些利益。"《管子》在赋税征课方式上所提出的这一诈欺巧取原则，与十八世纪欧洲的财政剥削能手所谓'拔最多的鹅毛而不让鹅叫'的办法比较，似乎还要'巧妙'些。"④

胡寄窗认为，主张以政府的经济收入代替对人民的征税，是《管子》财政学说的最大贡献。《管子》所主张的政府经济

---

① 胡寄窗：《中国经济思想史》（上），上海：上海人民出版社，1962年，第352页。
② 同上书，第356页。
③ 《管子校注》卷第二十二《国蓄第七十三》，第1259页。
④ 胡寄窗：《中国经济思想史》（上），上海：上海人民出版社，1962年，第356页。

收入有以下几个方面：一是政府经营谷物的收入，二是政府对盐的垄断收入，三是政府对铁制品的专卖收入，四是山泽产品的租赁收入。这些经济收入，主要是通过贸易交换获得，而不是来自封建国家直接经营生产活动，"故在其思想意识上仍不能摆脱古代思想家重视流通和从流通过程中产生剩余生产物的错觉"①。

从以上分析可知，在经济管理方面，《管子》内含国家干涉主义的经济思想。但《管子》的干涉思想不是偶然的政策措施，而是全盘设计的经济指导方针，这具体表现为它的国轨思想。对此，胡寄窗解释说："所谓国轨，就是封建国家的经济立法或规划。……它的国家经济立法或规划的范围非常广泛，而各种问题又互相结合，自成体系。规划的范围包括土地、人口、国用、女事、货币等方面，不仅有总的原则，且在每一项具体活动上也有较细致的考虑。这些规划，都是通过对经济事物之调查与了解所得出来的结论，并非完全出于主观主义的闭门造车。一旦规划确定以后即按照执行，此即《管子》所谓'轨守其数'。"②

总之，在胡寄窗看来，《管子》一书是中国古代历史上伟大的经济学巨著。"以质来说，除价值论及'经济循环'学说外，对社会经济活动领域中各个方面的问题差不多都曾接触到，而且都有它的独特见解。即使我们将视线扩大到世界范围，在前资本主义的一个漫长时期内，也罕有像《管子》这样辉煌而丰

---

① 胡寄窗：《中国经济思想史》（上），上海：上海人民出版社，1962 年，第 359—360 页。
② 同上书，第 361 页。

富的经济论著。"① "《管子》的经济思想，如个人自利观念，侈靡论，轻重理论，货币数量说，价格概念，市场概念，财政上扩大经济收入等，尤其是其中与商品流通有较密切关系部分的理论分析，大都接近了初期资产阶级古典政治经济学的水平，甚至某些地方还有它的独到见解。"② "《管子》的经济思想，集中反映了新兴商人阶级的观点，并在一定程度上代表了新兴封建地主阶级和小私有者阶层的政治经济要求。《管子》研究问题的出发点始终未离开整个封建国家，它的经济政策能在封建统一帝国建立以后的二千年中发生相当作用的原因，也在于此。"③

二、体系完善，个性鲜明：赵靖等对《管子》经济思想的诠释

受西方经济学说史著作的影响，20世纪很长一段时间，研究中国古代经济思想的学者采用"商品——资本"的研究模式。但是，中国古代经济以地主土地所有制为制度基础，不同于西方资本主义时代以资本关系为基础生产关系、以商品生产为主要生产方式和以商品、价值、货币、利润、利息为活动中心的经济方式，生硬地套用西方"商品——资本"研究模式可能不适宜解决中国本土的经济问题。

20世纪80年代末90年代初，一部在研究思路上具有重大

---

① 胡寄窗：《中国经济思想史》（上），上海：上海人民出版社，1962年，第367页。
② 同上书，第367—368页。
③ 同上书，第367页。

第八章 当代学术分科研究定型化：1949年以来的《管子》学术

创新，从地主土地所有制制度的实际出发，尝试采用地产——地租、赋役的研究模式来把握、诠释中国古代经济思想的著作——赵靖主编的《中国经济思想通史》（以下简称《通史》）出现了。在当代众多的《管子》经济思想研究成果中，这是一部理论体系完善、研究个性鲜明、尤其能阐发《管子》经济思想特色的学术著作。这部著作共有两章内容讨论《管子》经济思想：第九章《东国法家》和第十八章《〈管子〉轻重论》。

1. 东国法家的经济思想

所谓东国法家，是与秦晋法家相对而言的，指战国时期活跃于齐国的法家。《通史》认为，《管子》除《轻重》十九篇外，其他很多篇章是由东国法家撰写的。其中，《牧民》《立政》《权修》《乘马》《八观》《五辅》《禁藏》等篇内含丰富的经济思想，集中体现了东国法家对当时经济问题的思索。

《通史》认为，东国法家讨论经济问题有一个明确的主题，那就是如何使国富、使民富。围绕这一主题，东国法家对当时社会中面临的一些重大经济问题，如生产、流通、财政等都进行研究，形成了以富国富民论为中心，包括强本论、正地论、工商论、理财论在内的完整的经济思想体系。

所谓富国富民，就是既重视富国，又重视富民，且认为富国、富民是统一的、一致的。一方面，治理国家首先要发展经济使国家富裕，只有国家富裕，才能使人民前来归附，才能使人民安居乐业。另一方面，国家统治者有责任使人民富裕，因为人民富裕了，才肯为统治者出力效劳。富国、富民二者是相互支持的关系。

东国法家的富民论来自对人性好利的深刻认识。既然人性欲利,最高统治者就应该选择适当方式,让人民主动地从事生产、交易等经济活动,使他们获得私人财富。东国法家认为,应该对私人经济活动采取不干涉的政策,即尽可能减少对人民的干扰,只有这样,才有利于发挥人民的生产积极性,有利于在增加生产、发展经济的同时,使社会财富得以更大的增长,使国家因之富强。这样的观点,与秦晋法家利用国家政权对人民求利活动进行严格干涉是不同的。

《管子》认为,所谓有德,就是厚其生、输之以财、遗之以利、宽其政、匡其急、赈其穷;所谓有义,也应包含发展生产以备饥馑的内容。这说明在东国法家看来,"礼义等抽象的伦理范畴无不包含着具体的经济内容,重视发展经济以富国富民,正是礼义的本意"[1]。仓廪实知礼节,衣食足知荣辱,先让人民富裕起来,整个社会才有可能形成厉行礼义廉耻的良好风气。由此可以看出,东国法家"在经济与道德、经济与政治、法律的相互关系中,实际是把发展经济看作首要的第一位的因素,这是其经济思想的深刻之处。东国法家关于经济内容应该纳入礼义内涵的看法,也具有合乎科学的成分,反映了他们在一定程度上的认识到上层建筑对经济发展的巨大能动作用"[2]。

要想富国富民,必须始终把强本事,即发展生产放在首位。东国法家认为,生产是国家财政的来源,只有生产发展、

---

[1] 赵靖主编:《中国经济思想通史》(第一卷),北京:北京大学出版社,1991年,第277页。
[2] 同上书,第278页。

社会财富增长，国家的财政收入才会有充足的来源保障。要保证生产发展、财富增长，必须抓住财富生产的两个因素——土地和人力，让人口与耕地保持适当比例关系，在生产满足个人生活需要的基础上，使国家、家庭双方均有一定的粮财储备。为此，东国法家还根据当时的劳动生产率、百姓的一般生活水平，做出人均耕地三十亩就可以实现富国富民基本需要的比例估算，"它比《商君书》的人、地比例思想要细致得多，也更有理论深度。这一思想，达到了先秦人口经济思想的最高发展水平"①。

东国法家认为，土地是国家政治的基础，土地的占有使用不合理，就会影响国家治理。所以，必须对土地加以适当匡正，要"长亦正，短亦正，小亦正，大亦正，长短大小尽正"②。在正地问题上，首先要均平土地经营使用权。全国各地土地不一，有山地，有泽地，有樊棘杂处之地，有蔓山之地，有汛山之地，有流水之地，有林地。国家按照适当的比例标准，将各种类型的土地折算成适宜耕种的一定面积的土地，然后均平地租给农民耕种。其次，要在国家和劳动者之间适当地分配劳动产品。在均地分力的前提下，从事生产的劳动者已经是具有封建性的租种国家土地的农民了。国家必须制定政策，让他们把剩余的劳动产品交给国家，生产者自己只留下必要的生活所需。匡正土地，只有在分地、分力、分货中才能实现。

强本正地主要针对农业，富国富民还必须解决好工商业问

---

① 赵靖主编：《中国经济思想通史》（第一卷），北京：北京大学出版社，1991 年，第281 页。
② 《管子校注》卷第一《乘马第五》，第 85 页。

题。站在社会发展必须依赖社会分工的理论高度，东国法家把士、农、工、商视作国家重要的组成成员。既然手工业者、商人是社会力量的重要组成部分，在经济生活中的作用不容替代，所以要想富国富民，就必须充分发展工商业。手工业者生产劳动工具和生活用品，商人使各地区之间的物资交流变得简单易行，没有百工，没有商业，农民的农业生产就不能正常开展，民众的日常生活就会因器具缺乏而极不方便。基于以上认识，东国法家主张对那些进出关卡、边境的工商业者，只进行货物稽查而不征税；对于进入市场的工商业者，为他们指定货物存放的地点，借以了解货物的性质、数量，也不对他们征税，以此鼓励国家间的贸易往来，促进工商业繁荣。在肯定工商业并为工商业发展提供方便的同时，东国法家也看到工商业与农业之间存在争夺劳动力的矛盾问题。他们认为，经营工商业的人多，从事农业的人必然减少，从而导致国贫而用不足。因而，他们主张从政治到社会舆论采取一些限制百工商贾的政策，如规定商贾不能在朝做官、不能穿羔皮及貂皮做的衣服等。

富国最直接的体现是增收国家财政，财政充裕是国富的直接标准。在这一问题上，东国法家认为，通过加重税租、赋敛来使国家财富增多，并不是值得提倡的理财方式。在国家理财问题上，他们提倡"藏富于民，通过轻徭薄赋，把较多的剩余劳动产品保留在私人手中，以推动整个社会经济的更快发展"[①]。

[①] 赵靖主编：《中国经济思想通史》（第一卷），北京：北京大学出版社，1991年，第293页。

他们认为好的财政政策有利于生产发展，不好的财政政策会造成生产力破坏和生产下降。依藏富于民的理财原则，东国法家主张在国家财政问题上取民有度，反对竭民财、疲民力的赋敛无度的财政政策，主张国家在财政支出方面用度适当，并奉行节俭的原则。"战国时代正处于中国封建社会的上升阶段，封建生产方式在全国范围内刚刚建立起来，新兴地主阶级作为新的生产方式的代表，进取性和创业精神占主导方面。他们为了追求更多的财富以加强、壮大自己的经济力量，对'地辟举''务地利'即开垦更多土地和增加产量较有兴趣。这样，东国法家提出的'轻徭薄赋'政策可以把农民和地主的生产积极性都调动起来，对富国富民会起到较大的作用。"[1]

总之，东国法家把富国、富民并提，认为二者统一不可分。他们主张"府不积货，藏于民也"[2]，始终把富民放在首要位置，这是"中国古代的'藏富于民'思想的第一次明确的、公式式的表述，它同《商君书》中'家不积粟，上藏也'，正好是两个针锋相对的命题"[3]。

2.《管子》轻重论的经济思想

《通史》认为，封建主义生产方式要为自己的发展开辟道路，不仅要巩固农业领域的统治地位，还需要向工商业领域进军，扫荡打击奴隶主势力。为了适应这个要求，专为封建政权夺取工商业阵地服务的理论——轻重论就产生了。轻重论强调

---

[1] 赵靖主编：《中国经济思想通史》（第一卷），北京：北京大学出版社，1991年，第295页。
[2] 《管子校注》卷第一《权修第三》，第52页。
[3] 赵靖主编：《中国经济思想通史》（第一卷），北京：北京大学出版社，1991年，第297页。

国家利用经济手段加强对社会的控制，并把国家直接经营工商业作为实行经济控制的关键，因而在本质上是一种官商理论。这种具有官商性质的封建经济理论——轻重论，主要保存在《管子》的《轻重》篇。《轻重》篇"基本上是在西汉时期逐渐形成的……是在从汉文帝直到汉武帝时期的八九十年间（公元前179年至前87年）逐渐积累起来的，是这样的一个长时期中人们关于经济政策和经济思想的争论的有关材料的汇集"①。

轻重论由三部分组成：轻重之势、轻重之学和轻重之术。轻重之势强调封建政府在经济领域中的集权与专制，轻重之学是关于商品货币流通中的轻重变化的原理及一些规律性认识，轻重之术是关于轻重论具体实践中的手段和方法。它们相互联系，形成轻重论的严密学说体系。

轻重论认为，封建政权不仅要在政治上取得专制统治地位，在经济领域也要争取控制支配权。如果能做到"予之在君，夺之在君，贫之在君，富之在君"②，取得经济上的轻重之势，才是真正的善于治理天下。政治上的统治地位，是靠直接的暴力强制来维持的，暴力强制不但有实施范围的限制，还会引起人民的反抗。在经济上取得支配地位，能直接控制人民的生活命脉，广大人民为了生存，将不得不服从国家意志、听受国家驱使。这种经济上的统治，不但比政治上的统治更深层、更本质，且比直接的暴力强制更少阻力、更有效。如果丧失经济上的轻重之势，不但不能有效地控制整个国民经济，且会使经济大权

---

① 赵靖主编：《中国经济思想通史》（第一卷），北京：北京大学出版社，1991年，第546页。
② 《管子校注》卷第二十二《国蓄第七十三》，第1262页。

第八章 当代学术分科研究定型化：1949年以来的《管子》学术

旁落，使国家财源枯竭。轻重论把这一现象称为"君不守以策，则民且守于下，此国策流已"①。策，就是指取得轻重之势的各种策略。丧失经济上的轻重之势，还会使国计民生遭受极大损害，不但加大贫富分化，影响社会稳定，且会引起国家经济权力下移，使地主诸侯倚仗手中的经济权力与国家争夺人力、物力，实行分裂割据。

基于以上认识，轻重论认为要从三个方面取得轻重之势。首先，由于富商大贾囤积居奇、操纵市场，不但重利剥削农民，还成为封建经济与封建政权的主要竞争对手，所以，必须对富商大贾取得轻重之势。其次，封建政权的权力争夺总是从君王的宗亲开始，所以必须削减他们的封地，剥夺他们铸币、煮盐、冶铁等经济特权，取得对诸侯的轻重之势。最后，掌控人民经济生活水平，主动平衡贫富差异，借消除人民之间的贫富不均，取得对人民的轻重之势。

对于轻重之学，《通史》诠释说："轻重论者认为，商品货币流通过程中的一些事物，如商品、货币、价格、供给、需求等，是变化有'数'，即有一定规律可寻的。他们强调，封建国家要直接进入社会经济活动领域，经营工商业，影响和控制整个国民经济，取得轻重之势，就必须'通于轻重之数'，对商品货币流通的一些规律性的问题有所了解和研究……这部分内容就构成为'轻重之学'。"② 轻重之学主要包括三组经济方面的

---

① 《管子校注》卷第二十一《乘马数第六十九》，第1233页。"下"，原为"上"，据张佩纶说改。
② 赵靖主编：《中国经济思想通史》（第一卷），北京：北京大学出版社，1991年，第561页。

运行原理。

第一组是关于货币、粮食的决定作用及其相互关系方面的。轻重论认为,要取得轻重之势,离不开对货币、粮食二者性质的认识及其相互关系的深入了解。首先,轻重论指出,"五谷食米,民之司命也。黄金刀币,民之通施也"[1]。粮食是人民命运的支配者,黄金和货币是民间经济往来的流通手段,二者构成支配经济生活、安定社会政治乃至驾驭天下的主要工具和杠杆。其次,轻重论描述了粮食和货币比价变化的规律。在商品流通过程中,粮食价格和货币购买力的变化由市场上粮食和货币供求状况决定,如果流通中的粮食数量少而货币相对数量增多,则表现为货币购买力降低而谷物价格上涨;如果流通中货币数量少而粮食相对数量增多,则表现为货币购买力提高而谷价下降。

第二组是关于货币、粮食同其他商品关系方面的。轻重论认为,通过操纵、调节和改变货币、粮食的轻重关系,能控制、影响其他各种商品的价格和供求。首先,轻重论认识到货币与其他各种商品之间存在比价变化规律,即"币重而万物轻,币轻而万物重"[2]。其次,认识到谷物与其他各种商品之间存在比价变化规律,即"谷重而万物轻,谷轻而万物重"[3]。货币是特殊商品,谷物则是普通商品即万物中的一种。既然币重万物轻、币轻万物重,谷物已经包含于万物之中,为什么又单独拿出谷物,分析谷物与其他万物之间的轻重关系呢?《通史》解释说:

---

[1] 《管子校注》卷第二十二《国蓄第七十三》,第1259页。
[2] 《管子校注》卷第二十二《山至数第七十六》,第1343页。
[3] 《管子校注》卷第二十一《乘马数第六十九》,第1237页。

第八章　当代学术分科研究定型化：1949年以来的《管子》学术

"这是因为，轻重论者在一定程度上认识到，谷物能够成为封建王朝垄断社会经济命脉的重要工具，不仅在于谷物在社会经济生活中，处于'民之司命'即关系百姓生存的最基本生活资料的地位；而且在于，在当时自然经济占支配地位，商品经济还不很发达的情况下，谷物经常以一般等价物的姿态出现，其他商品价格的高低，在很多情况下表现为同谷物比价的变化。因此，轻重论者把谷物从其他一般商品中分离出来，看作是和其他各种商品不同的商品。"[①]

第三组是关于商品价格与供求关系方面的。首先，"多则贱，寡则贵"[②]。轻重论认为，商品价格随着供求状况的变化而变化，供过于求，价格下降；供不应求，价格上涨。造成供求变化有三个原因：一是年成丰歉，二是国家政令急缓，三是人为地对商品进行囤积聚散。其次，价格波动也会影响供求变化，即"轻则见泄，重则见射"[③]。当某商品价格上升时，它会成为人们抢购、囤积的对象，即"见射"（人们抢购囤积，以待更高价格出售以获厚利，这时该商品会因疯狂抢购而数量减少）；当某商品价格下跌时，它会成为人们竞相抛售的对象，即"见泄"（人们竞相抛售，以避免继续跌落而遭受更大损失，这时该商品会因竞相抛售而数量剧增）。

在对轻重之学，即商品、货币、价格、供给、需求及其相互之间变化规律认识了解的基础上，轻重论围绕如何取得和保

---

① 赵靖主编：《中国经济思想通史》（第一卷），北京：北京大学出版社，1991年，第564—565页。
② 《管子校注》卷第二十二《国蓄第七十三》，第1274页。
③ 《管子校注》卷第二十一《乘马数第六十九》，第1233页。

持轻重之势，提出了一些具体的经济实施策略。第一是"执其通施，以御其司命"①。封建政府掌握作为流通工具的货币，来控制和调节作为人的命根子的谷物的价格和供求，进而利用货币、谷物取得经济领域的轻重之势，"人君操谷币金衡而天下可定也。此守天下之数也"②。第二是"官山海"③ 和"官天财"④。国家对山海资源，尤其对盐、铁从开采、生产到销售的整个过程进行垄断，利用盐、铁加价销售的方式，在看似不征税的情况下增加国家财政收入。第三是"以重射轻，以贱泄平（贵）"⑤。当市场上某商品因供多价低时，为防止私商进一步压价，国家就以略高的价格及时收购，使其因市场供少而价格回升；当市场上某商品因供少价高时，为防止私商继续抬高价格以牟暴利，国家就把之前收购的商品低价抛售，以此阻止价格上升。借用这两种方式，国家既稳定了市场，限制打击了投机商人，又可以在一射一泄即一买一卖中获得巨额赢利。第四是"见予之形，不见夺之理"⑥。人民对于给予自己某些利益的行为总是高兴的，对于剥夺自己某些利益的行为（如赋税）总是不满的。所以，在财政获取的问题上，国家必须作为生产流通活动的直接担当者进入市场，通过国营工商业向百姓销售商品以获取大量财政收入，巧妙地寓税于价而不使人民看到任何的对

---

① 《管子校注》卷第二十二《国蓄第七十三》，第1259页。
② 《管子校注》卷第二十二《山至数第七十六》，第1342页。
③ 《管子校注》卷第二十二《海王第七十二》，第1246页。
④ 《管子校注》卷第二十二《山国轨第七十四》，第1290页。
⑤ 《管子校注》卷第二十二《国蓄第七十三》，第1269页。
⑥ 同上书，第1259页。

其进行剥夺的迹象。第五是"籍于号令"①。国家运用行政命令，通过强制性规定和下达指令性任务等行政手段来控制经济。第六是"斗国相泄"②和"可因者因之，乘者乘之"③。轻重论把对外贸易作为同他国进行斗争以取得轻重之势的重要手段：一方面，竭力把本国所拥有的粮食和重要物资保持在国内；另一方面，对他国所拥有的粮食和重要物资要想办法去"泄"，使其流到自己国内来。垄断了粮食和其他重要物资，就能在经济上进而在政治上支配他国，取得对他国的轻重之势。此外，在对外贸易中，还可以发挥自己的经济优势，同时寻找和利用他国的弱点和经济困难，以己之长，因彼之短，取得对他国的轻重之势。第七是"通于轨数"④。轻重论认为，运用轻重之术不仅要以轻重之学的相关原理为依据，还要对社会经济情况进行周密的调查统计，比如全国土地的数量、肥瘠，人口的数量及构成，粮食的产量及粮价等。只有掌握了充分的资料数据，才能在经济领域取得轻重之势。从以上的梳理论述看，《管子》轻重论已形成"一个具有多层次联系的有机整体"⑤。

  作为官商理论的轻重论，其最终目的是增收国家财政，借对社会经济的控制巩固封建政权。那么，在历代的政府财政实践中，轻重论到底发挥了怎样的历史作用呢？《通史》说："轻重论在汉武帝时代得到了大规模的、全面的推行，在实践上获

---

① 同上书，第 1279 页。
② 《管子校注》卷第二十一《乘马数第六十九》，第 1233 页。
③ 《管子校注》卷第二十四《轻重丁第八十三》，第 1481 页。
④ 《管子校注》卷第二十二《山国轨第七十四》，第 1282 页。
⑤ 赵靖主编：《中国经济思想通史》（第一卷），北京：北京大学出版社，1991年，第 582 页。

得了巨大的成功。……这成了后代理财家千古称羡的理财成就。"[1]"在以后的两千年封建社会中，历代封建王朝直接控制、经营工商业的程度和方法虽然有所不同，但始终没有放弃这一有利于中央集权封建统治的生财之道。其中，食盐的国家专卖更是一直继续下来，到了清代仍是如此。在鸦片战争前，盐的收入仍占清王朝财政收入的十分之一以上。"[2]

《通史》不仅指出轻重论在历代经济实践中发挥了不可替代的重要作用，还特别提到它在中外经济思想发展史上占有的独特地位。如，认为轻重论在"内容的丰富多彩、理论观点的系统明确、思想体系的宏大完整和实施手段的详备细致等各个方面，在资本主义时代以前，是世界罕见的"[3]"轻重论为以后的轻重思想的发展奠定了基础，成为历代有进步倾向的理财家所利用的理论武器。从唐朝的刘晏理财、北宋的王安石变法直到清代第一次鸦片战争前的魏源对漕运、盐政的改革，都是沿着轻重理论所开辟的方向发展前进的。这些改革思想一脉相承，构成了各种具有轻重论色彩的经济思想新模式"[4]。

在现代学术体制已经建立并趋向成熟的时代，《通史》坚持从自己所理解的《管子》经济思想的实际出发，努力还原产生于当时历史环境之下的《管子》学术本真，首先体现出一种研究的魄力胆识和勇于创新的学术态度。在《管子》学术研究由于缺少研究方法上的创新，从而导致学术成果陈陈相因的当下，

---

[1] 同上书，第585页。
[2] 赵靖主编：《中国经济思想通史》（第一卷），北京：北京大学出版社，1991年，第586页。
[3] 同上。
[4] 同上。

这种学术态度尤其值得提倡。其次，在对《管子》富国富民论、轻重论做诠释的过程中，《通史》力求将《管子》不同思想作为不同整体看待，并对其中丝丝入扣的逻辑关系进行梳理、整合，从而构建起《管子》严密的经济思想体系，这是《管子》学的重大收获。再次，《通史》突出了《管子》经济思想的特色，其对《管子》轻重论的诠释真正提炼出了《管子》经济思想的精华，第一次让我们看到《管子》这部历史著作在历代政府财经工作中所发挥出的不可替代的重大作用。这对于扩大《管子》的历史影响、提升《管子》的学术地位意义非凡。

军事、教育及科技思想研究：
1949 年以来的《管子》学术（四）

一、"兵者，尊主安国之经也"：关于《管子》的军事思想

西汉刘歆著录《七略》时，曾将《管子》中讲述兵法的篇章别裁复录于兵家类。但纵观民国前的《管子》学术，对其军事思想的研究从未成为学术热点。中华人民共和国成立后，《管子》军事思想逐渐引起人们的重视，相应地，这方面的研究成果也渐趋增多。在这里，我们拟以 1988 年发表于《军事历史研究》的袁德金《〈管子〉军事思想初探》一文作为代表，略做论述。

该文认为，由于当代学者多从政治、经济、哲学层面对《管子》进行研究，很大程度上忽略了其丰富的军事思想。事实上，《管子》"是继《孙子》之后，在中国古代军事科学的园地里开放出的又一朵绚丽之花"[1]，值得我们深入挖掘。袁德金从

---

[1] 袁德金：《〈管子〉军事思想初探》，《军事历史研究》1988 年第 3 期。

三个方面解读了《管子》的军事思想。

首先是《管子》对战争的总体认识。在古代人看来，战争和祭祀是国家的两件大事，而战争对于维护君主尊严、保障国家安全至关重要。虽然《管子》重视战争，却不主张轻易发动战争。如果实在不可避免，就要采取"至善不战，其次一之"①的方式，尽量在一次战争中解决问题。《管子》认为战争会给国家和人民带来严重威胁，在对战争问题的基本看法上，《管子》采取了既重视又不好战的正确态度，这和孙武、孙膑的思想是完全一致的。"

袁德金说："《管子》已经初步认识到战争有'义'和'不义'之分。"② 战争必须是正义的，正义的战争能得到广大民众的支持，全胜的战争无不是建立在多次正义的战争之上的；相反，尽管士兵勇敢，但由于进行的战争缺乏正义性，就只能在战争中失败。《管子》认为，"军之败也，生于不义"③，就是这个道理。

其次是《管子》的治军思想。《管子》认为，一个国家强大的声誉不是凭空就能建立起来的，军队能否在战争中取得胜利是强国的关键。而要想强其兵，必待国之富。战争对物质财富的耗费是巨大的，一年的战争费用要用光十年的积蓄，一次的战争要耗尽几代人的积累。没有强大的物质财富做后盾，战则必败。要想国富兵强，唯一的途径是发展农业生产。农业发展了，国家有了充足的粮食积蓄，才能做到久战不匮。治军必

---

① 《管子校注》卷第六《兵法第十七》，第325页。
② 袁德金：《〈管子〉军事思想初探》，《军事历史研究》1988年第3期。
③ 《管子校注》卷第六《法法第十六》，第308页。

须重视武器装备的建设,要努力做到武器装备无人能敌。军队有无完备的武器装备,是战争首先要考虑的事情。一般情况下,要先对敌我双方的武器装备做一番考察。因为有了精良的武器,才能在战争中减少士兵的伤亡,才能为战争胜利奠定基础。如果滥用粗钝的武器同敌人作战,那就如同赤手空拳同手拿兵器的敌人搏斗一样,只能白白地把自己士兵的性命送给敌人。《管子》将之称为"器滥恶不利者,以其士予人也"①。在如何保证精良而完备的武器装备上,《管子》提出了三条建议:一是高价购买原材料,选用最精良的材质制作武器;二是挑选优良的工匠,借助他们高超的技艺制作武器;三是建立严格的武器装备试验和检查制度。武器准备好了,还必须有训练有素的将士才能发挥其功用。在对士兵进行军事教育和军事训练方面,《管子》提出一些方法、原则。《管子》认为,有了完备精良的武器装备,再加上教育有方和训练有素的士兵,这样的军队就可以所向无敌了。除以上所述,《管子》还强调以赏罚治军,认为奖赏要明确,要讲信用,这样才会使勇敢的将士得到鼓励,重禄重赏则会使将士不怕牺牲、勇往直前;认为惩罚要公正,要不避亲贵,对那些受宠幸之人不能随意增加功劳,对那些关系疏远、地位卑贱、穷困不知名的人不能忘记功劳。总之,以赏罚治军,努力做到有罪不怨、受赏不贪,使"列陈之士皆轻其死而安难,以要上事",这是"本兵之极"②。

最后是《管子》的作战指导原则。在这方面,袁德金认为

---

① 《管子校注》卷第十《参患第二十八》,第537页。
② 《管子校注》卷第二《七法第六》,第112页。

第八章　当代学术分科研究定型化：1949年以来的《管子》学术

《管子》有许多创新。在中国古代军事思想史上，最早提出"时"的思想的是范蠡。范蠡的"时"的思想，包括时机不成熟不可勉强去做和机不可失、失不再来两个方面。此后孙膑提出抚时而战否则就会兵多而功少的思想。《管子》则强调因时而动、战不违时，强调"以备待时""时至而举兵"，认为只有这样才能"日少而功多"①"这是对先秦兵家'因时''抚时'思想的进一步总结和发展"②。兵圣孙武第一次明确提出知彼知己、百战不殆的作战指导原则，而"《管子》对这一作战指导原则做了较深刻而全面的发挥"③。《管子》认为，在出兵作战之前，要对敌我双方的各种情况，如刚柔、轻重、大小、实虚、远近、多少等进行认真的计算和筹划。另外，在双方交战中，要努力做到知形、知能、知意。知形，就是了解敌方的军事物资力量；知能，就是了解敌方将帅的才能；知意，就是判断敌方的军事行动意图。高明的将领必须做到三知，而尤以知意为最重要。对于双方交战中的细微动向，要注意观察，要做到未报先闻、未显先知，并做出正确判断，《管子》称之为独明、独断。为了能做到独明、独断，《管子》建议使用间谍。

兵圣孙武曾对两军交战中的虚实问题做出研究，并提出避实攻虚的交战原则。《管子》发展了这一原则，不但提出"释实而攻虚"，还对其展开详细的解说：善于进攻的人，要计算好双方的人数、粮食和装备。以人对人，如果敌方人数多，不可以进攻；以粮对粮，如果敌方粮食多，不可以进攻；以装备对装

---

① 《管子校注》卷第九《霸言第二十三》，第469页。
② 袁德金：《〈管子〉军事思想初探》，《军事历史研究》1988年第3期。
③ 同上。

备，如果敌方装备多，不可以进攻。如果进攻，应该避实攻虚，避坚攻弱，避难攻易。进攻敌人的坚固之处，容易受挫折；而进攻敌人的薄弱之处，容易收到功效。拼命去进攻敌人的坚固之处，就等于使敌人的薄弱之处变得坚固；而进攻敌人的薄弱之处，会使敌人的坚固之处变得薄弱。"《管子》对作战中的'虚实'问题的认识，可比孙武深入得多了。"①

在作战指导方面，《管子》还提出"无方胜之几"②的思想。无方，就是无固定的形式；几，就是关键之点。双方交战，要做到无形无象，要善于随着敌我双方情况的变化，灵活机动地改变自己的作战方法，这是取得战争胜利的关键。这一作战思想还被《管子》运用到对兵器的配置上面，具体而言，就是"交物因方则械器备"③，即根据不同的作战对象和条件，采取不同形式的武器装备。"孙武说过：'兵无常势，水无常形，能因敌变化而取胜者，谓之神。'孙膑也说：'胜不可一。''以一形之胜胜万形，不可。'《管子》的贡献在于，它不仅把这一原则提高到作战指导规律的高度来认识，而且把它运用到兵器配置等方面，体现了朴素的军事辩证法思想。"④

总之，作为中国军事科学院专职研究人员，袁德金对《管子》军事思想进行分析论述，是适得其人。此后虽有不少学者做过这方面的尝试，但基本没有突破袁德金确立的从战争观、治军思想和作战原则三方面探讨《管子》军事思想的理论框架。

---

① 袁德金：《〈管子〉军事思想初探》，《军事历史研究》1988年第3期。
② 《管子校注》卷第三《幼官图第九》，第187页。
③ 同上。
④ 袁德金：《〈管子〉军事思想初探》，《军事历史研究》1988年第3期。

二、"终身之计，莫如树人"：关于《管子》的教育思想

《管子·权修》中有一段很著名的话："一年之计，莫如树谷；十年之计，莫如树木；终身之计，莫如树人。一树一获者，谷也。一树十获者，木也。一树百获者，人也。我苟种之，如神用之，举事如神，唯王之门。"① 其中，"终身之计，莫如树人"和"一树百获者，人也"强调了育人的长期性、艰难性和重要性，事实上成为当今"百年大计，教育为本"观念的话语原型。《管子》中还有一篇专讲学生守则的文章《弟子职》，被称作稷下学宫的学则。这些均说明，《管子》的教育思想值得我们重视。当代不少学者撰文对之做出专论，其中较有代表性的是谭佛佑《论〈管子〉的教育思想》和洪石荆《管子教育思想初探》。

谭文较有价值的部分是对《管子》中有关教育的地位与作用论述的诠释。谭文认为，《管子》极为重视教育，因为它把教育的积极作用和一个国家的政治、经济、风俗、人才诸问题都联系了起来。英明的君主不美其宫室、不闻钟鼓之声，不是他们不喜欢大的居处、不爱听美的音乐，而是因为美宫室、听钟鼓的行为妨碍农业生产，妨碍对人民实施教化。"《管子》把教育事业看得和治国富民的'本事'同样重要，充分肯定了教育的地位和作用。"② 《管子》认为，桀纣乱亡、汤武兴国，其中包含了是否彰明道德以施教化的历史教训；人民能够安心定居、

---

① 《管子校注》卷第一，第55页。
② 谭佛佑：《论〈管子〉的教育思想》，《管子学刊》1988年第2期。

军队能够战无不胜，也是由于英明的君主重视了立身行教的原因。为政之要，在得民心；得民心之道，莫如利之；利之之道，在于把教化作为重要的政治内容。"这正好说明，凡是政治清明，人君有为，必然要重视教育，教育也必然会得以发展。"① 而要使"士无邪行""女无淫事"，营造良好的社会风俗，也需要教育，所谓"教训成俗而刑罚省，数也"②。"数"，也就是必然规律的意思。

在涉及《管子》教育思想的内容、方法、措施、特点等方面，洪文有较多阐发。首先，洪文认为《管子》把有利于维护统治者政权的伦理道德作为了教育的基本内容。《管子》说，使人民听从统治者的驱使，让他们舍己而一心为上，这是教育所要达到的最终目的。为了实现这一目的，必须对人民实施四维教化。四维，是四种伦理道德，它们共同组成维护国家政权的四个基本纲领。《管子》主张的以礼、义、廉、耻为内容的伦理道德教育，与儒家宣传的德治、礼治不同，因为《管子》理解的伦理道德"不是空泛的抽象概念，而是建立在一定物质基础之上的"③"这种明确认为伦理道德必须体现在物质利益基础上的观点，在我国古代思想家中还是很少见的。"④

《管子·牧民》说："政之所兴，在顺民心；政之所废，在逆民心。"⑤ 说明《管子》在政治上主张顺应民性。但就其所持有的教育方法而论，却与其政治主张不同。它说："为国者，反

---

① 谭佛佑：《论〈管子〉的教育思想》，《管子学刊》1988 年第 2 期。
② 《管子校注》卷第一《权修第三》，第 56 页。
③ 洪石荆：《管子教育思想初探》，《安徽师大学报》1983 年第 3 期。
④ 同上。
⑤ 《管子校注》卷第一，第 13 页。

民性然后可以与民戚。民欲佚而教以劳，民欲生而教以死。劳教定而国富，死教定而威行。"① "反民性"，就是逆民性而为。为什么为政理国要顺应民性，教化万民却要反其道而行之呢？在《管子》看来，"政教相似而殊方"②，为政理国和教育看起来相似，实质上却相反，"一切政教都是为了满足人民的物质生活欲望，并使之物质生活得到保障""如果民欲佚而不教之致力于生产劳动，就不能积累财富，人民的生活需要就得不到满足；民欲生而不教之死于寇难，人民就无力去抵御外侮，安适生活就得不到保障。只有反其道而行之才能顺其心之所欲"③。可见，在教育方法上要采取"劳教"和"死教"的"反民性"教育，"'劳教'与'死教'一经树立，国家也就富足强大，然后可以威行于天下了"④。

在具体的教育执行措施方面，《管子》提出了"四民分业定居"的主张，也就是按照不同的社会职业进行分工，把他们各自安置在一定的生活区域。对于《管子》"四民分业定居"的思想，洪文解释说："把士、农、工、商四民集团按专业各聚居在固定地区，这是为了使奴隶制行将崩溃时，人民要求从奴隶制生产方式中解放出来所造成的人口流动、混乱局面得以安定下来，并把各自的专业世袭下去，使新兴的封建社会秩序得以长久巩固。如此看来，这种分工理论在当时是有进步意义的。……这种四民分业定居的做法，使同行萃集易于养成专业

---

① 《管子校注》卷第十二《侈靡第三十五》，第661页。
② 同上书，第636页。
③ 洪石荆：《管子教育思想初探》，《安徽师大学报》1983年第3期。
④ 同上。

气氛，可以造成一种良好的社会技术教育环境，因而就能为实现同类技术劳动力的再生产创造良好条件。从教育观点上看待这个问题，无疑是有一定积极作用的。然而，他企图把劳动力世世代代固着在封建所有制的一定职业上，这又使人的发展受到了极大的阻碍。"①

洪文认为，《管子》教育思想的特点是强调启发感化，它以"中道"为准则，要求学、思、行相结合，这与儒家的中和思想很相似。《管子》中体现启发感化的文句集中在其《侈靡》篇，洪文诠释了其大意并认为，《管子》教育思想与孔子所言"唯上知与下愚不移"②的先验论教育观不同。在《管子》看来，"智者知之，愚者不知，不可以教民。巧者能之，拙者不能，不可以教民"③，可见《管子》是持有贤与不肖皆可通过教育而有所改化的观点的，"如此说来，《管子》的启发感化的教育思想比之孔子的'启发诱导'更能有效地培养人才"④。

三、数学、历法、地学、农业、医学：关于《管子》的科技思想

民国以前的人很少关注《管子》的科技思想。民国以降，虽然其科技思想引起人们的注意，但相较《考工记》《墨经》《山海经》《禹贡》《黄帝内经》，《管子》这方面的研究还是相对滞后的。中华人民共和国成立以来，《管子》的科技思想逐渐

---

① 洪石荆：《管子教育思想初探》，《安徽师大学报》1983年第3期。
② 杨伯峻：《论语译注》，北京：中华书局，1980年，第181页。
③ 《管子校注》卷第一《乘马第五》，第91页。
④ 洪石荆：《管子教育思想初探》，《安徽师大学报》1983年第3期。

引起学术界的兴趣，有关这方面的研究文章也多起来。2004年问世的乐爱国《管子的科技思想》，是在前人研究基础上，尝试从自然观、数学、历法、地学、农业、医学等方面对《管子》做出综合研究的一本专著。其中，对《管子》自然观的研究，如天人关系、万物本原，多属于哲学层面的探讨，由于前文已有所涉及，此处不再复赘。

《管子》中的数学思想，首先值得注意的是它对计数的描述。所谓计数，就是数量的统计和运算。《管子·七法》中有"刚柔也，轻重也，大小也，实虚也，远近也，多少也，谓之计数"[①] 的记载。依据中国科技史研究专家戴吾三的观点，"刚柔"指变化的可度量的数；"轻重"指两物相关的变化；"大小"指面积或体积的广狭、高低、厚薄，兼指规模、范围、力量的大小；"实虚"指容量的大小；"远近"指距离大小、历时长短；"多少"指数量、数目，可用于计算、统计人或物、时间等。乐爱国认为："根据这一分析可以看出，《七法》篇所说的计数，实际上就是社会生活中的各类事物的数量统计和数学运算。"[②] 与"计数"内涵相当的还有"乘马"一词。乐爱国引述郭沫若的解释，认为"乘马"包含有计算、筹划的意思，而《管子·乘马》所讨论的就是运用计数的方法来处理国家有关事务。如其言"地之不可食者，山之无木者，百而当一。……蔓山，其木可以为材，可以为轴，斤斧得入焉，九而当一……"[③]，这是在处理各类不同土地折算成可耕地的问题上采用了定量的

---

① 《管子校注》卷第二，第106页。
② 乐爱国：《管子的科技思想》，北京：科学出版社，2004年，第54页。
③ 《管子校注》卷第一，第89页。

计数方法。与此相仿，《巨乘马》篇则具体讨论了国家怎样通过计算筹划、利用粮食价格的变化来获取利益。

由于《管子》重视计数，因而在一些篇章中蕴含着一定的数学知识。比如分数的表示。乐爱国总结了《管子》中分数表示的几种类型：第一种是 M 去（取）N，如《国蓄》说："令曰八日而具，则财物之贾什去二。"① 这是讨论征税期限与市场价格变化之间的关系：征税的期限越短，财物的市场价格下降得越多；限期八天缴纳，则财物的价格就下降十分之二。什去二，即下降十分之二。第二种是什（十）N、伯 N。如《巨乘马》说："民食十伍之谷。"② 即人民用掉十分之五的粮食。十伍，即十分之五。第三种是 M 分（之）N。如《中匡》说："管仲会国用，三分二在宾客。"③ 管仲估算国家的财政费用，有三分之二用于接待外宾。三分二，即三分之二。第四种是 M 分之 N。如《山至数》说："山处之国，常藏谷三分之一。"④ 山多田少的地区，一般储备三分之一的粮食。这种表述方式与现代相同。《管子》中有一种特殊的分数表示法，即用"少半"来表示三分之一。如《山权数》说："王者岁守十分之参，三年与少半成岁。三十一年而藏十一年，与少半藏参之。"⑤ 乐爱国根据文意，列成算式：①（3 年 + 少半）×3/10 = 1，则少半即为 1/3。②37 × 3/10 = 11 + 少半 × 3/10，则少半亦为 1/3。

《管子》中还有许多论述涉及数学运算，除了一些简单的整

---

① 《管子校注》卷第二十二，第 1279 页。
② 《管子校注》卷第二十一，第 1223 页。
③ 《管子校注》卷第八，第 378 页。
④ 《管子校注》卷第二十二，第 1349 页。
⑤ 同上书，第 1300 页。

第八章 当代学术分科研究定型化：1949年以来的《管子》学术

数加减法外，还有九九之数。如《地员》在论述地下水位高低与土壤类别之间的关系时说："命之曰五施，五七三十五尺而至于泉……命之曰四施，四七二十八尺而至于泉……命之曰三施，三七二十一尺而至于泉……"[①] 一施等于七尺，则其中的"五施，五七三十五尺""四施，四七二十八尺""三施，三七二十一尺"就很容易理解了。据《说苑》记载，齐国的东野鄙人对齐桓公说"夫九九薄能耳"[②]，可见乘法口诀在当时已属于人人皆能的小技，《管子》中出现多处类似的记载，或许与此有关。

除乘法口诀外，《管子》中还出现了简单的整数间的乘法运算、整数与分数的乘法运算。有趣的是，整数的乘方运算也出现了。对此，乐爱国进行了解读。

> 《管子·地员》中有一段论述不仅有分数乘法，而且还涉及整数乘方，其中说道：
>> 凡将起五音，凡首，先主一而三之，四开以合九九，以是生黄钟小素之首，以成宫。三分而益之以一，为百有八，为徵。不无有三分而去其乘，适足，以是生商。有三分，而复于其所，以是成羽。有三分，去其乘，适足，以是成角。
>
> 这里所说的内容，就是古代乐律上长期沿用的"三分损益法"；它是通过确定管或弦的长度，以定出音阶或律长的方法。首先是定出宫，方法是："主一而

[①]《管子校注》卷第十九，第1072—1073页。
[②]［汉］刘向：《说苑校证》，北京：中华书局，1987年，第188页。

三之，四开以合九九"，即
$$(1 \times 3)^4 = 9 \times 9 = 81$$

这是一个乘方运算。这种运算在先秦的文献中极为罕见。确定以 81 为宫之后，"三分而益之以一，为百有八"，这就是

$$81 + 81 \times 1/3 = 108$$

以 108 为徵。然后，"不无有三分而去其乘"，这里的"去其乘"的"乘"为 1/3，所以是

$$108 - 108 \times 1/3 = 72$$

以 72 为商。接着，"有三分，而复于其所"，这就是

$$72 + 72 \times 1/3 = 96$$

以 96 为羽。而后，"有三分，去其乘"，这就是

$$96 - 96 \times 1/3 = 64$$

以 64 为角。这样就定出了宫、徵、商、羽、角五音的律长，分别是 81、108、72、96、64。

《管子·地员》所提到的"三分损益法"，虽然属于古代乐律问题，但同时也是一个数学问题，涉及律长的计算。依照"三分损益法"可以进一步求出全部的十二律，这在《吕氏春秋·音律》中有明确的记载。[①]

此外，《管子》中见到的数学知识还有比例、度量衡等。

---

① 乐爱国：《管子的科技思想》，北京：科学出版社，2004 年，第 79—80 页。

《管子》重视农业。要发展农业，就必须对与农业生产相关的天文历法、土壤、水文、物候有深入了解。那么，《管子》中有无这方面的思想论述呢？事实上，《管子》中很多内容都涉及历法和地学知识，包含着丰富的历法和地学思想。

节气是中国古代历法的重要组成部分，人们常知的主要是二十四节气这一历法系统。在《管子》中，出现了与二十四节气不同的三十节气系统，并做了相应的详细论述。对此，乐爱国解读道：

> 在《幼官》篇和《幼官图》篇的5个"本图"中，按照阴阳五行说的框架把一年分成5个时节……并且依次论述了在不同的时节中，君王在衣、食、住、行等方面所应遵守的各种规定。与此同时，除了"五和时节"之外，"八举时节"为春，"七举时节"为夏，"九和时节"为秋，"六行时节"为冬，并配有相应的节气，从而形成了完整的三十节气系统。……在这里，每段的开头都指明该段所要叙述的季节，有春、夏、秋、冬四季……接着，按照不同的季节，叙述各季节的节气名称以及每一节气所持续时间，比如"十二地气发""地气发"是指节气名，"十二"则是指"地气发"这一节气持续时间为12天；此外，在每一节气还安排了相应的活动。这是一个完整的节气系统：一年共有360天，分为春、夏、秋、冬四季，其中春季和秋季各96天，夏季和冬季各84天；一年共分为30个节气。其中春季有8个节气：地气发、小卯、天气下、义气至、清明、始卯、中卯、下卯；夏季有7个节气：小郢、绝气下、

中郢、中绝、大暑至、中暑、小暑终；秋季有 8 个节气：期风至、小卯、白露下、复理、始节、始卯、中卯、下卯；冬季有 7 个节气：始寒、小榆、中寒、中榆、大寒、大寒之阴、大寒终。平均每个节气 12 天。这就是《管子·幼官》的三十节气系统。①

……

更为重要的是，《管子·幼官》的三十节气系统是当时齐国人根据当地的地理和气候状况而制定的，应当是有其科学根据的。有学者认为，《管子·幼官》的三十节气系统"与齐国位于山东半岛，三面环海，受海洋调节，冬夏寒暑程度比远海各地为和缓有关"；它根据齐国的气候特点，订定自己的节气标准，这是有利于生产的进步措施。②

《管子·地员》是专论土壤分类的重要篇目。从其论述的内容看，大致分为两部分：前半部分对平原、丘陵、山地以及高山上的土壤进行分类，后半部分对九州之土进行综合性的详细分类。该篇被当代学者誉为当时最为详细的土壤分类学著作。它对土壤的分类，主要依据的是土壤本身、地下水以及所宜生长的植物三个方面。就土壤本身这一依据来说，除了土壤的颜色、土质和肥力等级外，还土壤的性状、保水性能、土壤的地形与地势等内容。此外，它还较多地考虑到地下水情况、所宜种植的农作物和所宜生长的植物及动物等因素，较多地注意到

---

① 乐爱国：《管子的科技思想》，北京：科学出版社，2004 年，第 91—93 页。
② 同上书，第 96 页。

土壤之间的差别，使得土壤分类标准较为完善，尤其是它较多地注意到各种土壤所宜种植的农作物，把土壤分类与农业生产紧密结合，无疑更具积极意义。

《管子·地员》包含的植物地理思想也颇值得一提。它不仅对植物与土壤及土壤光照、地形、地下水位、地势、水等自然环境的密切关系，以及山地植物的垂直分布具有一定的经验认识，还在此基础上做了进一步理论概括，提出"凡草土之道，各有榖造。或高或下，各有草土"[1]的科学结论。乐爱国解读说："关于这句话所包含的意思，杜石然等所编著《中国科学技术史稿》指出，'这里有两层意思：一是植物的生长同土壤的性质有关，不同质地的土壤，其所宜生长的植物各不相同；二是植物的分布与地势的高下有关。'最为重要的是，从科学认识发展的角度看，这里已经从植物地理的经验知识上升到一般性的理论知识，这充分表明完整的植物地理学思想已经基本形成，这显然是古代植物地理学的一大进步。"[2]

关于《管子》中的农业科技思想，乐爱国认为，《管子》强调天时、地利，提出"不务天时则财不生，不务地利则仓廪不盈"[3]，形成了农时思想和地宜思想；强调田间管理和农具的使用，重视农业科技，形成了精耕细作的思想。此外，它还非常重视农田水利建设，涉及兴修水利各个方面的知识。这里面尤其值得注意的是，《管子》主张合理开发和利用自然资源，强调开发利用的时令问题，形成了具有现代意义的生态保护思想。

---

[1] 《管子校注》卷第十九，第1096页。
[2] 乐爱国：《管子的科技思想》，北京：科学出版社，2004年，第117页。
[3] 《管子校注》卷第一《牧民第一》，第3页。

在医学方面，《管子》运用阴阳五行的归类方法，将人体的脏器分为五类，分别与木、火、土、金、水五行相配合，形成了初步的五行脏腑观。按照与木、火、土、金、水五行相配合的五味的顺序——酸、苦、甘、辛、咸，《管子·水地》将五脏与五味相配合的顺序列为脾、肝、心、肾、肺。与五脏相应，五内的顺序为隔、革、肉、脑、骨，九窍的顺序为鼻、目、下窍、耳、口。为了解读《水地》中五行脏腑观的内在含义，乐爱国把《管子》与《黄帝内经》相应部分做比较后指出：《管子》与《黄帝内经》都表现出了人体脏器之间相互联系的整体思想，都建立了以五脏为主的人体功能系统。它们通过把五味与五脏联系起来的方式，都试图表明人体功能系统与自然界五行之间有着密切关系。而就《管子》而言，它不仅认为"人体脏器的各个部分与自然界的五行是相互联系的，而且，五脏之间、五脏与其他器官之间也是相互联系的，体现了《黄帝内经》以及中国古代医学五行脏腑观的基本思想。可以说，《管子·水地》实际上已经包含了在《黄帝内经》中最终得以完善的五行脏腑观"[①]。

[①] 乐爱国：《管子的科技思想》，北京：科学出版社，2004 年，第 173 页。

轻重学说与财经管理：
1949 年以来的《管子》学术（五）

一、轻重学说的当代演绎与实践

中华人民共和国成立前夕，具有临时宪法性质的《中国人民政治协商会议共同纲领》明确规定，新中国的"货币发行权属于国家；禁止外币在国内流通；外币和金、银的买卖应由国家银行经营"[1]。1951 年，中国人民银行制定全国信用贷款业务计划。这种由中国人民银行直接办理货币发行业务、对所有经济实体实施信贷业务的制度，被称为一元化银行制度。

1962 年，中共中央、国务院出台《关于切实加强银行工作的集中统一，严格控制货币发行权的决定》，提出"把货币发行权真正集中于中央，把国家的票子管紧，而且在一个时期内，要比 1950 年统一财经时管得更严、更紧"。1983 年，国务院发布《关于中国人民银行专门行使中央银行职能的决定》，规定工

---

[1] 解川波、张虎婴主编：《新中国货币政策与金融监管制度变迁》，成都：西南财经大学出版社，2019 年，第 4 页。

商信贷等业务交由建设银行与工商银行等其他银行负责，中国人民银行不再受理此项业务，以便集中力量行使中央银行职能，更好地做好货币发行、信贷规模控制和外汇市场管理等工作。至此，"中华人民共和国终于建立了以中国人民银行为中央银行，以中国工商银行、中国人民建设银行、中国农业银行、中国银行四大专业银行为骨干的银行体系，并为今后走向新的社会主义市场经济提供货币推动与金融监管奠定了基本条件"[1]。国家垄断货币的铸造与发行，为全方位实施轻重学说做了准备。

国民党政府统治时期，通货膨胀极为严重。从 1937 年到 1949 年，流通中的货币"增加了一千四百四十五亿倍，物价上涨了八万五千多亿倍"[2]。在恶性通货膨胀中发展起来的金融和商业投机资本家，于中华人民共和国成立前后，继续投机倒把，囤积居奇，哄抬物价，牟取暴利。自 1949 年 4 月至 1950 年 2 月，他们先后掀起四次全国性的物价大波动，使市场秩序紊乱，正常经济活动几近瘫痪。针对上述情况，中共中央适时地制定了打击投机、稳定物价、同不法商业资本家争夺市场主导权的经济方案。政府多个部门协同合作，经过数月的来回较量，国家完全控制了金融及商品市场。最终，投机资本家偃旗息鼓，彻底消退，物价重新趋于稳定。在这一过程中，政府平抑物价采用的手段措施，与轻重学说有许多相同之处。其中，严禁黄

---

[1] 解川波、张虎婴主编：《新中国货币政策与金融监管制度变迁》，成都：西南财经大学出版社，2019 年，第 57 页。

[2] 商业部商业经济研究所：《新中国商业史稿》（1949—1982），北京：中国财政经济出版社，1984 年，第 9 页。

金、银元、外币在市场上流通，是为了保证国家法定货币商品流通工具的地位，进而有效调控市场，这在本质上切合轻重学说对铸币权与发行权进行垄断的强调。政府控制货币投放量，紧缩货币流通，与轻重学说"币有轨"思想强调国家对货币数量进行人为调控相近。政府介入，收售重要物资，平抑市场物价，则是直接借鉴了轻重学说敛轻散重的理论。

1992年以前，我国处于计划经济时代。计划经济，是对商品生产、资源分配及产品消费等一切经济活动均做出严密规划的经济体制。它强调设计国民经济发展的总目标，制定具体的执行措施，事事按部就班，其统筹计划性是非常明显的。我国的国家性质决定了一切以人民为中心，表现出极强的亲民性，所有计划都以解决人民温饱、提高人民生活水平为指向。在众多的国营商业中，国家获取利润是有一定限度和规定的，以此保障人民利益不受损害。略举一例。中华人民共和国建设伊始，农村粮食生产虽有提高，但农民不急于出售，导致商品化程度极低，粮食供应困难。当时负责财经工作的陈云同志提出计划收购、计划供应的统购统销办法。这一办法既可以解决全国粮食平衡供给的问题，又可以把投机商人排除在供给链条之外，使其无法操纵粮食市场。粮食统购统销取得令人满意的实效：不但粮食收购量上升，销售也开始激增。国家储粮增加，保证了各大城市、矿区、军队的粮食供应。特别在灾荒的年景，统购统销更显示出经济统筹规划下的政策优势："一九五四年，全国许多地方发生水灾，特别是长江流域发生百年未有的大水灾，国家运到灾区的粮食就将近一百亿斤，并用最快的办法送到灾民手里。灾区人民说是'百年来未有的大水灾，千年来未有的好政府'。"① 轻重学说理论强调敛轻散重，稳定物价、平衡供给，其站在人民立场上所显示出的统筹计划性，正是中华人民共和国上述经济政策的理论来源。

据《中国财政年鉴》，1951年国家财政收入为124.96亿元，1977年为874.46亿元。其中，1951年，各项税收收入81.13亿元，企业收入仅为30.54亿元。至1971年，各项税收收入312.56亿元，企业收入达428.4亿元。1973年，各项税收收入348.95亿元，企业收入达457.02亿元。在国家财政状况逐年好转的情况下，政府加大了对文教、科学、卫生及国防建设的支持力度。1950年，国家对文教、科学、卫生事业建设的财政支出为5.02亿元，1978年，相应的财政支出达112.66亿元。1950年，国家对国防建设的财政支出为28.01亿元；1978年，相应的财政支出达167.84亿元②。在中华民族从站起来、富起来到强起来的伟大复兴道路上，带有轻重学说特性的中华人民共和国经济制度发挥了举足轻重的作用，其政经一体的理论特性也得到体现。

轻重学说认为，国家对人民生活中的重要物资实施官营政策，不但能有效防止富商巨贾独占资源，使此类物资市场保持稳定有序，而且还可以借助官商自营增收国家财政。1950年，毛泽东同志做《为争取国家财政经济状况的基本好转而斗争》的报告。随后，党中央制定了恢复和发展国民经济建设的相关

---

① 商业部商业经济研究所：《新中国商业史稿》（1949—1982），北京：中国财政经济出版社，1984年，第58页。
② 刘蓉等：《新中国财政税收制度变迁》，成都：西南财经大学出版社2020年，第17、21、25页。

第八章 当代学术分科研究定型化：1949 年以来的《管子》学术

政策，着重提出大力发展国营商业和合作社商业，建立全国统一的新型商业体系的经济任务。从 1950 年到 1951 年，中央贸易部陆续建立了包括粮食、花纱布、百货、盐业、土产、石油、煤建、工业器材等十五个专业总公司，并在人数达到一定规模的城市设立零售企业。这样，全国从上到下形成了一套由商业行政部门、商业管理机构和经营机构组成的国营商业系统。至 1952 年，国营商业和合作社商业在国内商业中的批发比重由 1950 年底的 23.8% 上升到 63.2%，零售比重由 14.9% 上升到 42.6%。社会主义国营商业还通过加工订货、统购包销、经销代销、公私合营等形式，实现了对资本家的和平赎买。可以说，在短短几年的时间里，社会主义国营商业已取得对国内市场的绝对优势。至 1956 年，中华人民共和国已完成对私人工商业的社会主义改造，生产资料私有制已转变为社会主义公有制。在社会主义公有制基础上生成的国有企业，无论在中华人民共和国成立初，还是在改革开放及新时代的今天，都成为国家稳定经济、增收财政的有力工具。

　　从历史的角度看，国有经济并不是中华人民共和国成立后才出现的一种新的经济形式。《管子·海王》要求国家垄断山海资源并对山海资源统一管理并直接经营的"官山海"理论，是历史上最早出现的国有经济主张。而汉武帝时期的盐铁国营、均输、平准等经济政策的制定实施，则成为历史上最初的国有经济。此后，历代的官榷，如榷盐、榷矿、榷酒、榷茶、榷醋等，均是国有经济的不同表现形态。经济学家胡寄窗针对《管子》中的官榷理论，区分了国有与国营两个概念。他说："谈《管子》之工业政策者多谓其主张国有政策，这是将'国有'

与'国营'混为一谈。《管子》的盐、铁、矿业、森林、渔业等政策既各有不同的经营方式,也并非一律实行国有。……盐就不是全部由国家经营,可以称为国家局部的垄断。……铁山虽属国有,铁矿却是民营的。……铁制品可能是属于专卖的类型。至于金、银与铜,或为货币,或为货币材料,照《管子》的货币政策来考察,很可能是国有而又国营的。"[1] 在这里,我们不打算对国有与国营两个概念进行精密区分,仅想借此说明,把古代官权方式下的经济活动视为最初的国有经济,把《管子》官权理论视为最早的国有经济理论,并非主观臆断地任意嫁接,它是有学术界观点的支持的。

改革开放前,作为中华人民共和国国有经济的主要活动载体——国有企业,还没有发展为真正意义上的现代企业,它仅仅是社会主义制度下的一个生产单位。由于对政府高度依赖,不仅所需要的生产资料由政府调拨,其产品也由政府包销,因而此时的国有企业缺乏应有的独立性和创造性。这也正是古代官权经济组织方式的一贯缺陷与不足。

针对国营企业的运营不足,政府曾于1958年、1969年两次尝试以下放企业给地方政府的方式激发其经济活力。自1978年始,我国尝试对国有企业进行深层改革。1992年,党的十四大把确立社会主义市场经济体制作为改革方向,之后确立了产权清晰、权责明确、政企分开、管理科学的现代企业制度的国企改革目标。自此,国有企业进入制度创新阶段。总结自1978年

---

[1] 胡寄窗:《中国经济思想史》(上),上海:上海人民出版社,1962年,第364—365页。

以来的国企改革经验，主要有以下内容：一是努力使国有企业成为与市场经济相适应的市场主体。改革开放初期，对企业放权让利，让其有一定的自主权，并参与市场竞争，打破了长期以来国有企业只是上级行政机关附属物、无独立经济利益、无生产经营自主权的窘况。为使国有企业成为自主经营、自负盈亏的市场主体和法人实体，我国着力推进了国有大中型企业的股份制改革，把它们改革为现代公司，让它们不仅可以同非国有制市场主体如外资企业、私营企业展开平等竞争，同时也可参与国际市场竞争。二是加强大中型企业的制度建设和创新。比如国家对自己出资兴办和拥有股权的企业，通过出资人代表行使所有者职能，对企业的债务承担有限责任，而不再干涉企业日常经营活动，逐渐建立起企业优胜劣汰、经营者能上能下、人员能进能出、收入能增能减、技术不断创新、国有资产保值增值等机制。三是从整体上发挥国有企业在国民经济中的主导作用。改革开放以来，国有企业的数量减少了一半多，但国有资本大量增加，继续控制着国民经济命脉的重要行业和关键领域，在国民经济中继续发挥着主导作用。为使社会主义市场经济健康发展，使国家宏观经济调控更加有效，使经济发展由人民共享，走共同富裕道路，就要保证中国国有经济的比重比其他发达国家（一般占5%）和发展中国家（一般占10%）高一些，即使以后经济比较发达了，也要占20%左右或多一点。只有这样，才能保证国有经济继续在国民经济中发挥主导作用。四是坚持抓大企业，下放中小企业，着力搞好中央企业。国有大型企业是国有经济的骨干，必须着力抓好、搞好。对于分布在一般竞争性领域的大量国有中小企业，要采取多种形式，包括改组、联合、兼并、租赁、承包、出售等，放开搞活。在全国国有工商企业的国有资产问题中，中央企业占56.7%（2003年数据）。2003年以来，100家左右的中央企业的利润总额，一直占全国工商企业利润总额的60%以上，可见中央企业在国民经济中占据举足轻重的地位。五是推进垄断行业改革。垄断行业是国有企业是最集中的领域，也是国有大型企业、中央企业集中的领域。垄断行业多从事自然垄断性业务，即那些固定网络性操作业务，如电力、煤气和自来水供应行业中的线路、管道等输出网络业务，电信行业中的有线通信网络业务和铁路运输行业中的铁轨网络业务。这些业务需要大量固定资产投资，如果由两家或两家以上的企业进行重复投资，不仅造成资源浪费，而且会使各家的网络系统得不到充分利用。因此，网络性自然垄断业务由一家经营比多家厂商竞争更有效，资源配置也更为优化。此外，政府还坚持为国有企业改革创造良好的外部环境，加快健全社会保障体系，剥离企业的社会负担等[①]。可以说，国有企业的深层改革，是从实践层面对《管子》轻重学说"官山海"理论的一次前所未有的充实与完善。

纵观两千余年历代政府的财经管理实践，《管子》轻重学说都是不可缺少的理论工具。这不仅是轻重学说的价值所在，更是《管子》这部元典著作服务于社会管理的价值所在。

二、传统盐业的现代化运营

中华人民共和国成立后，盐业在实施国家管控的前提下，

[①] 以上涉及国有企业改革方面的内容，多参考张卓元、郑海航主编：《中国国有企业改革30年回顾与展望》，北京：人民出版社，2008年。

运营体制多有变化。其中，1964年至1966年在全国范围内试办盐业托拉斯，充分显示出中国传统榷盐制度与西方经济组织模式相结合所具有的无限发展潜力。它说明，古老的《管子》专卖理论需要在新的历史条件下与时俱进，唯其如此，才能更好地适应时代经济的发展需要，更好地服务于社会。

托拉斯，本是西方资本主义经济发展到一定程度的高级组织形式。它由许多生产同类商品的企业，或由许多存在密切关系的企业合并而成，旨在利用集体力量垄断销售市场，争夺原材料，加强市场竞争力，控制市场价格，获取高额垄断利润。这与《管子》轻重学说"官山海"的旨意相类。

1960年，邓小平在一次中央会议上就改进生产关系提出了有关托拉斯的问题。1961年，中共中央发布《关于调整管理体制的若干暂行规定》，要求所有生产、基建、收购、财务等工作，必须全国一盘棋、上下一本账。1962年5月，国务院发布《关于商业部系统恢复和建立各级专业公司的决定》，当年有15个省、自治区、直辖市恢复或健全了盐业公司。1963年7月，轻工业部和商业部联合向国务院提出《关于加强盐业运销管理，由轻工业部统一核定资金，恢复专业核算的报告》。之后，陆续将全国20个省、自治区、直辖市的盐业运销企业和河北、辽宁、江苏三省的17个大中型盐场，收归中国盐业公司直接领导，并对企业的运营管理进行初步整顿。1964年9月，主管盐业的轻工业部向国家经委递交《试办中国盐业公司（托拉斯）实施方案》。《方案》对中华人民共和国成立以来盐业运营中存在的问题做出分析：一、国家直属盐场的产盐量仅占全国总产量的40%，由地方管理的一些跨省区大型盐场，国家管理起来

371

明显不便。二、各地盐场生产设备损耗大,维修任务重,维修费用明显不足。三、制盐技术落后,同发展生产的要求不相适应。四、组织机构不健全,管理漏洞多。五、运销方面多依行政区划设置,商品流通受阻。六、有些省区产销分管,高费用但低效益,造成人、物、财的极大浪费。随后,国家经委根据国务院意见,批准试办具有托拉斯管理性质的中国盐业公司,并规定:公司是社会主义全民所有制集中统一管理盐业的经济组织,直接经营附属的产销企业,直接管理地方盐场和集体所有制盐场。由以上中国盐业公司(托拉斯)的成立历程可以看出,我国政府之所以要试办托拉斯,目的是要在社会主义全民所有制的经济体制下,借鉴西方垄断资本的组织形式,对全国盐业实施统一管理,以之纠正中华人民共和国成立十几年盐业运营中出现的诸多错误并弥补其不足。

国家关于盐业托拉斯的总的要求是:作为一个统一的计划单位和经济核算单位,要向国家承担经济责任。内部要实行集中统一管理、统一规划,综合利用资源,逐步形成产供销紧密衔接、专业化与协作生产密切结合、大中小工厂互相匹配的生产体系。托拉斯内部具体的经营管理办法是:公司负责完成国家核定下达的各项计划,除按核定计划综合平衡、分解下达所属单位外,还要负责督促检查计划执行情况,采取措施确保全面完成。公司根据国家计划,负责安排盐业基本建设投资。公司对所属企业、事业单位的全部固定资产和流动资金,有权统一调剂。国家对储备盐资金进行平衡,由公司统一掌握使用。公收资金与公收差价由公司统一管理。公司所属企业利润的折旧资金,就地缴入国库,统一由公司通过轻工业部按期与财政部结算。税款由销售环节就地向税务机关缴纳。公司实行利润留成办法，按月从利润中提取适当比例，用于基层单位的固定支出及特殊维护费。劳动用工方面，依国家批准的劳动工资计划指标；公司有权在企业与企业之间调剂使用，并在不同地区单位之间调动工作人员；多用合同工，少用固定生产工。①

1965年，在由轻工业部向中共中央提交的《轻工业部党委关于中国盐业公司（托拉斯）试办情况和今后意见的报告》中，充分肯定了全国盐业的这一组织运营方式，并认为它在五个方面取得了可喜的成绩。第一，有效加强了集中统一，使产销紧密结合，并在特大欠产的情况下充分保证了供应。1964年，占全国总产量70%以上的四个海盐区受到强降雨天气影响，比原计划减产500多万吨，仅是1963年产量的一半。这种情况如果是发生在过去，必然导致产销不能及时沟通，各地存盐不能及时调动，加之产区又不愿意改变品种，势必影响社会供求。但由于全国盐业实施托拉斯管理，1964年5月欠产苗头刚露头，公司就统一部署，一方面发动群众，紧急动员生产，一方面根据生产和存盐情况安排调整地区间的紧急分配调拨，从存盐较多的地区调出并接济严重欠产的地区，并解决因临时调整产生的追加费用和信贷指标问题。由于采取了上述应急措施，并通过产销双方协作配合，公司不但超额完成年度分配销售和干线运输，还充分保证了国内用盐，出口也达到110多万吨，创中华人民共和国成立以来最高纪录。第二，合理组织了商品流通，

---

① 以上参考丁长清、唐仁粤主编：《中国盐业史》（近代当代编），北京：人民出版社，1997年，第545—546页。

减少了中间环节，不仅降低了费用，增加了盈利，还为国家节约了运输力和包装材料。之前，各地盐业归各行政区管理，运销环节太多；运盐麻袋由各地自备，周转慢，占用多；不少盐区的盐与其他商品混合经营，管理水平下降，利润减少。以贵州、上海等9个地方的盐业为例，1963年的盐销售量比1957年增加5%，商业利润却降低了52%。公司成立后，实行专业核算、统一批发销售，不仅按经济区划调整批发站，组织跨县、跨专区、跨省供应，还调查、调整运输路线并开展直达业务。公司组织产、销企业加强协作，改进包装、发运质量，减少损耗，调剂各地运盐麻袋，1964年全年共节约麻袋300多万条，盐的全国平均运输里程由1963年的604公里下降为580公里，共减少货运量9 600万吨公里。江西、广西等9个地方的盐业利润，1964年比1963年增加2倍，总利润增加1 900万元。第三，有力加强了企业管理，提高了盐的质量，失修的盐田也大部分得到了修复。由于之前各盐场分散管理，并受到部、省、专、县各级行政部门干预，企业干部不能集中精力抓生产，企业管理力量削弱，设备严重失修，盐的质量下降，成本增加。公司成立后，除直接管理部分大、中型盐场外，还在四川、山东等主要盐区建立省盐业公司，实行产销统一。在公司直属盐场，制定统一管理制度和提高盐质的措施，核定劳动定员和流动资金，并要求地方公司参照执行。各级领导干部纷纷蹲点，总结推广先进经验和技术革新。虽气候对生产不利，但1964年一等盐的比重平均比1963年增长2%，绝大多数盐场消灭了"泥、黑、卤"（指杂质多、颜色黑、水分大）的劣质盐。各地盐区进行了广泛的设备维修工作，北方三个海盐区的失修问题大部分得到解决，河北汉沽一个盐场维修工作的完成情况比过去两年的总量还多。第四，统筹兼顾，妥善安排了存盐。之前，全国存盐虽不少，但大部分集中在沿海，分布不合理，不利于保证供求；有些盐场存盐多，造成了资金积压；有些运销企业，由于资金不足，仓垛容量不够，便减少购进，压缩库存。这严重影响了全国范围内盐的产销及分配均衡和商品流转。公司成立后，收购部分企业的积压存盐作为储备盐，合理核定运销企业的流动资金与信贷计划，修建简易仓棚7万多平方米（可存盐15万吨），保持销区商业库存300万吨上下。此外，盐业组织人员还制定了盐业移储计划，比如江西，利用下马厂房、祠堂、庙宇、民间空房作为简易仓库，用30万元投资赢得了250万元投资工程所取得的存储实效。第五，统一安排了基本建设，保证集中力量打歼灭战。之前，某些重要的地方盐场的基建工作不一定被列为全国重点项目，因而导致地方因力量不足使基建工作无法正常开展。公司成立后，在统一的工作部署下，使这一问题得以解决。

由轻工业部提交的这份盐业托拉斯运营情况的报告可以看出，社会主义经济体制下采用托拉斯方式运营全国盐业，是科学有效的。对比民国孔祥熙对传统榷卖制的理论发展，轻工业部对盐业托拉斯的运营阐释更注重实践经验的总结，它更细腻，更具有可操作性。盐业托拉斯试办两年，成绩显著。

轻重学说这一古老的社会经济理论，在社会主义新时代的今天，依然有其理论价值与现实意义。总的来说，轻重学说论强调国家垄断货币铸造与发行，强调适度的货币投放量，强调国家产销某些关系国计民生的重要物资、独占某些行业，强调充裕国家财政，强调国家平衡物价，强调重视农业生产、保护农民利益，强调对不法商贾进行约束打击，强调赈济贫民，强调以经济发展达于国家强盛，这些思想均对社会主义建设有重要的指导意义。

社会生产力的发展，经济关系的复杂化，历史环境的变化，会导致轻重学说论的具体调控措施无法与现实的经济管理直接对接，但它体现出的超前管理原则与管理思路，依然适用于当下经济建设。以国有企业为例，在改革开放前的计划经济时代，国有企业是整个社会主义建设的中心和重心，在改革开放及新时代的经济体制下，其地位依然无法移易。"经过多年的摸索，我国国有经济的功能被定位为弥补市场缺陷、巩固社会主义制度的经济基础和发挥在国民经济中的主导作用。"[1] 这是对轻重学说中盐铁官榷理论的直接承继与重大拓展。

---

[1] 李萍等：《新中国经济制度变迁》，成都：西南财经大学出版社，2019 年，第 62—63 页。

第九章
《管子》学术研究的历史总结、发展趋势与当代价值

《管子》学术不仅仅是纯粹理论性的，更是治道实践性的。后者体现为，其轻重学说成为历代政府经济管理的指导思想。中华人民共和国成立后，经济思想研究虽依然是重点，但政治法律思想研究成为重中之重。随着我国智库建设的推进，《管子》思想潜藏的可实践性，将进一步得到梳理、挖掘，这充分体现出《管子》一书可为政府决策服务的当代价值。

《管子》学术研究的历史总结

《管子》学术史,起自春秋战国时期诸子对管仲的评说,讫自当代多学科视域下期刊著述承载的《管子》专论,其研究历程已逾2500年。其间,围绕管仲思想评论、《管子》辨伪研究、《管子》义理研究、《管子》辞章研究、《管子》校勘训诂研究、《管子》轻重学说的理论诠释及实践发展研究六条线索,简要构建并展示出了一幅历代学者开拓、赓延、探索、耕耘、求索、收获的《管子》学历史画卷。

历史上最早对管仲及其思想进行评说,见于《论语》《孟子》《荀子》《吕氏春秋》等文献典籍。战国时期,《管子》的部分篇章开始在社会上流传,《韩非子·难三》对《牧民》《权修》有关思想进行批判,成为《管子》学的滥觞。西汉时期,朝廷实施黄老无为之政,《管子》一书受到统治者重视,其丰富的礼法及军事思想也成为贾谊、晁错等人上疏言治的重要借鉴。由于《管子》的《轻重》篇内含丰富的政府理财思想,自汉武帝时起,其轻重学说被历代理财大臣用作增收国家财政、调济社会供求的理论工具,历朝历代财经政策虽多有变化,却无一不可在《管子》轻重学说中找到各自的思想源头。

　　三国时期，军阀混战，各国统治者对《管子》治道思想很感兴趣。特别是偏居一隅的蜀国，其政权建设从《管子》法治、军事、人才及农业思想中借鉴了不少内容。两晋南北朝，《管子》一书鲜见于士人的言谈著述，西晋傅玄批评《轻重》篇"鄙俗"①，在《管子》学术研究史上影响深远。可以说，唐代以前的《管子》学，西汉是一个非常重要的时期。那时候，"学士诸生以是书为教"②"其时固有师传，而汉初学者讲习尤著，贾谊、晁错以为经本……篇目次第，最为整比，乃汉世行书"③。自汉武帝独尊儒术以至汉末，《管子》学略显冷寂。魏晋玄风流炽，南北朝佛教大兴，《管子》研究也随之跌入低谷。

　　唐代文化昌盛，思想多元，《管子》重又争得一席之地。在史学繁荣的时代背景下，一部分政书，如《群书治要》《意林》《通典》，或广稽精要之语，或搜罗历代沿革废置及当时群士之议论，将其治国理政之道及礼法制度以类相从，编纂成书以备圣览。《管子》以其精言妙语、多备治道，成为它们重要的取材对象。柳宗元作《四维论》，认为礼义廉耻的说法不符合圣人之道，其"四维者非管子之言"④的结论，把傅玄辨伪的矛头一下子从《轻重》篇转向"经言"。这种大胆的质疑精神，似乎受

---

① [宋] 王应麟：《汉〈艺文志〉考证》引《傅子》，《二十五史补编》，上海：开明书店，1937年，第1412页。
② [宋] 叶适：《习学记言序目》，北京：中华书局，1977年，第664页。
③ 同上书，第663页。
④ [唐] 柳宗元：《柳宗元集》，北京：中华书局，1979年，第77页。

到当时重释经文的疑经之风的影响,预示着《管子》学辨伪研究已波及整部著作。

宋代学术繁荣,涉足《管子》研究的人大为增加。他们为《管子》作序,为《管子》做校勘,对《管子》的军旅编制、轻重思想进行阐释,讨论《管子》的作者,在与他书的对比中进行辨伪研究,《管子》学进入多维、立体的阶段。在唐代,《管子》一书虽在科举改革与完善的进程中被议为应试者必读书目之一,但终究没有进入科举应试的主流文化圈。时至宋代,《管子》被列入科举考试的采题范围,成为制科应试的内容之一。加之《管子》刻本的出现与散播,《管子》学术终于在元代短暂的低迷后,迎来含苞待放的时节。

明代《管子》学研究一个重要的收获,是对《管子》散文文辞艺术的发现与挖掘。此外,朱长春、梅士享等人的《管子》学还在《管子》成书、内容真伪、治道思想、哲学义理、管仲思想特征的辨析和阐释上,做出了独特而深入的理解。从社会经济发展的角度看,明代的出版事业兴旺发达。万历十年(1582),赵用贤《管子》刻本问世,由于刊印精良,大小书坊竞相翻刻。明代《管子》学万树梨花开的热闹场面,受此泽惠颇多。

清代的《管子》学,一曰考据,二曰义理阐发。鸦片战争后,清廷日益积贫积弱的现状,使一部分士人如张佩纶、何如璋、宋枏把驱夷自强的目光转向《管子》研究,他们阐发《管子》的富国强兵之术、借《管子》之言寄寓自己经世济民的政见，期望以此影响时政、拯危除弊，真正恢复了《管子》一书期于用世的本色。

民国以降，除沿袭乾嘉考据之旧，以新式西学分科的学术方法重新解读《管子》，成为这一时期的研究特色。其研究内容涉及法律、政治、外交，尤其在经济思想方面，做出全面系统的整理、拓展和深化。梁启超《管子传》、黄汉《〈管子〉经济思想》、孔祥熙榷卖理论，成为这一时期《管子》学的重要内容。民国三十余年，结束了此前两千多年传统思维下的《管子》研究，并转而成为当代《管子》学的先河。

当代《管子》学，沿袭、完善了民国以降学术分科式的研究方法，以著作和期刊论文为载体，在短短几十年内，取得了《管子》研究的大丰收，多学科视域下的解读诠释触及了《管子》思想的方方面面。这个时期的研究者，大多是专业的学术研究人员，他们以严谨的学术态度、科学的研究方法、执着的研究热情，产出了不少高质量的学术成果。

《管子》是一部百科全书式学术著作，其元典价值不仅是理论型的，更是实践与治道型的。如何在《管子》学术史的写作中，既体现其思辨的学术价值，又展示其有利于现实治世的应用价值，是笔者一直思考的问题。一般的学术史研究，几乎不把现实治道的内容写进著述之中，但由于《管子》存在特殊的经济思想的内容，且这部分内容是被历史上各朝各代政府的经济管理实践证明为不可缺少的管理之钥的，不把这部分内容的学术研究与实践成果写入本书，将极大地损毁《管子》的学术价值与社会应用价值,从而不可能完整呈现《管子》一书的历史真面貌。鉴于以上原因,笔者不但把其列入撰述范围,而且作为了重点撰述对象,唯其如此,才不失《管子》一书之真,才完全担当得起《管子》一书经世治用的历史美誉。

通过《管子》学术史的研究梳理,我们发现,《管子》提出的一些思想观念,不仅在整个历史上,乃至在当下的社会生活中,仍具有不可动摇的现实意义。比如《管子·牧民》提出的"四维不张,国乃灭亡"的理论命题。它认为,礼、义、廉、耻是人们日用常行的四种纲纪,是君民共同遵守的行为规范与道德标准,人无德不立,国无法不兴,而厉行礼、义、廉、耻则能规范人民以成谦谦君子,最终维护社会安定,使国治民安。

"国有四维,礼义廉耻",实际上是中华优秀传统文化宣扬的一种价值观念,它从国家、个人两个层面为社会治理提供理论依据。自西汉贾谊以"四维犹未备"警策文帝治国"犹度江河亡维楫,中流而遇风波,船必覆"[1],至北宋蔡襄上疏英宗"贪人日富""独不知羞耻""清廉刻苦之士,妻孥饥寒"源自"四维不举"[2],再至清康熙帝亲作《四维解》,认为"言礼义而并言廉耻,可以警动天下而兴起其为善去恶之心"[3],后至孙中山解释中山装的四个口袋分别代表礼、义、廉、耻,四维论作

---

[1] [汉]班固:《汉书》卷四十八《贾谊传第十八》,北京:中华书局,1962年,第2247页。
[2] [宋]赵汝愚:《宋名臣奏议》卷一四八。见《钦定四库全书》。
[3] 《圣祖仁皇帝御制文集》第二集卷三十。见文渊阁《四库全书》。

为传统社会优良的文化传承，承载着人们的精神信仰。社会在发展，时代在进步，思想在更新，国际环境在巨变，以与时俱进的责任担当培育并践行新时代中国价值观刻不容缓。正是在这一意义上，党的十八大提出"倡导富强、民主、文明、和谐，倡导自由、平等、公正、法治，倡导爱国、敬业、诚信、友善"的社会主义核心价值观，才具有了实现民族伟大复兴的划时代意义。

《管子》学术研究的发展趋势

在对自春秋战国至当代《管子》学术做梳理论述的基础上，我们有必要对当下《管子》学术研究的发展趋势做出分析（以中国知网所载为检索和分析对象）。

中华人民共和国成立后的《管子》研究大体经历了三个阶段。自 1949 年至 1986 年为第一阶段。这一阶段，共产出文章约 66 篇，很多年份无产出，平均每年产出约 1.7 篇。自 1987 年至 2004 年为第二阶段。这一阶段，共产出文章约 597 篇，每年产出的文章多在 27 篇以上 47 篇以下，平均每年产出约 33 篇。自 2005 年至 2018 年为第三阶段。这一阶段，共产出文章约 1616 篇，每年产出的文章多数在 100 篇以上，平均每年产出约 115 篇。可以看出，中华人民共和国成立后的《管子》研究呈现出与日俱增的繁荣景象。究其原因，固然有多个社会因素，但有两个文化事件尤其值得关注：一是 1987 年下半年《管子学刊》在山东省淄博市创刊，一是 2008 年安徽省管子研究会成立。前者为季刊，每年都有相当数量的《管子》研究论文；后者每年举办一次《管子》学术研讨会，每次会议都有数十篇相关论文。

如果我们再对近十年来的《管子》研究做一个初步分类统

计，就会发现，这部分研究成果以对《管子》政治法律思想的研究为第一热点，其次是对《管子》经济财贸思想的研究。这两类论文数量居于前列，与《管子》一书的思想实际完全相符。早在西汉刘向编校《管子》时就说："凡《管子》书，务富国安民。"讨论如何进行国家管理、如何实施法治、如何进行经济建设、如何充实国家财政，正是《管子》一书的主要内容。由此而言，政治法律与经济财贸方面的研究论文占据多数是必然的事情。还有一个值得注意的现象是，以《管子》哲学思想和《管子》和谐、生态思想为研究主题的论文也占有一定比例。如果我们把这两类均视为哲学类的论文，从哲学角度研究《管子》则是当代《管子》研究的一大发展趋势，而此类研究在清代及以前的《管子》学术中极少出现，只是随着中华人民共和国成立后近现代学术体制的建立，才多了起来。此外，以《管子》教育思想和《管子》人才、人本思想为研究对象的论文从数量上看也有可观之处，从中亦可看出当代《管子》学术研究的一些动向。

撇开论文数量，单从论文质量及影响力看，第一、二阶段并没有因其产出少而丢失其在《管子》当代研究中的权威地位。老一辈学者以及在20世纪八九十年代崭露头角的学者写下的《管子》学术论文，成为年轻学者必不可少的学术滋养。第三阶段虽然是《管子》学术研究的高产期，但很多文章论述的内容仅是第一、二阶段论文的重复，在研究着力点或观点上缺少开拓和创新。建立在数量激增之上的第三阶段的研究成果，整体表现出的是学术研究方面的浮躁心理，它们缺少以往文章中透露出来的那份睿智、清新和真切，不少文章成为没有锤炼与深思的急就章。当然，第三阶段也有第一、二阶段不可及的地方，这便是对《管子》思想进行了全方位、多角度的几乎毫无遗露的挖掘阐释。

《管子》学术研究的当代价值

在这里，我们有必要谈一下《管子》学术研究的当代价值。

2015年，我国颁布《关于加强中国特色新型智库建设的意见》，提出了社科院和党校行政学院要"重点围绕提高国家治理能力和经济社会发展中的重大现实问题开展国情调研和决策咨询研究"和"深入实施中国特色新型高校智库建设推进计划，推动高校智力服务能力整体提升"的总体要求。由于社科院、党校行政学院和高校三类研究单位，基本上囊括了目前从事社科人文研究的各部门，所以该《意见》的颁布，形成了对当下及将来学术研究很强的导向作用，即学术研究要尽可能联系现实社会，在纯粹学理研究的基础上争取有所转化，以求有益于国计民生。关于这一点，在近十年《管子》学术研究中已有所体现，而随着《意见》的出台落实，这一倾向必将强化，使《管子》学术研究的现实参与性加强。固然，这样的发展倾向有来自导向方面的原因，但从《管子》一书及其作者身份看，出现这一发展势头似乎也在情理之中。《管子》以管仲思想为源头，管仲作为一位非坐而论道的政治家，其思想无一不具有现实的可操作性，无一不与治国理政相联系，其思想性质在很大程度上影响并决定了《管子》一书的思想性质。《管子》一书大部分内容出于齐国稷下学士之手，作为齐国政府招募的智囊集团，这些稷下学士常常"著书言治乱之事"①，其文章自然贯注着对现实问题的思考和强烈的现实参与意识。建立在这样一部文化典籍之上的学术研究，必然会将"决策咨询研究"与学术研究越拉越近，以求在学术研究的基础上提炼凝结出具有现实指导性与操作性的决策意见。

学者郑永年在《中国政治经济模式及其未来》一文中高度肯定了《管子》治国理政的杰出智慧，认为《管子》思想中形成的政治经济管理模式日益显示出其适应人类社会发展的、超跃于西方政治经济管理模式之上的竞争优势。他说："和西方近代政治经济分离模式不同，东方文明尤其是中国演化出了另一类政治和经济的关系。中国文明从来没有在知识层面把经济视为一个独立领域，在经验层面，经济也从来不是一个独立领域。……在东方，经济从来就是国家治理的一个有效手段。在中国最重要的经济文献《管子》中，首篇《牧民》就论述了经济对国家治理的重要性。……中国最好的经济学著作就是《管子》。如果要解释中国几千年的经济历史，《管子》比西方任何经济理论都有效。例如，西方经济学讲供需关系，但供需主要是靠市场调节。后来的凯恩斯主义有点不一样，即强调政府在这一过程中也要扮演一个角色，但市场仍然是主体。《管子》不讲'供需'，而讲'轻重'，但调节'轻重'的角色是政府，而

---

① ［汉］司马迁：《史记》卷七十四《孟子荀卿列传第十四》，中华书局，1959年，第2346页。

非市场。……西方资本主义,正如马克思所分析的那样,不可避免地会爆发周期性经济危机,比如 1930 年代的'大萧条'、1997 年/1998 年的亚洲经济危机、2007 年/2008 年的全球经济危机等。中国过去 40 年基本上没有经济危机,跟这个政治经济体制的调控能力有关系。自改革开放以来,中国在很短时间里已经取得巨大的经济成就……提升为世界上第二大经济体。不过,中国对人类命运共同体所做的更有意义的事情,并不仅仅是中国已有多少人致富,而是已有多少人脱离贫穷。在过去 40 年里,中国已经促成 7 亿多人口脱贫。这个社会奇迹远比经济奇迹更为重要。如何理解这个奇迹?就是这里所论述的中国文明的政治经济观念,及这一观念所演化出来的政治经济体制。"[1] 郑永年在这里谈到的中国独特的政治经济体制,就是《管子》提出的以轻重论为代表的国家财经管理体制。从他的这段分析可以看出,《管子》一书潜藏了巨大的现实应用能量。正是在这个意义上,充分阐释《管子》思想以期为政府决策咨询服务,这样的学术研究大有可为,它将成为今后《管子》学术研究的亮点与增长点。

---

[1] 郑永年:《中国政治经济模式及其未来》,《联合早报》2019 年 1 月 1 日。